Thomas Schirrmacher
Roland Antholzer

Was hilft wirklich?
Biblische Seelsorge contra Psychotherapie

Thomas Schirrmacher
Roland Antholzer

Was hilft wirklich?

Biblische Seelsorge contra Psychotherapie

Schwengeler

ISBN-Nr. 3-85666-369-X

Bestell-Nr. 369
©1993 Schwengeler-Verlag, CH-9442 Berneck
4. überarbeitete Auflage 2001

Umschlaggestaltung und Gesamtherstellung:
Cicero-Studio, Hinterburgstrasse 8, CH-9442 Berneck

Inhalt

Teil 1
Abschaffung der Psychotherapie – Chance für eine biblische Seelsorge

1. **Säulare Kritiker der modernen Psychologie innerhalb des Faches** 10
   Jeffrey Mousaieff Masson und Sigmund Freud 11
   Martin L. Gross 21
   Weitere säkulare Kritiker innerhalb des Faches 25

2. **Säkulare Kritiker außerhalb des Faches** 30
   Die Psychologie als Religion 38
   Paul C. Vitz 45

3. **Psychologie und Seelsorge: 6 Thesen** 48
   Psychologie und Seelsorge 48
   Exkurs: Psychotherapie und Märchen 50
   Eine christliche Psychologie 53
   Psychologie und Gottes Wort 54
   Veränderung durch Erkenntnis? 56
   Was geschah mit der Sünde? 58
   Welche Ethik bildet den Ausgangspunkt? 61
   Der Gehorsam des Patienten 66
   Naturgesetze der menschlichen Seele? 68
   Die Psyche: Das Ende der Aufklärung 71
   Das Vorbild des Psychologen 73
   Synkretismus durch Psychologie 76
   Schluss: Ohne Beratung geht es nicht 77

Anmerkungen 81

Teil 2
Plädoyer für eine biblische Seelsorge

Vorbemerkung 96
Vorwort zur vierten Auflage 97

Kapitel 1
Brauchen wir die Psychotherapie? 98
   Hilfe tut not! 99
   Psychotechnik als Werkzeug der Seelsorge? 101
   Sind Methoden wertfrei? 104
   Im Zentrum: der Mensch oder Gott? 106

Kapitel 2
Die trennende Kluft 108
   Unvereinbar in der Anthropologie 108
   Unvereinbar in der Methodologie 117
   Die Vorgangsweise der Seelsorge 126
   Unvereinbar in den Zielen 137

Kapitel 3
Ist ein Brückenschlag möglich? 149
   Psychologie – eine realistische Beurteilung 150
   Psychologische Diagnostik –
   ein eingeschränktes «Ja» 158
   Psychotherapie – ein uneingeschränktes «Nein» 160
   Keine Jochgemeinschaft möglich 168

Kapitel 4
Seelsorge – biblisch-therapeutisch oder biblisch? 172
   Ein psychologisches Fundament 176
   Eine unbiblische Anthropologie 178
   Unhaltbare Argumente 183
   Fatale Auswirkungen 201

Kapitel 5
Dürfen verantwortliche Seelsorger es so machen? 210
   Reinhold Ruthes Seelsorgepraxis 210
   Seelsorge in der charismatischen Bewegung 220
   Zusammenfassung 239

Kapitel 6
Der große Fehlschluss 241

Anmerkungen 252

Worterklärungen 263

Teil 1

Abschaffung der Psychotherapie – Chance für eine biblische Seelsorge

von Dr. Dr. Thomas Schirrmacher

1. Säkulare Kritiker der modernen Psychologie innerhalb des Faches

Wie so oft ist eine säkulare Ideologie wie die Psychotherapie schon längst wieder am Verblassen, während sie auf christlicher Seite gerade ihren Höhepunkt erlebt. Das christliche «New Age» kam in Mode, als die Väter des New Age bereits andere Heilswege ersonnen hatten. Christliche Psychologen wie Eugen Drewermann im katholischen Bereich oder zahlreiche Buchautoren im evangelikalen Bereich beginnen ihr Anerkennungsfest für die Psychotherapie auf einem sinkenden Schiff. William Kirk Kilpatrick hat deswegen die christliche Psychologie im Fall der Übernahme einzelner Schulrichtungen der Psychologie kritisiert, weil sie oft das sinkende Schiff psychologischer Theorien erst betritt, wenn die säkularen Psychologen es schon wieder verlassen.[1]

Die verschiedenen Schulen der modernen Psychologie und insbesondere der Psychotherapie sind nämlich von niemandem schärfer kritisiert und grundsätzlicher hinterfragt worden als von Psychologen selbst. Sicher gibt es bedeutende christliche Kritiker der Psychotherapie, aber die wachsende Flut von säkularen Kritikern der Psychotherapie ist wesentlich radikaler in ihren Urteilen und Forderungen. Der psychoanalytische Kritiker der Psychoanalyse und Redakteur der Zeitschrift «Psyche», Hans-Martin Lohmann, schreibt deswegen:

«.... schon der flüchtigste Blick auf die Geschichte der psychoanalytischen Bewegung lehrt, dass das Unbehagen in der Psychoanalyse so alt ist wie diese selber – seit ihren Anfängen sieht sich die gegen den Geist der herrschenden Medizin, Psychiatrie und Psychologie revoltierende Wissenschaft vom Unbewussten einer Kritik konfrontiert, die aus ihren eigenen Reihen kommt, eben nicht von außen (also von ihren berufenen und unberufenen Verächtern), sondern von innen ...»[2]

Buchtitel wie «Die Abschaffung der Psychotherapie» bzw. «Emotionale Tyrannei und der Mythos der psychologischen Heilung» des Psychotherapeuten Jeffrey Mousaieff Masson[3], «Der Mythos der Psychotherapie» des Psychoanalytikers Thomas Szasz[4], «Tiefenschwindel: Die endlose und die beendbare Psychoanalyse»[5] (zuerst auszugsweise unter dem Titel «Der Aberglaube des Jahrhunderts») von Dieter E. Zimmer, «Hier irrte Freud» von Christof T. Eschenröder,[6] «Sigmund Freud: Niedergang und Ende der Psychoanalyse» von Hans-Jürgen Eysenck[7] oder «Kritik der Psychosomatik» von J. Weitbrecht[8] oder auch die Sammelbände von psychoanalytischen Stimmen: «Das Unbehagen an der Psychoanalyse»[9] und «Die Psychoanalyse auf der Couch»[10] sind an der Tagesordnung. Wenden wir uns einigen Beispielen säkularer Kritiker der Psychotherapie und ihren einzelnen Schulen zu.

Jeffrey Mousaieff Masson und Sigmund Freud

Jeffrey Mousaieff Masson war zunächst Professor für Sanskrit, ließ sich dann zusätzlich zum Psychoanalytiker ausbilden und gewann schließlich das Vertrauen der altehrwürdigen Führungsriege der Freudianer, der greisen Lieblingstochter Freuds, Anna Freud, und des Direktors des Freud-Archivs, Kurt R. Eissler[11]. Er wurde Projektdirektor dieses Archivs, 1980 zum Nachfolger Eisslers ernannt (ein Amt, das er nie antrat) und erhielt als erster von Anna Freud die Erlaubnis, in Originaldokumente von und über Freud Einsicht nehmen zu dürfen, die kein Freudforscher je zu Gesicht bekommen hatte. Ebenso erstaunlich war, dass Anna Freud ihm gestattete, den Briefwechsel zwischen Freud und Wilhelm Fließ veröffentlichen zu dürfen[12], hatte doch Anna Freud einen Teil dieser Briefe unter Auslassung allen brisanten Materials selbst veröffentlicht.

In diesen Briefen und weiterem, bisher geheimgehaltenen Material machte Masson Entdeckungen, die seine Meinung über Sigmund Freud (1856–1939) und die Psychoanalyse radikal änderten. Zur großen Enttäuschung von Anna Freud und Eissler war er nicht bereit, diese Entdeckungen für sich zu behalten. Er veröffentlichte sie 1981 in zwei Artikeln und wurde daraufhin entlassen. Durch mehrere Bücher wurde er zunächst zum bedeutenden Bekämpfer der Psychoanalyse Freuds[13] und schließlich jeder Form der Psychotherapie überhaupt[14].

Was waren nun die Entdeckungen Freuds?[15] Neben Freuds despotischer Art, jeden Abweichler – gegebenenfalls durch schlimme Intrigen – zu exkommunizieren[16], war es vor allem die Entstehungsgeschichte der Theorie vom Ödipuskomplex, die unter anderem erklärte, dass Frauen, die behaupteten, von Vätern oder Verwandten sexuell missbraucht worden zu sein, damit in Wirklichkeit nichts Geschehenes berichten, sondern sich nur an ihre eigenen Phantasien und Wünsche erinnern.

Alle Frauen, die bei ihm in Behandlung waren, so stellte Freud ursprünglich fest, hatten in ihrer Kindheit ein schlimmes psychisches Trauma durch sexuellen Missbrauch durch Väter oder nahe Verwandte, also durch Inzest, erlebt. Daraus leitete Freud die «Verführungstheorie» ab, die besagte, dass die Hauptursache für weibliche Neurosen sexueller Missbrauch in der Kindheit sei.[17] An Fließ schrieb er:

> «Die Hysterie spitzt sich mir immer mehr zu als Folge von *Perversion* des Verführers; die Heredität *immer mehr* als Verführung durch den Vater.»[18]

Am 21.9.1897 – ein Datum, das eine der folgenschwersten Wenden in der Geschichte der modernen Kultur kennzeichnet – teilt Freud Fließ mit, dass er die Verführungstheorie inzwischen ablehnt. Als Gründe nennt Freud Fließ gegenüber den ausbleibenden Heilerfolg,

> «dann die Überraschung, dass in sämtlichen Fällen der Vater als pervers beschuldigt werden musste, mein eigener nicht ausgeschlossen, die Einsicht in die nicht erwartete Häufigkeit der Hysterie ... während doch solche Verbreitung der Perversion gegen Kinder wenig wahrscheinlich ist ...»[19]

und schliesslich, dass man im Unbewussten Wahrheit und Fiktion nicht unterscheiden könne. Masson sieht als Hauptgrund für den grundlegenden Gesinnungswandel Freuds von der Verführungs- oder Inzesttheorie zur psychoanalytischen Theorie, dass plötzlich Freuds Geschwister davon erzählen, sie seien von ihrem Vater missbraucht worden. Freud schreibt in den von Masson entdeckten und veröffentlichten Briefen:

> «Leider ist mein eigener Vater einer von den Perversen gewesen und hat die Hysterie meines Bruders ... und einiger jüngerer Schwestern verschuldet.»[20]

Kurz darauf schreibt er dagegen:

> «[Ich musste] dann doch erkennen ... diese Verführungsszenen seien niemals vorgefallen, seien nur Phantasien, die meine Patienten erdichtet ...»[21]

Masson kommentiert Freuds Kehrtwendung von der Verführungstheorie, die sicher in vielen Fällen zutreffend ist, zur Psychoanalyse, die davon ausgeht, dass die Berichte der Patienten eigene Phantasien und Wünsche offenbaren:

> «Freuds Entschluss, seine 'irrtümliche' Ansicht aufzugeben, verschaffte ihm wieder Zugang zu den Medizinerkreisen, die ihn zuvor geächtet hatten. 1905 widerrief Freud öffentlich die

Verführungstheorie, und schon 1908 hatten sich ihm angesehene Ärzte angeschlossen. Damit war die psychoanalytische Bewegung geboren, wenn auch auf Kosten einer bedeutsamen Wahrheit.»[22]

W. Habermehl schreibt in einem ärztlichen Beitrag zur sexuellen Früherziehung:

«Möglicherweise unterlag Sigmund Freud einem großen Irrtum, als er seine ursprüngliche Verführungstheorie ad acta legte und die universell anwendbare Psychoanalyse entwickelte.»[23]

Freuds neue Theorie

«hat für die Patientinnen, die tatsächlich missbraucht worden sind, unendliches Leiden gebracht. Denn andere Therapeuten haben sich der Überzeugung von Freud angeschlossen, was wirklich geschehen sei, ließe sich nicht unbedingt von der Person beurteilen, die es erlebt hatte.»[24]

In ungezählten Fällen kann man die Folgen vor allem in Gerichtssälen studieren.[25] Ausgerechnet die Psychologin Helene Deutsch schreibt – obwohl selbst eine Frau[26] – in ihrem vor einigen Jahren neu aufgelegten Buch «Psychologie der Frau»:

«Gerade die Vergewaltigungsphantasien tragen oft so sehr den Stempel der Wahrheit, dass bei Gerichtsverhandlungen, in denen hysterische Frauen unschuldige Männer der Vergewaltigung bezichtigen, auch die erfahrensten Richter irregeführt werden.»[27]

Millionen von Frauen mussten darunter leiden, denn bis in die Gerichtssäle hinein wurde die Aussage einer Frau, von Verwandten als Kind vergewaltigt worden zu sein, permanent mit großen Fragezeichen versehen und Frauen, die vergewaltigt worden waren, entgegengehalten, sie hätten möglicherweise den Mann gereizt, ja selbst ein gewisses – unbewusstes – Interesse daran gehabt und vielleicht doch etwas Schönes dabei empfunden. Und das alles nur, weil ein Arzt namens Freud seine eigene Familiengeschichte nicht wahrhaben wollte.

Freuds Tochter Anna macht die grundlegende Bedeutung des Gesinnungswechsels bei Freud deutlich, wenn sie Masson vorwirft:

«Wenn man die Verführungstheorie aufrechterhält, dann bedeutet das die Preisgabe des Ödipuskomplexes und damit der gesamten Bedeutung der bewussten und unbewussten Phantasien. Danach hätte es meines Erachtens keine Psychoanalyse mehr gegeben.»[28]

Der Wechsel von der Verführungstheorie zum Ödipuskomplex wurde bereits vor Masson von Marianne Krüll und ihrem Buch 'Freud und sein Vater'[29] dargestellt, was Masson nicht genügend würdigt. Allerdings misst Krüll der Verführung des jungen Freud durch die Haushaltshilfe größere Bedeutung zu als Masson, beleuchtet die Beziehung zwischen Freud und seinem Vater selbst psychoanalytisch und wirft Masson – meines Erachtens zu Unrecht – vor, dass er Freud unlautere Motive unterstelle, wenn er meint, dieser habe nach Ruhm und Ehre gestrebt und auch deswegen seine Meinung geändert.[30] Außerdem führt sie gegen Masson an, dass er eine «grundsätzliche, tiefe Abneigung gegen jegliche Form von Psychotherapie»[31] habe, was für sie wohl an sich schon gegen Masson spricht.

Masson macht Freud überhaupt den Vorwurf, sich durch die Psychoanalyse die Welt immer so zurechtgebogen zu haben, wie sie ihm erschien oder statthaft war. Dazu referiert er einige Beispiele, etwa das Beispiel von Frau Eckstein.

«Die schwierige Patientin Eckstein kam unters Skalpell. Als sie nach dem Eingriff, infolge eines Kunstfehlers, fast verblutete,

> ignorierte Freud den Lapsus des geschätzten Kollegen; er deutete die Dauerblutung, verursacht durch einen in der Wunde versehentlich zurückgelassenen Gazestreifen, als unbewusste Triebregung der Hysterikerin ...»[32]

Eine maßgebliche Rolle für die Entwicklung der Psychotherapie spielte Freuds Analyse der 16-jährigen Ida Bauer, die unter dem Namen «Dora» berühmt wurde. Der Umgang Freuds mit dem Mädchen ist bis heute ein Musterbeispiel, wie überheblich und anmaßend der Psychotherapeut gegenüber seinem Patienten sein kann.[33] Dass Freud das Mädchen gegen ihren Willen behandelte, war nicht genug.[34] Anlass der Analyse war, dass das Mädchen erstmals mit 14 Jahren berichtete, ein naher Freund der Familie belästige sie sexuell, und die Eltern glaubten ihr nicht. Freud hielt die Reaktion des Mädchens für hysterisch und diagnostizierte, dass Dora nur verärgert sei, dass den Belästigungen keine ernsthafte Werbung und eine Heirat gefolgt seien und außerdem Dora eine tief angelegte homosexuelle Liebe zur Frau des Belästigers empfand und deswegen auf das Verhältnis dieser zu ihrem Vater neidisch war. All das war Freud durch Ferndiagnose möglich, denn Dora verweigerte ihm jede Unterstützung durch eigene Berichte. Wieder einmal hatte der männliche Wissenschaftler nicht das angehende Verbrechen offengelegt, sondern es als Hirngespinst der Frauen abgetan.

> Sigmund Freud ist im Übrigen auch nicht der Entdecker des Unbewussten.[35] Lancelot Law Whyte verfolgte die Geschichte des Unbewussten[36] bis zum griechischen Arzt Galen im zweiten Jahrhundert n. Chr. Theologen und Philosophen war gleichermaßen bekannt, dass es Vorgänge in unserer Seele gibt, derer wir nicht gewahr werden. Auch dass man Dinge verdrängen und scheinbar vergessen kann, die Erinnerung an sie aber trotzdem wieder auftauchen kann, war immer bekannt. (Manche Forscher scheinen die Menschen früherer Jahrhunderte für bodenlos dumm zu halten!). Dabei gab es natürlich ganz unterschiedliche Vorstellungen vom Unbewussten. Die biblische

Sicht wird später kurz skizziert. Freuds Vorgänger waren dagegen eher im philosophischen Bereich zu suchen. Duane Schultze zählt zu den Vorläufern des Freudschen Unbewussten, Gottfried Wilhelm Leibniz (1646–1716), in dessen Monadenlehre jede Monade und damit jeder Mensch verschiedene Zonen vom Bewussten bis zum Unbewussten enthielt, und Johann Friedrich Herbart (1776–1841), der die Monadenlehre ausbaute.[37] Er verweist auf Shakow, der das Unbewusste für den «Zeitgeist» der 80er Jahre des letzten Jahrhunderts hält und erwähnt, dass ein Buch mit dem Titel «Die Philosophie des Unbewussten» zwischen 1868 und 1882 enorm weite Verbreitung fand.[38]

Doch Masson geht es nicht nur darum, eine bestimmte Psychotherapie, nämlich die Freudsche Schule, zu widerlegen und ihre Abschaffung zu fordern. Der erste Satz seines Buches lautet:

«In diesem Buch begründe ich meine Auffassung, dass jede Psychotherapie falsch ist. Obwohl ich viele einzelne Therapeuten und Therapien kritisiere, kommt es mir vor allem auf den Nachweis an, dass schon die Vorstellung, mit einer Psychotherapie etwas erreichen zu können, ein Irrtum ist.»[39]

Und gegen Ende des Buches schreibt er:

«Jeder sollte daher wissen, dass er, wenn er in das Behandlungszimmer eines Psychotherapeuten kommt, eine Welt betritt, in der ihm schwerer Schaden zugefügt werden kann, gleichgültig, welcher Schule der Therapeut angehört.»[40]

Masson hat denn auch die persönlichen Konsequenzen gezogen:

«Ich glaube, ich kann mein Versagen als Therapeut nur deshalb zugeben, weil ich den Entschluss gefasst habe – und das war im Hinblick auf die wirtschaftlichen und gesellschaftlichen Folgen kein leichter Entschluss –, mich nicht mehr für eine Tätigkeit bezahlen zu lassen, die so unnatürlich und mit so vielen Fehlern belastet ist wie die Psychotherapie.»[41]

Es geht Masson auch nicht darum, eine Spielart der Psychotherapie durch eine andere zu ersetzen.

«Jede mir bekannte Kritik an der Psychotherapie will an die Stelle der von ihr kritisierten Behandlungsmethode eine andere Form der Psychotherapie setzen oder die Therapie irgendwie reformieren oder umstrukturieren.»[42]

Das Phänomen, dass man eine Ideologie kritisiert und doch nur eine Spielart davon etablieren will, findet sich oft, so etwa im Sozialismus oder im theologischen Bereich bei den historisch-kritischen Methoden.

So kritisiert Masson etwa auch die Therapie von Carl Rogers[43], obwohl von dessen Schule kaum ähnliche Skandalmeldungen zu verzeichnen sind. Doch Rogers hat den Überbau der Psychotherapie unverändert bestehen lassen.[44] Masson schreibt:

«Für Rogers war eines der Zeichen dafür, dass der Klient Fortschritte macht, seine 'zunehmende Fähigkeit, die *bedingungslos positive Einstellung* des Therapeuten zu *erfahren,* ohne dabei das Gefühl zu haben, *bedroht zu werden.*' Man beachte das Dilemma: Wenn der Klient das *nicht* fühlt, wenn der Klient das Gegenteil empfindet, dass nämlich der Therapeut ihn nicht mag, sondern verabscheut, dann ist das Zeichen dafür, dass der Patient noch nicht gesund ist ...»[45]

«Widerstand» ist eben eine wichtige psychotherapeutische Vokabel und bezeichnet die Ablehnung der Deutungen des Therapeuten oder jedes andere Verhalten des Patienten, das den therapeutischen Prozess verlängert oder ihm schadet.[46] Die Psychotherapie duldet de facto Widerspruch viel weniger als die christliche Seelsorge, die sowieso auf Freiwilligkeit gründet und neben der Verkündigung der Gebote Gottes viel Freiraum für Beratung und freie, verantwortliche Entscheidung lässt.

Masson zieht überhaupt den berechtigten Schluss:

«Jeder Versuch des Therapeuten, dem Patienten die eigenen Auffassungen aufzudrängen, verstößt gegen die Grundsätze fast aller Therapieformen. Aber in Wirklichkeit tun es die meisten Therapeuten.»[47]

An einem konkreten Beispiel, dem Psychiatrieprofessor John Rosen, stellt Masson dar[48], wie Psychiater ihre Patienten schlagen, ausziehen, einsperren und sexuell missbrauchen können, und selbst dann, wenn – wie in diesem Fall geschehen – zahlreiche Fälle vor Gericht aktenkundig werden, andere Psychologen ihren Kollegen decken und vermuten, dass solche Maßnahmen möglicherweise zur Heilung des Kranken notwendig gewesen seien. Masson geht davon aus, dass Rosen keine Ausnahme darstellt, sondern dass das Wesen der Psychotherapie solche Missbräuche begünstigt.[49] Überhaupt ist die Brutalität in der Psychotherapie für Masson weit verbreitet[50], wie solch unsinnige Behandlungen wie Elektroschocks und Schläge zeigen. Er zitiert einen Staatsanwalt, der derartige Fälle vor Gericht zu bringen hatte:

«Diese Hilfsmittel wurden von den Therapeuten im guten Glauben und in der aufrichtigen Überzeugung benutzt, dass sie die Behandlung förderten. Die Hilfsmittel wurden zeitweilig zur 'Bestrafung' eingesetzt, aber nur insofern, als dies den Theorien der Verhaltensmodifizierung entspricht.»[51]

Dass Psychiater nicht nur in kommunistischen Ländern zu absurden Experimenten mit Drogen, Elektroschocks usw. an Menschen, die nie darin eingewilligt haben, bereit sind, belegen die aufgedeckten Experimente amerikanischer Geheimdienste zur Entdeckung von Wegen, mit denen Agenten ihre eigene Vergangenheit verlernen könnten.[52] Derartige Vorkommnisse lassen sich nicht als Ausrutscher von Außenseitern abtun. Federführend war etwa

1957–1961 der Präsident der World Psychiatric Association D. Ewen Cameron.[53]

Masson verweist darauf, dass der Psychiater ungeheure Macht hat und dass diese Macht ebenso korrumpiert wie jede andere auch. Dazu wird der Psychotherapeut durch die traditionelle Geheimhaltung geschützt.[54] Die Schweigepflicht wird – im Regelfall zu Unrecht – damit begründet, dass Gespräche mit anderen dem Heilungsprozess schaden könnten. Welch ein Irrtum! Gerade das ewige Schweigen macht es oft Verwandten und Freunden unmöglich, Betroffenen ihrerseits zu helfen. In der Seelsorge ist traditionell der Seelsorger zum Schweigen verpflichtet[55], in der Psychotherapie wird dagegen der Patient eines elementaren Rechtes beraubt – de facto meist mit dem Ergebnis, dass der Psychotherapeut nicht zu kontrollieren ist.

In eine breitere Öffentlichkeit gelangt sind eigentlich nur Berichte über perverseste sexuelle Praktiken zwischen Psychiatern und Patientinnen oder von Patienten untereinander, die der Psychiater angeordnet hatte.[56] Schon Carl Gustav Jung (1875–1961) und Sigmund Freud kannten das Problem, dass sich Patienten in sie oder sie sich in Patienten verliebten und verdeckten dies durch Erfindung des psychologischen Wortes «Übertragung», das die angebliche Übertragung von Gefühlen für die Mutter oder andere auf den Therapeuten bezeichnet. Bis heute werden solche Übergriffe bei den Vätern der Psychotherapie wie bei ihren heutigen Schülern damit entschuldigt, dass damit den Patientinnen doch geholfen worden sei.[57] Der Psychiater J. L. McCartney schiebt dabei den Frauen die Schuld zu. 30% würden in offener «Übertragung» erotischen Kontakt durch Küssen, auf den Schoß setzen usw. suchen, 10% hielten es für notwendig, sich wenigstens nackt auszuziehen, die Genitalien zu manipulieren oder den Beischlaf zu vollziehen.[58] 1972 gab der Psychiater Judd Marmor zu, dass schon viel über sexuell aggressive Frauen in der psychotherapeutischen Behandlung geschrieben worden sei, aber fast nichts über Verführungsversuche oder «angeordnete» Sexualkontakte seitens der Psychiater.[59] Bei mehreren Umfragen ergab sich, dass 5%, 13%, 10,9% und 15% aller Psychotherapeuten sexuelle Beziehungen zu Patientinnen unterhielten.[60] Masson vermerkt zu Recht, dass die tatsächliche Zahl höher liegen dürfte, da die Ärzte damit immerhin eine in vielen Fällen strafbare Handlung zugäben. Dies würde sich zeigen, wenn man einmal die Patientinnen befragen würde.[61]

Die psychotherapeutische Ausbildung, auf die viele so stolz sind, ist für Masson kein wirkliches wissenschaftliches Studium oder Aneignen von Erfahrung und Menschenkenntnis, sondern ein «Indoktrinierungsprogramm»[62], das zum loyalen Mitglied einer verschworenen, exklusiven Gruppe macht.[63] Grundlegende Bedeutung hat dabei, dass sich jeder Schüler selbst von anderen Mitgliedern der Zunft analysieren lassen muss.

> «Nach meiner Überzeugung wird heute allgemein anerkannt, dass keine Psychotherapie wertfrei sein kann und dass es kein Psychotherapeut vermeiden kann, den Patienten mit seinen Wertvorstellungen zu beeinflussen oder das zu versuchen. David Rosenthal, der schon in den 50er Jahren auf diesem Gebiet geforscht hat, vertritt die Auffassung, dass Patienten die Wertvorstellungen ihrer Therapeuten akzeptieren, was auch unseren Erfahrungen entspricht.»[64]

Martin L. Gross

Keiner hat die Durchdringung unseres Lebens durch die allmächtige Psychologie deutlicher dargestellt als Martin L. Gross in seinem Buch 'Die psychologische Gesellschaft'[65].

> «Die gegenwärtige *psychologische Gesellschaft* ist die anfälligste Kultur in der Geschichte. Ihr Bürger ist ein neuer Menschentyp westlicher Prägung, jemand der der Führung anderer be-

darf, um zu erkennen, was richtig oder falsch ist. Angesichts seiner unsicheren Bewusstseinslage zweifelt er sogar an der Echtheit seiner eigenen Gefühle. Da sich die protestantische Ethik in der westlichen Gesellschaft abgeschwächt hat, wandte sich der irritierte Bürger der einzigen, ihm bekannten Alternative zu, dem Psychologieexperten, der behauptet, es gäbe einen neuen wissenschaftlichen Verhaltensstandard, der die neuen dahinschwindenden Traditionen ersetzt.»[66]

Bezeichnend ist dabei, dass jeder Mensch in irgendeiner Form für krank erklärt wird:

«Die heutige Neigung zur Psychologie hat viele Ursachen. Eine davon ist die Aufhebung der Trennung zwischen Gesundheit und Krankheit, sobald der Geist betroffen ist.»[67]

Doch für Gross geht es bei der Psychologie weniger um Wissenschaft als um Religion.

«Diese in der zweiten Hälfte des 20. Jahrhunderts aufgekommene Angewohnheit, das Verhalten von Einzelpersonen und Gruppen zu beurteilen, zu erklären, zu erforschen und zu erahnen, ist zur ausschließlichen Domäne einer Gruppe neuer Seher geworden, der Psychiater und Psychologen. Dadurch, dass sie uns die *verborgene* Wahrheit hinter praktisch jeder Handlung anbieten, die wir mit wachen Sinnen vornehmen, haben sie tatsächlich die Rolle übernommen, die die Gesellschaft einst zwischen der Geistlichkeit, den Philosophen und den Staatsmännern aufteilte – und in noch früheren Zeiten zwischen den Orakeln, Propheten und sogar den Magiern.»[68]

Die Psychologie ist für Gross die «Religion des Unbewußten»[69], denn

«Eine der zugkräftigsten religiösen Ideen der zweiten Hälfte des 20. Jahrhunderts ist das Große Unbewusste.»[70]

Das Unbewusste im psychotherapeutischen Sinn und seine Struktur sieht Gross dabei als Lückenbüßer für etwas an, dessen Existenz noch kein Menschen belegen konnte, auch wenn jeder weiß, dass das menschliche Denken unergründlich ist und weit mehr als das bewusste Denken umfasst.

«Der *psychologische Mensch* huldigt einmal mehr dem, was er noch nicht begreift ...»[71]
«Vom wissenschaftlichen Standpunkt aus betrachtet ist das ein theologischer Kunstgriff, der die Lücke in der Unwissenheit des Menschen auf biologischem Gebiet ausfüllt, wie die Genesis den Schöpfungsakt erklärt.»[72]

Immer wieder weist Gross auf den religiösen Charakter der modernen Psychologie hin:

«Der moderne Therapeut läßt eine beängstigende Verwandtschaft mit dem primitiven Schamanismus und dem Medizinmann erkennen.»[73] «Der Glaube selbst, nicht die Lehre ist das Heilmittel.»[74]
«Suggestion, nicht Wissenschaft ist die Methode der Psychotherapie.»[75]
«Die Psychotherapie ist ein Schlüsselritual der psychologischen Religion unseres 20. Jahrhunderts.»[76]

Die Erfolge der Psychologie sind für Gross längst widerlegt, wozu er zahlreiche wissenschaftliche Untersuchungen referiert.

«Verschiedene Untersuchungen zeigen, dass nicht ausgebildete Laien genauso gut arbeiten wie Psychiater oder klinische Psychologen.»[77]

Zwei Beispiele mögen genügen. 1968 befragte die Zeitschrift «Avant Garde» per Post verschiedene Psychiater und gab das Lebensbild des amerikanischen Präsidenten Lyndon B. Johnson vor, ohne dass die Psychiater dies wussten. Die Analysen reichten von «paranoid» über «gefährlich» bis zu «verdreht die Wirklichkeit».[78] Das Erstaunlichste ist jedoch, wie viele Psychiater sich eine derartige Analyse zutrauen, ohne den Betroffenen je gesehen und gehört zu haben!

Die psychiatrische Klinik des Kaiser Foundation Hospitals in Oakland in Kalifornien untersuchte Patienten, die wegen Überlastung 6 Monate auf einen Termin hatten warten müssen, und stellte dieselbe Besserungsrate fest wie unter den behandelten Patienten.[79] Gross kommentiert:

«Vielleicht wird die Psychotherapie sogar in Fällen gepriesen, wo es dem Patienten nur dank einer glücklichen Veränderung seiner Lebensumstände tatsächlich besser geht ...»[80]

Nach der Darstellung weiterer Untersuchungen schreibt Gross:

«Für die Therapeuten ist das Material beunruhigend. Ahnungslosen neurotischen Patienten verabreichte Placebos[81] in Form von Zuckertabletten haben häufig die gleiche Wirkung wie eine psychotherapeutische Behandlung.»[82]

Schätzungen über den Prozentsatz der Patienten, für die die Psychotherapie eine Verschlechterung des Zustandes mit sich bringt, liegen nach Gross zwischen 1% und 36% (so Allen Bergin), so dass 10% (so Hans Strupp) als sicher gelten dürften.[83]

Für Ehen wirkt die Psychotherapie oft destabilisierend, so dass die Psychotherapie die Scheidungsquote erhöht,[84] was jedoch oft gewollt ist. Das Drängen auf Selbstbehauptung und Selbstverwirklichung steht dem Bemühen um ein Miteinander und um echte Liebe in der Ehe entgegen.

Ich habe selbst erlebt, dass meine Frau im Gespräch in einer psychologisch-pädagogischen Praxis bereits die Empfehlung erhalten hatte, eine Scheidung zur Ichfindung in Betracht zu ziehen, bevor wir irgendetwas über unsere Ehe berichtet hatten und obwohl wir aus einem ganz anderen Grund da waren.

Gross bemängelt auch, dass die moderne Psychologie die wirklichen sozialen Probleme hintanstellt. Zu echten sozialen Problemen hat die moderne Psychotherapie wenig zu sagen, ja bisweilen steht sie echten Veränderungen sogar im Weg. Das ist für Gross nicht weiter verwunderlich, denn

> «Die Psychoanalyse ist die Therapie der Gutsituierten.»[85]

So wurde nachgewiesen, wie stark die Psychotherapeuten in ihrem Urteil von der (in diesem Fall vorgetäuschten) sozialen Schicht des Patienten abhängig sind.[86] (Natürlich spielen dabei die ungeheuer hohen Kosten der Psychotherapie eine wesentliche Rolle.)

Als besonders verheerend sieht Gross den Einfluss der Psychologie in der Rechtsprechung.[87]

> «Viele Psychiater, die auf anderen Gebieten des Lebens von Erfolg überschwemmt werden, sähen die Jurisprudenz gerne noch stärker in ihrer Hand.»[88]

Weitere säkulare Kritiker innerhalb des Faches

Aus der Flut der säkularen Literatur gegen die Psychotherapie oder andere psychologische Schulen seien weitere Werke nur kurz vorgestellt, wobei viele kritische Werke über Freud und seine Psychoanalyse ganz übergangen werden.[89]

Bernie Zilbergeld hat in einem Buch[90], das auch vielen Christen als Warnung diente[91], nach 12 Jahren als promovierter, praktizierender Psychotherapeut seine eigene Fachdisziplin der Psychotherapie schärfstens kritisiert. Er hält die meisten psychologischen Schlüsse für reine Mythen und glaubt, dass die professionelle Psychotherapie «zu stark gefördert, zu stark gebraucht und zu hoch bewertet»[92] wird.

Der in Ungarn gebürtige amerikanische Psychoanalytiker Thomas Szasz

> «argumentiert in 'Der Mythos der Geisteskrankheit', dass es so etwas wie eine Geisteskrankheit nicht gibt, und dass die traditionelle Behandlung oft mehr schadet als hilft, und dass gestörte Menschen nicht an einer Krankheit leiden, sondern an 'Problemen im Leben'.[93]»

Später erschien sein Buch «Der Mythos der Psychotherapie».[94] Der Psychiater E. Fuller Tottey hat eine ganz ähnliche Kritik in seinem Buch «Der Tod der Psychiatrie»[95] vorgebracht. Der Psychiater Gart Wood verlagerte dieselbe Anfrage auf das Problem der Neurose und gibt seinem Buch «Der Mythos der Neurose» den bezeichnenden Untertitel «Die Krankheitsentschuldigung überwinden».[96]

Die American Psychiatric Association stellt in einem Gutachten über psychotherapeutische Forschung dar, dass und warum es praktisch unmöglich ist, den Erfolg der Psychotherapie zu messen und bekennt,

> «dass eindeutige Schlüsse über die kausale Verbindung zwischen Behandlung und Ergebnis in der psychotherapeutischen Forschung möglicherweise nie möglich sein werden».[97]

Eine Fachzeitschrift kommentiert das Buch mit den Worten: «Die Forschung versagt oft, wenn sie einen eindeutigen Vorteil durch die Psychotherapie belegen soll.»[98]

Der Psychiatrieprofessor Donald Klein sagte bei der Anhörung vor einem Unterausschuss des Senats der USA:

> «Ich glaube, dass gegenwärtig keine wissenschaftlichen Beweise für die Wirksamkeit der Psychotherapie vorliegen, die eine öffentliche Unterstützung rechtfertigen könnten.»[99]

Jay Constantine fasste als Vertreterin der Angestellten im Gesundheitsdienst die Anhörung wie folgt zusammen:

«Aufgrund der Auswertung der Literatur und der Gutachtervorträge scheint es klar zu sein, dass es keine kontrollierten klinischen Studien gibt, die in Übereinstimmung mit den allgemein anerkannten wissenschaftlichen Prinzipien durchgeführt und ausgewertet wurden, die die Wirksamkeit, Sicherheit und Angemessenheit der Psychotherapie, wie sie gegenwärtig praktiziert wird, bestätigen könnten.»[100]

Hans Eysenck war einer der frühesten Kritiker der Psychotherapie, der empirisches Material sammelte.

«Der erste Hinweis, dass die Psychologie erfolglos sein könnte, wurde 1952 gegeben, als Hans Eysenck vom Psychiatrischen Institut der Universität London entdeckte, dass neurotische Menschen, die nicht psychotherapeutisch behandelt werden, dieselbe Heilungsrate haben wie solche, die behandelt werden. Er fand heraus, dass die Psychotherapie nicht erfolgreicher war als das einfache Verstreichen der Zeit.»[101]

Hans J. Eysenck untersuchte 8000 Menschen und kam zu dem Ergebnis:

«... rund zwei Drittel einer Gruppe von neurotischen Patienten wird sich innerhalb von zwei Jahren seit dem Ausbruch ihrer Krankheit erholen oder bemerkenswerte Fortschritte zeigen, ganz gleich, ob sie mit psychotherapeutischen Mitteln behandelt wurden oder nicht.»[102]

Treffend fügt Eysenck hinzu:

«Aus der Sicht der Neurotiker sind die Zahlen eine Ermutigung, aus der Sicht der Therapeuten können sie kaum als vorteilhaft für seine Ansprüche angesehen werden.»[103]

Eysenck hat seine Studie immer wieder mit weiterem Material untermauert.[104] Er verweist darauf, dass schon im

17. Jahrhundert Krankenhausunterlagen bestätigen, dass zwei Drittel aller Patienten nach einiger Zeit geheilt waren, obwohl damals nur Wasserbäder und ähnliche Dinge angeboten wurden.

> «Weitere Studien von anderen Forschern haben ähnliche Ergebnisse gebracht. Dann fand Eugene Levitt von der Medizinischen Fakultät der Universität von Indiana heraus, dass verhaltensgestörte Kinder, die nicht behandelt wurden, dieselbe Heilungsrate aufwiesen wie verhaltensgestörte Kinder, die behandelt wurden. Einen weiteren Hinweis auf das Problem offenbarten die Ergebnisse der umfangreichen Cambridge-Sommerville Jugendstudie. Die Forscher fanden heraus, dass jugendliche Straftäter ohne Beratung eine niedrigere Rate an zukünftigen Problemen hatten wie solche, die Beratung erhielten.[105] Andere Studien haben gezeigt, dass nicht ausgebildete Laien Patienten genauso gut behandeln wie Psychiater oder Klinkpsychologen. Und die Rosenham-Studie zeigte, dass die in Landeskrankenhäusern[106] Arbeitenden noch nicht einmal in der Lage waren, normale Menschen von schwer gestörten zu unterscheiden. Es wäre möglich, diese Auflistung fortzuführen. Sie ist sehr lang.»[107]

Eine Langzeitstudie an der Psychiatrischen Abteilung der New Yorker Universität der Psychiater Alexander Thomas und Stella Chess ergab bei der Beobachtung von Patienten über 20 Jahre, dass spätere Handlungen der Patienten nicht aus früheren Symptomen zu erklären waren und sich die psychoanalytische Sichtweise in keinem Fall bewahrheitete.[108] Da diesmal nicht die Erinnerung der Patienten, sondern die gesammelten Fakten zugrunde lagen, entsteht der Verdacht, dass die Psychoanalyse sonst nur funktioniert, weil die Erinnerung der Patienten, ebenso wie die Theorien der Therapeuten, nie nachgeprüft und historisch widerlegt werden können.

In einer weiteren Langzeitstudie untersuchte Cécile Ernst von der Psychiatrischen Universitätsklinik Zürich Heimkinder, die sie als Einjährige oder Kleinkinder und dann später wieder als Heranwachsende untersuchte. Sie stellte fest, dass Kinder, die mutterlos aufwachsen, dennoch ein von der Kindheit praktisch unbeeinflusstes 'normales' Leben führen können, insbesondere wenn sie nach der Zeit in einem Heim wieder in eine Familie kommen können. Ernst sieht das «Dogma der Psychoanalyse erneut erschüttert», denn «Die Kindheit stellt die Weichen nicht».[109]

2. Säkulare Kritiker außerhalb des Faches

Die Kritik der psychologischen Schulen erfolgt natürlich auch von Vertretern anderer wissenschaftlicher Disziplinen. Der Soziologieprofessor Helmut Schoeck sieht als einen von zwölf großen Irrtümern unseres Jahrhunderts: «Jedes Problem braucht seinen Psychiater.»[110] Als Hauptkritikpunkt nennt er, dass die Psychologie von unabänderlichen Gesetzen des menschlichen Handelns ausgeht und die persönliche Entscheidungsverantwortung unterschätzt. Er schreibt:

> «Die soziale Umwelt als Alibi der Enthemmten ist längst Allgemeingut.»[111]
> «Die Naivität des Umweltdeterminismus bleibt dieselbe, ob man sagt, der Täter quält, raubt und mordet, weil er als Kind nie Taschengeld bekam oder weil er am Ödipuskomplex litt.»[112]

Als Beispiel für die Unseriosität der modernen Psychologie führt er ungelöste moralische Fragen an:
> «Ist Sex der Psychotherapeuten mit den Patienten nun ein Kunstfehler oder eine Spezialtherapie? Diese Frage ist heute in Nordamerika nicht etwa geklärt, sondern heftig umstritten.»[113]

Vor allem aber kritisiert er die verheerenden Folgen des Eindringens der Psychologie in die Rechtsprechung.

> «Seit Jahrzehnten klagen aber auch New Yorker Detektive des wirklichen Lebens, dass bei schweren Verbrechen ertappte Jugendliche ihnen schon auf dem Weg zur Wache die psychiatrischen Fachausdrücke höhnisch aufsagen, dank denen sie dann in Kürze vom Jugendrichter wieder freigesetzt sein würden.»[114]

Der Arzt Reiner Gödtel, den wir bereits zitiert haben, als es um den Irrtum Freuds ging, die Verführungstheorie zu verwerfen, und den wir weiter unten noch mehrfach zitieren werden, schreibt über Freud zu dessen 50. Todestag:

> «Aber viele Theorien Freuds sind nur deshalb unwiderlegbar, weil sie nicht überprüfbar sind.»[115]

Und er meint zur gegenwärtigen Situation:

> «Seine [Freuds] Nachfolger müssen akzeptieren, dass seelisch Irritierte heute ihr Heil in der Gruppe mit Gleichgesinnten finden können und dort oft schneller und billiger von ihren Qualen befreit werden. Sie alle spüren, dass es in erster Linie auf das Gespräch ankommt und nicht so sehr auf den Psychotherapeuten.»[116]

Der Journalist Dieter E. Zimmer zählt zu den bekanntesten und schärfsten Kritikern der Psychoanalyse. Vor allem hinterfragt er die wissenschaftliche Grundlage der Einteilung der menschlichen Seele in Es, Ich und Über-Ich.

> «Eine derart grundlegende Dreiteilung der Psyche, so möchte man denken, müsste sich auf Schritt und Tritt bemerkbar machen und nicht erst, wenn man die Lupe zu Hilfe nimmt. Im Experiment gar, das es eigens auf ihre Bestätigung angelegt hat, müsste sie sich noch und noch bestätigen. Tatsächlich aber wurde Freuds Instanzenlehre nur wenige Male experimentell überprüft und die Ergebnisse waren mehr als dünn. Paul Klines Übersicht verzeichnet ganze drei Versuche.»[117]

Das «Experiment», auf das diese Einteilung zurückgehen soll, kann er jedenfalls nicht stehen lassen:

> «Eine weitere Quelle der psychosexuellen Theorie ist Freuds berühmte 'Selbstanalyse' im Hochsommer 1897, der sagenhafte Gründungsakt der Psychoanalyse. Denn ihrem Begründer soll

damals gelungen sein, was gewöhnlichen Sterblichen nach seiner Lehre auf immer verwehrt ist: durch eine Anstrengung heldischer Introspektion das eigene 'Unbewusste' zu entziffern.»[118]

Dieter E. Zimmer hat ausführlich darüber berichtet, wie es einem Menschen ergeht, der die Psychoanalyse hinterfragt.[119] Zunächst einmal heißt es, dass man alles nur falsch verstanden habe.[120] Dann wird auf den Charakter des Kritikers abgehoben, seine Kritik psychologisch erklärt.[121] Sodann werden politische, rassistische, persönliche und viele andere Motive vermutet. Nur eines erfolgt nicht, nämlich die Auseinandersetzung mit den Argumenten des Kritikers.

«Wer kritisch über Psychoanalyse schreibt und dabei einfließen lässt, dass er selber einmal auf der Couch gelegen hat, dem wird mit Sicherheit entgegnet, dass er nur seiner persönlichen Enttäuschung Luft mache und schon darum nichts von objektivem Belang vorzubringen habe. Wer dagegen sagt, dass er selber keine eigene Erfahrung habe, noch nicht einmal als Analysant, der hört mit ebensolcher Sicherheit, was schon Freud betonte: dass hier nur der mitreden könne, der die Psychoanalyse selber ausübe oder nicht wenigstens an sich selber erlebt habe.»[122]

Alle Kritiker der Psychoanalyse oder anderer psychotherapeutischer Schulen berichten übereinstimmend von niederschmetternden «fundamentalistischen» Reaktionen seitens der Fachvertreter, und zwar auch, wenn es sich bei den Kritikern selbst um Psychoanalytiker handelt.[123] Denn all das ist der Fall, obwohl die Kritik der psychologischen Schulen weitgehend von Psychologen ausgeht und nicht von fachlichen Außenseitern wie Zimmer oder Schoeck, denn Zimmer schreibt zu Recht (und wir haben schon viele Beispiele dafür kennen gelernt):

«Es gibt wohl keine Kritik an der Psychoanalyse, die nicht irgendwann und irgendwo auch von einem Psychoanalytiker vorgetragen wurde.»[124]

Zu guter Letzt sei der Naturwissenschaftler Hansjörg Hemminger genannt, der zwar als bewusster Christ (historisch-kritischer Prägung) schreibt, aber ausschließlich im Rahmen der psychologischen, säkularen Forschung selbst argumentiert. Hemminger wurde bekannt, weil er aus wissenschaftlichen Gründen die psychotherapeutische Lehre ablehnt, dass die Kindheit ein unentrinnbares Schicksal sei, dass der Mensch fast ausschließlich von der frühen Kindheit bestimmt werde.[125] Er teilt die bereits vorgestellte Kritik von Cécile Ernst und Nikolaus von Luckner.[126] *Es geht Hemminger nicht darum, ob die beim Psychotherapeuten wiedererlebten oder aufgedeckten Kindheitserfahrungen authentisch sind, obwohl sie selbst das noch nicht einmal sind. Es geht darum, ob diese Kindheitserlebnisse wirklich die wesentliche Ursache für heutige Probleme sind.*

Hemminger beginnt mit dem Hinweis, wie revolutionär die psychologische Lehre sei, dass die frühe Kindheit alles determiniere, weswegen diese Lehre besonders gründliche wissenschaftliche Beweise benötige.

«Man muss sich darüber im Klaren sein, dass unsere heutige Vorstellung vom psychischen Trauma geschichtlich gesehen eine Neuentwicklung darstellt und viele Bestandteile der vorwissenschaftlichen, auf der Alltagserfahrung beruhenden Menschenkenntnis verwirft und für falsch erklärt. Unseren Vorfahren wäre die Behauptung fremd und absurd vorgekommen, dass schmerzliche Erlebnisse im frühen Kindesalter einen Erwachsenen zu kriminellem Handeln, zu ehelicher Untreue oder zu übermäßigem Essen veranlassen könnten. Diese Theorie ist also entweder ein bahnbrechender, ungeheurer Fortschritt, der das vorherige Denken revolutioniert, oder ein schlichter Irrtum.»[127]

Die wissenschaftliche Überprüfung wird auch dadurch herausgefordert,

> «... dass sie alle der Meinung sind, mit den tiefenpsychologischen Forschungsresultaten sei erstmals in der Geschichte der Menschheit eine wissenschaftliche Menschenkenntnis möglich geworden.»[128]

Gerade die Wissenschaftlichkeit dieser Theorie stellt Hemminger jedoch in Frage.

> «Die humanistische Psychologie, sofern sie sich selbst überhaupt als Wissenschaft versteht, steckt voller pseudowissenschaftlicher Aussagen, auf die sich zum Teil sehr verbreitete Methoden berufen.»[129]

Hemminger bezweifelt sogar, dass Vertreter der Theorie wirklich an einer erfahrungswissenschaftlichen Überprüfung interessiert sind.

> «Der Vorwurf entsteht, weil sich die Psychoanalyse der empirischen Kritik nicht stellt und Methoden weiter benutzt, die längst als unfundiert und unwirksam bekannt sind.»[130]

Kern der humanistischen Psychologie ist für Hemminger der Versuch, ähnlich wie im naturwissenschaftlichen Bereich, unabänderliche Gesetze der menschlichen Seele zu entdecken, wie es vor allem im biologischen Behaviorismus zum Ausdruck kommt, der alles menschliche Verhalten für biologisch bedingt und erklärbar hält. Für Hemminger sind solche Versuche allesamt gescheitert.

> «Die Prophezeiungen der behavioristischen Heilslehrer (die auf mich persönlich meist eher unheilvoll wirken) können demgegenüber wohl in die Rumpelkammer der Geistesgeschichte verbracht werden, auch wenn sie im Moment noch hohe Auflagenziffern erzielen.»[131]

Grundsätzlich gilt:

«Eine Psychomechanik des menschlichen Verhaltens scheint danach grundsätzlich als unmöglich.»[132]

Andernfalls müssten die Psychologen nicht nur in der Lage sein, die Vergangenheit zu erklären, sondern auch die Zukunft an Hand der Naturgesetze vorherzusagen. Das menschliche Verhalten (zumindest ohne Zuhilfenahme von göttlicher Prophetie) vorherzusagen, ist jedoch genauso unmöglich, wie die Geschichte vorherzusagen, denn die Geschichte ist die Summe des menschlichen Verhaltens.

Gerade die fehlende Erklärbarkeit des menschlichen Verhaltens, die nicht zugegeben, sondern durch den Hinweis auf eine angebliche wissenschaftliche Neutralität überspielt wird, fördert die Aufnahme von Elementen, die dem Patienten verheimlicht werden. Es

«... besteht in vielen Psychotherapien die Gefahr, weltanschaulichen und ideologischen Beeinflussungen und Lebensorientierungen ausgesetzt zu sein, die nicht offengelegt und begründet werden.»[133]

Weil das menschliche Verhalten nicht determiniert und erklärbar ist, muss sich auch jede erfahrungswissenschaftliche Psychologie, die Hemminger im Gegensatz zur Psychoanalyse und anderen Schulen prinzipiell befürwortet, stark beschränken. Es

«... ist zu bedenken, dass auch die Ergebnisse der erfahrungswissenschaftlich fundierten Schulen – oder das echte Erfahrungswissen in den 'ganzheitlichen' Schulen – außerordentlich lückenhaft und unzureichend sind.»[134]

Wie steht es aber nun mit wissenschaftlichen Untersuchungen zur Bedeutung von Kindheitserlebnissen für die menschliche Psyche? Wie andere bereits vorgestellte Autoren, verweist auch Hemminger auf zahlreiche groß angelegte Untersuchungen, die der Theorie, dass die Kindheit das ganze psychologische Schicksal darstellt, widersprechen.

Jean W. MacFarlane hat in einer Langzeitstudie von über 30 Jahren 166 Menschen vom Säuglingsalter an beobachtet.[135] Hemminger fasst ihre für die Psychotherapie vernichtenden Ergebnisse zusammen:

«Persönlichkeitsmerkmale und grundlegende Verhaltenseigenschaften der beobachteten Personen änderten sich während der Entwicklung sehr stark ... Die Wahrscheinlichkeit, dass aus einem durchschnittlich ängstlichen Kind von acht Jahren ein überdurchschnittlich ängstlicher Jugendlicher von vierzehn Jahren wird, ist nur wenig größer, als durch Zufall zu erwarten wäre.»[136]

Nach Untersuchungen von E. J. Anthony[137] und von N. Garmezy[138] waren immer noch 30% aller Kinder von extrem psychisch kranken Eltern ohne jede feststellbare Verhaltensauffälligkeit und das, obwohl in diesem Fall mit einem hohen Anteil von erblichen Schäden zu rechnen war. Ähnlich untersuchte Werner Liptow 5000 Kinder aus Alkoholikerfamilien und stellte fest, dass 28% der Kinder keinerlei Folgeschäden aufwiesen.[139] (Es geht hier nicht darum, diese schrecklichen Probleme zu verharmlosen, sondern darum, zu widerlegen, dass Menschen angeblich lebenslänglich festgelegt sind und so den Betroffenen Hoffnung zu geben.) Hemminger kommentiert:

«Angesichts eines runden Drittels von Kindern, die auf unerklärliche und bewundernswerte Weise selbst extrem belastende Lebensumstände ohne sichtbare Schäden auszuhalten vermögen, zeigt sich von vorneherein, dass statistische Durchschnittsuntersuchungen einerseits und Einzelfallstudien andererseits mit Vorsicht zu genießen sind.»[140]

Hemminger kommt zu dem Schluss:

«Praktisch alle Langzeitstudien der menschlichen Entwicklung enthalten deutliche Hinweise darauf, dass sich die Charaktereigenschaften des Erwachsenen im Durchschnitt eher aus den Einflüssen erklären lassen, die die spätere Kindheit, die Pubertät und Adoleszenz betreffen, während gerade der kleinkindliche Charakter im Durchschnitt eine hohe Veränderlichkeit zeigt.»[141]

Deswegen kann der erwachsene Mensch bewusst an sich arbeiten. Demgegenüber besagt die Psychoanalyse, wie sie Hemminger kritisch zusammenfasst:

«Eine erfolgreiche Therapie muss daher immer erst diesen alten Konflikt aufdecken, wenn sie etwas verändernd wirken will. Der bloße Abbau des Symptoms, etwa über ein Lerntraining, würde als 'Symptombehandlung' abgelehnt ...»[142]

Gerade zu einem solchen Lerntraining, das dem Menschen hier und jetzt zur Änderung verhilft, anstatt ihn von möglicherweise nie aufzudeckenden Kindheitserfahrungen abhängig zu machen, fordert Hemminger auf. Dabei spielt das miteinander Reden eine wesentliche Rolle.

«Die Effektforschung in der Psychotherapie hat gezeigt, dass praktisch alle Therapieschulen irgendwie wirken, dass eine ganze Reihe von ihnen aber nicht besser wirkt als jede freundliche Beschäftigung mit dem Patienten. Es gibt auch dann 'Therapieerfolge', wenn der 'Helfer' gar keine Ausbildung hat und nichts unternimmt, was direkt auf das Leiden der Hilfesuchenden zielt. Die bloße Tatsache, dass ein Problem angesprochen und nicht mehr verborgen wird, die bloße Tatsache des freundlichen Interesses und der Sympathie entfaltet bereits eine Veränderungswirkung, die nicht zu gering bewertet werden darf.»[143]

Im Übrigen verweist Hemminger auf den Hochmut, dass Psychologen, die oft nur eine Stunde pro Woche für einen Patienten zur Verfügung haben, all das erreichen wollen, was andere Sozialarbeiter, Seelsorger oder Verwandte und Freunde in jahrelangen Beziehungen nicht erreichen können.

> «Es ist praktisch unmöglich, eine wirkliche Beziehung zu so vielen schwierigen Menschen aufzunehmen, wie sie die Praxis eines Analytikers frequentieren. Es ist oft schwer, auch nur einen einzigen solchen Menschen über eine längere Zeit wohlwollend zu begleiten.»[144]

Hemminger erinnert zwischendurch im Übrigen daran, dass ein Christ mit ganz anderen Voraussetzungen an die Aufarbeitung seines Lebens geht:

> «Ein Christ wird sich angesichts einer solchen Begründung für die eigene Psychotherapie wohl daran erinnern, dass er den Sinn seines Lebens und die Gesamtgestalt seiner Persönlichkeit nicht eigenverantwortlich herstellen muss, auch nicht mit Mitteln der Psychologie, sondern dass ihm Sinn und Gestalt des Lebens letztlich von Gott her geschenkt werden.»[145]

Die Psychologie als Religion

> «Darin sind sich seine Verächter mit seinen Verehrern einig: Kein anderer Einzelner hat das Denken dieses Jahrhunderts so stark beeinflusst wie Sigmund Freud ...»[146]

Die Frage ist nur, warum dies so war. Hat sich lediglich die wissenschaftliche Wahrheit durchgesetzt oder war Freud Religionsstifter? Da ich andernorts gezeigt habe, dass auch atheistische Systeme Religionscharakter haben können[147] und etwa Karl Marx als Religionsstifter bezeichnet werden muss, stände der Bezeichnung Freuds als Religionsstifter nichts im Wege.

Viele Psychologen, Psychotherapeuten und Psychiater haben selbst ihre Denkschulen oder andere Richtungen ihrer Fächer als Religionen bezeichnet.[148]

Der bedeutende Jungschüler J. Jacobi bezeichnete die Jungsche Psychotherapie als «Heilsweg»[149], und zwar im doppelten Sinne des Wortes als Weg der Heilung und des Heils,

> «jener Erkenntnis und jener Vollendung der eigenen Person, die seit jeher Zweck und Ziel alles geistgerichteten Strebens war.»[150]

Dass Martin L. Gross die Psychologie als Religion unserer Tage ansieht, wurde bereits deutlich. Eckhart Wiesenhütter, Professor für klinische Psychologie und zeitweilig Vorsitzender der Internationalen Gesellschaft für Tiefenpsychologie, erklärt in seinem Buch «Religion und Tiefenpsychologie»[151] Sigmund Freud zum «Religionsstifter»[152]:

> «Seine tiefste innerste Aufgabe – und dies ist der eigentliche Sinn der großen Kraftanstrengung in Form der letzten Arbeit, war die eines Erlösers, eines Religionsstifters.»[153]

Darin sieht Wiesenhütter auch den Erfolg der Freudschen Lehren:

> «*Freud* war bewusst Atheist, unbewusst das Gegenteil.[154] Schon frühe Kritiker stellten heraus, dass die Psychoanalyse nicht ihrer Wissenschaftlichkeit, sondern der ideologischen Verheißung ihre Popularität verdanke, die Menschen von den Fesseln einer veralteten und vermodernden Kultur zu befreien; die Wissenschaft und Kultur entgegengesetzte revolutionäre Seite war es, die Furore machte. Die *Freudsche* Psychoanalyse wurde nicht in erster Linie als Heilsmethodik angesehen, sondern als *Heilslehre*. Ihr Religions-Ersatz-Charakter wurde immer wieder herausgestrichen, und dass dieser sich in sektenartigen Zusammenschlüssen ebenso äußerte wie in der 'Orthodoxie' der 'Verkündigung'.»[155]

Wiesenhütter spricht von den «Heilslehren eines Freud oder Marx»[156], ohne dass er dies im Fall Freuds unbedingt negativ wertet, denn

> «... seine entscheidenden Prinzipien und Theorien sind jedoch wissenschaftlich unhaltbar, dafür weltanschaulich von großer Bedeutung.»[157]

Dies gilt, obwohl Freuds Weltanschauung nur durch Selbsttäuschung zustande kam:

> «Wir stehen hier vor einem Problem, das das ganze Leben Freuds durchzieht: Je 'wissenschaftlicher' er seine Gedankengänge formulierte und begründete, je präziser er seinem Verstand zu folgen meinte, desto mehr täuschte er sich über sich selbst und die eigenen Prämissen.»[158]

Ja, Wiesenhütter weist immer wieder auf die Selbstzweifel Freuds hin:

> «*Freud* forderte das bewusste Eintreten des Psychoanalytikers für die 'Unfehlbarkeit' seiner Methode und war – nicht allein zwischen den Zeilen – gegenüber ihren Erfolgen skeptisch.»[159]

Der Freiburger Professor und Direktor der Abteilung Psychotherapie und Psychosomatik der dortigen Universitätsklinik Johannes Cremerius sieht einen «Geist einer Glaubensgemeinschaft»[160] bei Freud, den dieser dann bannen wollte, der aber «in den Schülern weiter»[161] lebte. Er fügt hinzu:

> «In gewissen Phasen ihrer Entwicklung hat sich die psychoanalytische Gemeinschaft wie eine Glaubensgemeinschaft verhalten.»[162]

Er gibt aber nirgends an, in welchen Phasen dies denn nicht der Fall gewesen sein soll.

Der Marburger Professor und Leiter der dortigen Klinik Psychotherapie Manfred Pohlen schreibt in seinem Beitrag «Psychoanalyse als Mantik»[163] über die

> «Psychoanalyse als entsakralisierter Initiationsritus, als säkularisierter Ort der Re-Mythisierung».[164]

Dabei fordert er, dass sich die Psychoanalyse endlich positiv ihrer religiösen Wurzeln bewusst werden solle, ohne irgendwo darauf einzugehen, dass dies dem gängigen Anspruch der Psychoanalyse als Wissenschaft völlig zuwiderläuft. Er schreibt:

> «Die Psychoanalyse ist Erbin einer Denktradition, einer mantischen Wissenschaft, die sie noch zu entdecken und zu bejahen hat. Psychoanalyse steht demnach als Erbin in einer langen Tradition religiöser Überlieferung. Die Sprache dieser religiösen Erfahrung ist auch die Sprache der Psychoanalyse ...»[165]

Manfred Pohlen macht auch auf das merkwürdige Phänomen aufmerksam, dass die Psychoanalyse prophetischen Charakter hat, die Erfüllung jedoch immer nur im Nachhinein festgestellt – besser behauptet – wird.

> «Psychoanalyse ist als Verfahren eine sich selbst erfüllende Prophezeiung: Sie ist eine Weissagung und 'dichtet' eine Geschichte.»[166]

Der Psychologe Carol Tavris schreibt:

> «Heute ist die Ironie, dass viele Menschen, die sich von der Astrologie nicht eine Minute narren lassen, sich selbst für Jahre einer Therapie unterwerfen, in der dieselben Irrtümer der Logik und der Interpretation auftreten.»[167]

Bereits der Philosoph und Wissenschaftstheoretiker Karl Popper verglich viele psychologische Theorien mit der Astrologie: «Sie erinnern mehr an Astrologie als an

Astronomie.»[168] Ähnlich äußerten sich der ehemalige Präsident der American Psychiatric Association Alfred M. Freedman[169] und der Philosoph Karl Jaspers.[170] Popper schreibt außerdem über die psychologischen Theorien:

> «... obwohl sie sich als Wissenschaft geben, haben sie in Wirklichkeit mehr mit primitiven Mythen als mit Wissenschaft gemeinsam.»[171]

Der Psychiater Jerome Frank formuliert kurz und bündig:

> «Psychotherapie ist nicht vorrangig eine angewandte Wissenschaft. Es erinnert in einigem eher an eine Religion.»[172]

Der praktizierende Psychiater Viktor von Weizsäcker erklärt:

> «C. G. Jung war der Erste, der verstand, dass Psychoanalyse in den Bereich der Religion gehört.»[173]

C. G. Jung selbst sagt:

> «Religionen sind ein System der Heilung für psychische Krankheiten ... Das ist der Grund, warum Patienten den Psychotherapeuten in die Rolle eines Priesters drängen und von ihm fordern, dass er sie von ihrem Leid befreit. Das ist der Grund, warum wir Psychotherapeuten uns mit Problemen beschäftigen müssen, die streng genommen Aufgabe des Theologen sind.»[174]

Der Psychoanalytiker Thomas Szasz schreibt über die Psychotherapie:

> «Sie ist nicht eigentlich eine Religion, die vorgibt, eine Wissenschaft zu sein, sondern tatsächlich eine gefälschte Religion, die versucht, wahre Religion zu zerstören.»[175]

Christopher Lasch formuliert es ähnlich: Die «Therapie stellt eine Antireligion dar.»[176]

An die Psychotherapie haben sich weit reichende religiöse Hoffnungen geknüpft, die allesamt nicht wahr geworden sind. Ein Beispiel dafür mag genügen. Der Schriftsteller Thomas Mann schreibt in seinem überschwänglichen, Freud fast religiös verehrenden Vortrag zum 80. Geburtstag 1936 «Freud und die Zukunft»[177]: «Die analytische Einsicht ist weltverändernd ...»[178] Er schließt seinen Vortrag mit den Worten über die Menschen, die der Psychotherapie Freuds folgen:

> «Es ist das Volk einer angst- und hassbefreiten, zum Frieden gereiften Zukunft.»[179]

Der Mediziner Reiner Gödtel meint zur Freudverehrung:

> «In den Nachkriegsjahren, als der Glaube an die alten Fundamente gründlich zerstört war, wurde die Psychoanalyse in Europa und in Amerika zur Ersatzpolitik, zur Ersatzmoral, zur Ersatzreligion.»[180]

Gerhard Wehr schreibt in seiner Biographie Jungs entsprechend über die Psychoanalyse von Carl Gustav Jung:

> «So gesehen nimmt die Tiefenpsychologie ... den Platz ein, den einst die praktizierende Religion innehatte ...»[181]

Der als Herausgeber der Werke Jakob Böhmes bekannte Autor Gerhard Wehr, der in seinen Schriften christliche Spiritualität, Anthroposophie und Tiefenpsychologie zusammenbringt, legt erstmals eine umfassende, sehr ins Detail gehende Biographie von C. G. Jung vor.[182] Dabei ist das Werk von einem Vertreter der Psychologie Jungs geschrieben und durchaus als «Werbung» für diese zu verstehen. Dennoch kritisiert und beurteilt Wehr Jung, meist aus tiefenpsychologischer Sicht, so dass er Jung mit seinen eigenen Waffen schlägt. Wehr bietet neben der Darstellung der Schriften und Lehren Jungs eine Fülle von interessanten biographischen Einzelinformationen, etwa dass die spiritistischen Sitzungen mit Helly (Helene Preiswerk) im Pfarrhaus des Vaters schon ab 1895 datieren[183], die Hintergründe für Jungs Liebschaften mit Patientinnen[184] oder Jungs Begeisterung für Ufos und das Wassermannzeitalter[185] und viele Beispiele dafür, dass Jung von der religiösen Frage nicht loskam.[186] Neben der kürzeren und aus größerer Distanz geschriebenen Biographie von Paul J. Stern, die sich ebenfalls ausführlich den okkulten Experimenten Jungs widmet[187], dürfte diese Biographie für Freund und Feind die beste Darstellung von Jungs Leben und Werk sein. Wehr beschäftigt sich ausführlich[188] mit den

> «Gründen, weshalb sich Jung neben seinen medizinischen Pflichtstudien mit der gesamten ihm verfügbaren okkultistisch-spiritistischen Literatur vertraut macht ...»[189]

Jung verstand sich dabei durchaus als religiös. Wehr zitiert eine diesbezügliche Briefstelle von Jung:

> «Ich treibe keine Religionsphilosophie, sondern ich bin ergriffen, beinah erschlagen und wehre mich nach Kräften ... (Meine lebendige Ergriffenheit) ist lokal, barbarisch, infantil und abgründig unwissenschaftlich ...»[190]

Deswegen spielten die religiösen Anschauungen der Patienten für Jung auch eine wesentliche Rolle:

> «Als Arzt nimmt Jung daher die von einem Patienten berührten religiösen Probleme als das eigentliche Problem ihrer Situation ernst.»[191]

Kein Wunder, dass Jung deswegen häufig zu christlichen Themen Stellung nahm. Berühmt ist Jungs Schrift:

«Zur Psychologie der Trinitätsidee»[192], in der er das Zentrum des christlichen Glaubens im Rahmen seiner Archetypenlehre erklärt, umdeutet und entleert. Wenn ein Autor derart direkt zum Zentrum des christlichen Glaubens Stellung bezieht, muss er sich gefallen lassen, dass Christen das Zentrum seiner Theorien ebenfalls unter die Lupe nehmen.

Wehr schreibt zu Jungs «theologischstem» Buch sein Alterswerk «Antwort auf Hiob»:

> «Aus der langen Folge aller seiner Bücher ragt 'Antwort auf Hiob' dadurch heraus, dass hier nicht etwa ein um den wissenschaftlichen Aufweis von Tatbeständen bemühter Forscher schreibt. Das Wort ergreift vielmehr ein zutiefst Erregter, einer, der in seiner herausfordernden, geradezu gewaltsamen Auseinandersetzung mit dem alttestamentlichen Gottesbild (Jahwe) all das von der Seele schreiben muss, was ihm seit Jahrzehnten als ein unabweisbares Lebensthema zu schaffen macht. Im Grunde ist es schon in jenen visionär-imaginativen Innenwahrnehmen der frühen Jugendzeit für Jung präsent, in denen er in Gott selbst, genauer: im Gottesbild einen gewaltigen Dunkelaspekt zu erkennen meint.»[193]

Paul C. Vitz

Von christlicher Seite hat vor allem der Professor für Psychologie an der New York University Paul C. Vitz den Religionscharakter der modernen Psychologie aufgezeigt.[194] Vitz schreibt:

> «Die Ähnlichkeiten moderner psychologischer Theorien der mentalen Pathologie und Psychotherapie mit Religionen wurden von der Zeit an, als sie Anfang dieses Jahrhunderts entstanden, festgestellt.»[195]
>
> «Anfänglich hatten diese Psychologien die Funktionen von alternativen Weltanschauungen und säkularen Religionen zunächst einmal im Leben der Psychotherapeuten ...»[196]

Diese Begründer der psychologischen Schulen selbst haben dabei die religiösen Fundamente ihrer Schulen gelegt.

> «Freud anerkannte die wesentlichen Ähnlichkeiten zwischen der psychoanalytischen Therapie und religiöser Seelsorge direkt, indem er die Psychoanalyse als 'pastorales Wirken im besten Sinne des Wortes' ... verstand.»[197]

Dies hing aufs engste mit der Beschäftigung der Gründer der psychologischen Schulen mit religiösen Phänomenen zusammen.

> «Ein anderes, wichtiges Charakteristikum der Psychologie ist eine intensive Beschäftigung mit Religion und religiösen Fragen seitens vieler Theoretiker und Begründer der Psychologie gewesen. Dies war der Fall mit den Begründern der Psychotherapie Freud und Jung und mit Adler, der sich von einem jüdischen Hintergrund zu einem weitgehend liberalen Protestantismus bekehrte. Die folgenden Psychologen begannen entweder mit einer intensiven Beschäftigung mit religiösen Fragen oder brachten diese in ihrer Berufsausübung zum Ausdruck (oder beides): William James, G. Stanley Hall, Carl Rogers, Erich Fromm, Rollo May, Karl Menninger, Gardner Murphy, Michael Murphy ..., Elisabeth Kübler-Ross. Diese Beispiele legen die Affinität zwischen der religiösen und der psychologischen Mentalität nahe.»[198]

Als weiteres Beispiel führt Vitz den «religiösen 'denominationellen' Charakter»[199] an. Namentlich Christopher Lasch[200] hat versucht, die psychotherapeutischen Schulen gemäß den christlichen Konfessionen in verschiedene, sich gegenseitig bekämpfende und einen Alleinvertretungsanspruch anmeldende 'Denominationen' aufzuteilen.[201]

> «Zusammenfassend ist der überwältigende religiöse Charakter eines Großteils der Psychologie ihre Tendenz, Gott durch das Selbst zu ersetzen.»[202]

Die ausführliche Darstellung dieser Selbstverehrung der modernen Psychologie und des psychologischen «Selbstkultes» findet sich in dem Buch von Paul C. Vitz «Psychologie als Religion: Der Kult der Selbstanbetung», das weite Beachtung fand.[203]

3. Psychologie und Seelsorge: 6 Thesen

Psychologie und Seelsorge

Wenn christliche Kritiker einzelner Psychotherapien oder der gesamten modernen Psychologie auftreten[204] oder das Verhältnis von Psychotherapie und Seelsorge besprechen[205], wird ihnen oft das Recht abgesprochen, dies zu tun, weil sie damit wissenschaftliche Ergebnisse in Frage stellten. Das geht jedoch an der tatsächlichen Kritik vorbei. Denn die christliche Kritik beinhaltet nicht nur, dass bestimmte Lehren der psychologischen Schulen nicht mit der Bibel zu vereinbaren sind, sondern auch gerade, dass der hochfahrende Anspruch der modernen Psychologie nicht wissenschaftlich begründet ist. Dafür wurden bereits viele Beispiele genannt.

Martin und Deidre Bobgan, die wohl am grundsätzlichsten und umfangreichsten die moderne Psychologie und ihre Übernahme in die christliche Seelsorge kritisiert haben[206], nennen unter den Mythen der Psychotherapie vor allem den Mythos, dass die Psychotherapie eine Wissenschaft und keine Religion sei, den Mythos, dass Menschen, die Verhaltens- und Gefühlsprobleme haben, geisteskrank seien, und den Mythos, dass die Psychotherapie eine hohe Erfolgsquote habe.[207]

Überhaupt sind mehr säkulare als christliche Kritiker der Schulen von Freud, Jung, Adler und anderen bekannt, und die säkulare Kritik fällt oft wesentlich grundsätzlicher aus als die christliche. Es ist interessant, dass Gary Collins in seinem Buch, in dem er der christlichen Seelsorge die Angst vor der Psychotherapie nehmen und 31 kritische Anfragen beantworten will, fast vorwiegend säkulare Kritiker der Psychotherapie zitieren muss.[208]

Collins benutzt dabei übrigens einen Zirkelschluss als Argument gegen eine feindliche Einstellung der Seelsorge zur Psychotherapie:

> «Aber meine Gespräche mit christlichen Seelsorgern über die Jahre haben bei mir den ungemütlichen Eindruck hinterlassen, dass die meisten von ihnen ihre Seelsorge nicht viel anders als ihre säkularen Kollegen betreiben.»[209]

Sicher wird Collins Recht haben. Doch dies belegt weniger, dass Christentum und bestimmte psychologische Richtungen vereinbar seien, sondern eher, dass die christliche Seelsorge vielerorts durch psychologische Schulen ersetzt wurde.

Die Auseinandersetzung zwischen Psychologie und Seelsorge ist übrigens der modernen Psychologie bereits von ihren Begründern mit in die Wiege gelegt worden, nicht nur, weil sie religiöse Systeme schufen, wie wir oben bereits sahen, sondern auch, weil sie sich meist intensiv mit dem Verhältnis ihrer Systeme zum Christentum und zur christlichen Seelsorge beschäftigten.

Freud wurde vom Christentum ebenso fasziniert wie abgestoßen[210], auch wenn der jüdische Einfluss nicht ganz außer Acht gelassen werden darf.[211] Freud schrieb mit «Totem und Tabu» (1913) und «Moses und Monotheismus» (1938) grundlegende Kritiken und Auseinandersetzungen mit Juden- und Christentum.

Jung hat sich sogar mehrfach direkt zum Verhältnis von «Psychoanalyse und Seelsorge»[212] geäußert. Die Verwirrung von Empfehlung und Ablehnung des Christentums kommt dabei etwa in einem Zitat Jungs in einer Abhandlung über das Verhältnis von Psychotherapie und Seelsorge zum Ausdruck, indem Jung zunächst schreibt, als empfehle sich das Christentum, dann aber zugleich einen Kerngedanken des Christentums, die Existenz von Schuld und Sünde, leugnet. Wie so oft will man die positiven

Konsequenzen des Christentums behalten, ohne es selbst, geschweige denn seinen Gott, ernst zu nehmen:

> «Das Problem der Heilung ist ein religiöses Problem. Auf der Ebene der sozialen oder der Völkerbeziehung ist der leidende Zustand zum Beispiel Bürgerkrieg. Durch die christliche Tugend der Feindesliebe und der Vergebung heilen wir diesen leidenden Zustand. Was wir aus christlicher Überzeugung außen empfehlen, das müssen wir in der Neurosentherapie auch innerlich anwenden. Darum wollen moderne Menschen nichts mehr von Schuld und Sünde hören. Sie haben an ihrem bösen Gewissen genug und wollen vielmehr wissen, wie man sich mit seinen eigenen Tatsachen *aussöhnen*, wie man den Feind im eigenen Herzen lieben und zum Wolf 'Bruder' sagen kann.»[213]

Jung schrieb häufiger über das Verhältnis von Psychoanalyse und Religion beziehungsweise Christentum.[214]

Wenn die Väter der modernen Psychologie wie ihre Schüler bis in die Gegenwart weit reichende Urteile über das Christentum abgeben, sollten sie es sich auch gefallen lassen, dass das Christentum dasselbe mit ihnen tut.

Dies gilt für säkulare Psychologen genauso wie für christliche. Wenn Eugen Drewermann etwa zur Radikalkritik anderer ansetzt und dabei einen ungeheuren Absolutheitsanspruch seiner psychologischen Sicht voraussetzt, wirkt es merkwürdig, dass gerade er Kritik an seiner Person und seinem System so schlecht verträgt.

Exkurs: Psychotherapie und Märchen

Dass in der christlichen Psychologie oft nichtbiblische Texte denselben Rang wie biblische Texte erlangen, zeigt die psychoanalytische Märchenauslegung christlicher Autoren. Eugen Drewermann leitet aus dem Märchen «Hänsel und Gretel» und anderen Märchen weit reichende Belehrungen für Kleriker ab[215] und duldet in seinem vor Grundsatzverurteilungen anderer Menschen nur so überfließenden Buch «Die Kleriker» noch nicht einmal eine andere psychologische Sicht, geht es doch um das «objektiv bestehende System oraler Verwöhnung».[216] Drewermann folgt damit nur Carl Gustav Jung, denn Jung behauptete, dass sich in Märchen Archetypen niederschlagen.[217]

> Die psychologische Märchendeutung lässt übrigens die tatsächliche Märchenforschung völlig außer Acht und interessiert sich nicht für die Frage, ob die Märchen wirklich so alt sind, wie vorausgesetzt wird.[218] So schreibt die Psychotherapeutin Verena Kast etwa: «Die Märchen, wie sie uns in den verschiedenen Sammlungen zusammengetragen sind, stammen alle aus Erzähltraditionen. Das hat den großen Vorteil, verglichen mit den modernen Märchen ..., dass sehr viel Zufälliges durch das Erzählen von verschiedenen Menschen durch die Zeit hindurch aus den Märchen herausgefallen ist, dass die Märchen uns wirklich die Bilder und die Geschichten übermitteln, die für viele Menschen Gültigkeit haben. Wir kennen keine Erzähltradition mehr, unsere modernen Märchen, die jeweils von der Verfasserpersönlichkeit geprägt sind, können nicht durch eine längere Erzähltradition von dem Allzupersönlichen befreit werden.»[219] Die Frage, wann denn eigentlich die Märchen entstanden seien, ist für die Autorin längst geklärt: «Vielleicht ist es kränkend, dass wir dieselben Probleme haben wie die Menschen im Mittelalter ...».[220] Das ist historisch völlig unhaltbar, denn die mündlich überlieferten Märchen, wie wir sie heute vorliegen haben, sind weder so alt, wie angegeben, noch frei von den Erzählerpersönlichkeiten.
> Der ehemalige Direktor der Internationalen Jugendbibliothek in München, Walter Scherf, erklärt etwa, weshalb Märchen grausam sein müssen. «Ablösung von daheim und Bewährung sind immer wiederkehrende Motive des Kindermärchens ...»,[221] fasst Gerda Neumann seine Thesen zusammen. Scherf baut dabei nur auf die Märchen von Perrault und den Gebrüdern Grimm auf. In einem von Christian Büttner herausgegebenen Buch geben sich Friedensforscher, Psychoanalytiker, Politolo-

gen und Pädagogen ein Stelldichein, um «Pädagogische Botschaften in Märchen und Mythen»[222] zu entschlüsseln und für die Friedenserziehung nutzbar zu machen. Volkskundliche Forschungsergebnisse und Autoren bleiben völlig unberücksichtigt. Das Märchen scheint unbegrenzt als Mittel für die Erziehung in jedweder Weltanschauung dienen zu können, wenn man nur gekonnt die Symbole mit eigenen Auslegungen verbindet.
Weitere Theorien zur Anwendung von Märchen aus «psychoanalytischer-psychiatrischer» Sicht hat Klaus F. Geiger in seinem Artikel «Angst» in der Enzyklopädie des Märchens zusammengetragen.[223] Treffend fasst er zusammen: «Letzte Grundlage dieser Aussagen ist die Vorstellung, dass eine Parallele besteht zwischen kindlicher (und jugendlicher) Psyche und Märcheninhalten, vor allem auch zwischen der Entwicklung dieser Psyche und den einzelnen Stationen des Märchengeschehens ...»[224] Er urteilt zu Recht: «Fragwürdig an solchen Interpretationen ist die allzu weit gehende Generalisierung, auch der ahistorische Charakter der Märchen, meist in der Fassung der KHM[225], implizit zugestanden wird, um die Parallele zur Psyche von Kindern und Jugendlichen herstellen zu können ...».[226] Doch die Argumentation von Volkskundlern gegen die psychologischen Zauberformeln zur Einordnung von Märchen und Sagen fällt oft nur schwach aus, weil sich die Fachleute der Märchenforschung, die Volkskundler, meist nicht getrauen, gegen den Zeitgeist aufzustehen. M. Lüthi schreibt zwar etwa: «Die Märchenforscher volkskundlicher und literaturwissenschaftlicher Richtung haben die psychoanalytischen Deutungsversuche wegen deren Einseitigkeit und gewagten Konstruktionen fast durchgehend scharf abgelehnt.»[227] – was wohl eher mündlich denn schriftlich geschah – doch seine eigene Widerlegung der verschiedenen ahistorischen Auslegungsmethoden aus Psychologie und Pädagogik[228] fällt eher schwach aus, da er nur «Korrekturen» anbringen möchte.[229]

Einige Thesen sollen nun das Verhältnis von Psychologie und Seelsorge ansprechen, können jedoch nur erste Schneisen schlagen.

Eine christliche Psychologie

1. Christen können die Psychologie nicht abschaffen, sondern nur durch eine bessere Psychologie auf biblischer Grundlage ersetzen.[230]

«Psychologie ist die Wissenschaft vom menschlichen Verhalten und Erleben und deren Bedingungen.»[231]

Folgt man dieser allgemeinen Definition von Psychologie, dann wird es Psychologie immer geben. Heute und auch in diesem Abschnitt wird jedoch Psychologie meist im Sinne bestimmter moderner Schulen, etwa der Psychotherapie von Sigmund Freud, der Psychoanalyse von Carl Gustav Jung, der Individualpsychologie von Alfred Adler und anderen verstanden. Die notwendige radikale Kritik an diesen Schulen der Psychologie darf jedoch nicht den Blick dafür verstellen, dass es immer schon auch eine ganz andere Psychologie gegeben hat und dass Psychologie wesentlich mehr umfasst, als die eingeengte Sicht dieser Schulen vermittelt.

Zur Psychologie gehören ja auch die Wahrnehmungspsychologie, die Lernpsychologie, die Tierpsychologie oder die Untersuchung von Körpersprache[232], also Fachrichtungen, die immer schon existierten und auch von scharfen Kritikern moderner psychologischer Schulrichtung allgemein anerkannt und genutzt werden.

Genauso wenig, wie man die allmächtige Evolutionstheorie nicht überwinden kann, indem man Biologie oder Geologie abschafft, sondern nur, indem man ihr eine an Schöpfung und Bibel orientierte Schöpfungsforschung entgegenstellt, kann die humanistische Psychologie nur überwunden werden, wenn ihr eine ganzheitliche, biblische Psychologie und Ethik entgegengesetzt wird.

In «Aufstand gegen die Reife: Eine biblische Psychologie des Menschen»[233] will Rousas J. Rushdoony eine biblische Psychologie vermitteln, denn «Psychologie ist richtig verstanden ein Zweig der Theologie».[234] Dazu zeigt er einerseits auf, an welchen Punkten die moderne Psychologie vom biblischen Glauben abweicht[235] (z. B. Ablehnung der Schöpfung, Ablehnung des Gesetzes Gottes), wendet dann aber auch positiv die biblische Lehre über den Menschen, seine Schöpfung, seinen Fall und seine Wiedergeburt auf eine Psychologie des Menschen an. Wesentlich ist ihm, dass Gott will, dass der Mensch unter Gottes Autorität zur Reife und Selbständigkeit gelangt. Die moderne Psychologie und viele andere Alternativen zum biblischen Glauben sind für ihn dagegen ein Aufstand gegen das Reifwerden des Menschen und führen ihn immer wieder in kindliche Abhängigkeit zurück. Wie ein kleines Kind meint der Mensch, dass ein Wutanfall Gott gegenüber der beste Beweis seiner Unabhängigkeit sei.

Psychologie und Gottes Wort

2. Wie in allen Bereichen des Lebens muss die Offenbarung Gottes Ausgangspunkt und Grundlage jeder Psychologie sein. Die Psychologie kann und darf nie Gottes Wort und Gottes Gebote in Frage stellen.

Mir ist kein christlicher Psychologe bekannt, der wirklich ernst damit macht, dass die biblische Offenbarung Vorrang hat. Im besten Fall werden psychologische Theorien von solchen Christen mit der Bibel versöhnt, die die Zehn Gebote verwerfen oder überhaupt keine Gebote für den Christen gelten lassen (vgl. dagegen Röm. 13,8–10).

Es gibt nämlich eine enorme Beeinflussung christlicher Seelsorgekonzepte durch die ständig zunehmende Zahl psychotherapeutischer Schulen. A. Harper zählt «36 Systeme»[236] der Psychotherapie, Martin L. Gross «100 Therapiearten»[237], Martin und Deidre Bobgan «250 verschiedene Systeme der Psychotherapie».[238] Zu praktisch allen gibt es ein christliches Gegenstück. So stellt eine Untersuchung 17 verschiedene christlich-therapeutische Schulen in den USA dar[239], die alle eine Übertragung einer Modetherapie in den christlichen Bereich darstellen. Werner Jentsch hat in ähnlicher Weise 14 Grundtypen der Psychotherapie usw. aufgelistet und ihre jeweiligen christlichen Ableger benannt.[240]

Der inzwischen in der evangelikalen Welt verbreitete Gedanke, dass man sich erst selbst lieben müsse, bevor man andere lieben könne[241], wurde vor allem von Erich Fromm mit psychologischen Argumenten in christlichen Kreisen verbreitet.[242] Fromms Sicht hängt aufs Engste mit der Sicht Alfred Adlers zusammen. Wie für Freud die Sexualität die treibende Kraft der Seele ist, ist für Adler das Machtstreben beziehungsweise der Minderwertigkeitskomplex der Seele das prägende Element. Selbst als die populärwissenschaftliche Psychologie begann, das Selbst zum höchsten Wesen, ja zu Gott zu erklären[243], fand sie begeisterte Anhänger im christlichen Bereich.

Durch die Verbindung der Liebe mit den Ordnungen und Aufträgen Gottes wird die Frage nach der Selbstliebe in dem Satz *«Du sollst deinen Nächsten lieben **wie dich selbst**»* schnell zu klären sein. Einige verstehen diesen Satz – meist mit Hilfe psychologischer Überlegungen – als generelle Aufforderung, dass man sich zunächst selbst lieben müsse, bevor man andere lieben könne. Andere sehen jede Selbstliebe als das Ende der von Jesus geforderten Selbstverleugnung (Mt. 16,24; Mk. 8,34; Lk. 9,23) an und verstehen das *«wie dich selbst»* als Zugeständnis an den leider immer vorhandenen Egoismus. Nimmt man die Ordnungen und Aufträge Gottes hinzu, sieht man, dass beide Seiten gleichermaßen Recht wie Unrecht haben. Wenn Gott uns geboten hat, uns um uns selbst zu kümmern und uns selbst Freude zu schaffen, kann an diesen Stellen keine Selbstverleugnung gefordert sein. Wenn Gott uns aufträgt, unseren Lebensunterhalt zu verdienen oder uns am Essen zu erfreuen, kann ein solcher Einsatz für uns selbst nicht falsch sein. Wo Gott uns aber aufträgt, die Interessen anderer über unsere eigenen zu stellen, können psychologische Theorien Gottes Willen nicht aufheben. Die Bibel spielt den Einzelnen und die Gesellschaft und die eigenen Interessen und die Interessen der Allgemeinheit nicht gegeneinander aus. Sie ist weder individualistisch noch sozialistisch. Sie wahrt die Privatsphäre des Einzelnen ebenso, wie sie keinen von der sozialen Verantwortung ausnimmt.

Veränderung durch Erkenntnis?

Für Paul C. Vitz ist die moderne Psychologie über weite Strecken eine Rückkehr zum Gnostizismus[244], der davon ausging, dass Wissen Veränderung bedeutet und damit die Sünde, die erst einmal überwunden werden muss, leugnet. Weiß der Mensch erst einmal über sich Bescheid, kann er sich angeblich auch selbst helfen.

Die biblische Botschaft steht dem Gnostizismus diametral gegenüber. In Röm. 1,20 wird die Ursünde des Menschen nicht als fehlende Erkenntnis beschrieben, sondern als Undankbarkeit und Ungehorsam gegen Gott. Die Fehler im Denken sind dort erst die Folge einer ethischen Entscheidung gegen Gott. Rousas J. Rushdoony schreibt deswegen treffend zu Röm. 1,20:

> «Paulus macht deutlich, dass Unglaube kein Mangel an Erkenntnis[245] über Gott, sondern die aus Ungerechtigkeit entspringende Weigerung ist, sich Gottes Herrschaft und Autorität zu unterwerfen (Röm. 1,17–20). Der Mensch verwirft Gottes Autorität und Herrschaft zugunsten seiner eigenen (1. Mose 3,5); dies ist Unglaube im biblischen Sinn.»[246]

Hier liegt eine Wasserscheide zwischen dem von der antiken Philosophie herkommenden Humanismus und dem biblischen Glauben, die unüberbrückbar ist, denn

> «Der Antike ist die Sünde ... ihrem Ursprung nach ... Betörung, also Verirrung des Verstandes ... Der Schrift u. Kirche dagegen ist die Sünde ethischer Natur, also wesentlich Sache ... des Willens und des Verhältnisses zu Gott.»[247]

Für die Antike war das Erkennen deswegen an sich schon das Gute, nicht erst das Tun und Anwenden des Erkannten. Die christliche Gnosis der ersten Jahrhunderte teilte diese Ansicht[248] und beeinflusste christliche Kreise bis heute.

Gott fasst dagegen Israels Haltung ihm gegenüber so zusammen: *«Ich will nicht dienen»* (Jer. 2,20). Und Jesus formuliert es in einem Gleichnis so: *«Wir wollen nicht, dass dieser über uns herrsche»* (Lk. 19,14). Das Problem des Menschen ist also nicht, dass er die Herrschaft Gottes nicht erkennen könnte, obwohl er selbst diese Erkenntnis zerstört hat, sondern dass er sich dieser Herrschaft nicht unterstellen will, selbst wenn sie ihm noch so einleuchten würde.

Der Gedanke, dass man den Menschen durch Bildung verbessern könne und die Übel der Menschheit durch intellektuelle Aufklärung beseitigen könne, ist eines der Grundprobleme der griechischen Philosophie, des Humanismus und der Aufklärung. Das staatliche Erziehungssystem und das humanistische Bildungsideal verdanken ihre Existenz der Idee der Hebung der Sitten durch Bildung. Dahinter steht der Gedanke, dass der Mensch nur deswegen falsch handelt, weil er unwissend ist oder falsch denkt, nicht aber, weil sein Wille böse und er unfähig ist, das Gute aus eigener Kraft zu tun. Man will die ethische und verantwortliche Seite aller Gedanken, Worte und Taten auf eine Wissensfrage reduzieren, die den Menschen bestenfalls dann verantwortlich macht, wenn er «Bescheid wusste». Immer wieder sind deswegen Menschen zum Beispiel erstaunt, wenn sie hören, dass Ärzte genauso viel rauchen wie Laien, dass sich trotz aller Aufklärung immer noch so viele Menschen ungesund ernähren und zu viel essen und Frauen im Westen trotz aller Informationsmöglichkeiten über Verhütungsmittel ungewollt schwanger werden. Dabei kann jeder an sich selbst beobachten, dass das Richtige zu wissen, ja selbst davon felsenfest überzeugt zu sein, noch überhaupt nichts mit der Frage zu tun hat, ob man auch dementsprechend lebt. Ein Politiker, der im Parlament die lebenslängliche Einehe als Grundlage der Gesellschaft rühmt, ist deswegen noch lange nicht vor Ehebruch und Scheidung gefeit.

«Der Mensch ist nicht unwissend, sondern rebellisch.»[249] In der Bibel ist «Dummheit» nicht Abwesenheit von Wissen, sondern liegt vor, wenn sich der Mensch, wie in Röm. 1,18–32 beschrieben, von seinem Schöpfer und seinen Ordnungen abwendet: *«Der Tor spricht in seinem Herzen: Es ist kein Gott! Sie haben Verderben angerichtet und abscheuliches Unrecht ausgeübt»* (Ps. 53,2).

Was geschah mit der Sünde?

Dass in der Psychotherapie die Therapie über die Theologie mit ihrem Sündenverständnis gesiegt hat, wird nicht nur von christlichen Autoren vertreten[250], sondern auch von säkularen Vertretern[251], weswegen E. Becker sein diesbezügliches Buch treffend «Flucht vor dem Bösen»[252], K. Menninger sein Werk «Was geschah mit der Sünde?»[253] nennt.

Die psychotherapeutischen Schulen haben aber eigentlich nur ein neues Sündenverständnis an die Stelle des christlichen gesetzt. Die ethisch-religiöse Komponente dieser Schulen zeigt sich hier oft am deutlichsten. Erving Goffman schreibt dazu:

> «Es ist verständlich, dass die Psychotherapie zum großen Teil daraus besteht, dem Patienten seine Sünden vorzuhalten und ihm zu zeigen, welche Irrtümer er begangen hat. Und in gewissem Sinne kann ich nicht sehen, wie das anders sein könnte oder sollte.»[254]

Erich Fromm hat ausführlich dargelegt, warum seine Psychologie hinfällig wäre, falls die Lehre vom Sündenfall und von der Erbsünde Recht hätte.[255] Besonders die Transaktionsanalyse geht vom guten Menschen aus und leugnet den Sündenfall.[256]

Überhaupt ersetzt die Psychologie das biblische Konzept der Sünde oft durch das vage Konzept der psychischen Krankheit, das jede psychologische Schule neu definiert.

Die Psychotherapie hat enorme Schwierigkeiten, überhaupt zu definieren, wer psychisch «normal» ist.[257] Das hat oft dazu geführt, kurzerhand alle Menschen für psychisch krank und abnormal zu erklären oder wenigstens davon auszugehen, dass alle eine psychotherapeutische Behandlung nötig hätten – was wiederum auf heftige Kritik gestoßen ist.[258]

Nimmt man etwa als Beispiel die einflussreichen Definitionen psychologischer Normalität bzw. Anomalität von Marie Jahoda ...:

«– Die Art der Selbsteinschätzung eines Menschen.
– Art und Ausmaß der Persönlichkeitsentwicklung und Selbstverwirklichung.
– Ausmaß der Synthese und Integration der psychischen Energien.
– Ausmaß der Unabhängigkeit und Autonomie gegenüber sozialer Beeinflussung.
– Die Art der Wirklichkeitserfassung.
– Die Fähigkeit, das Dasein zu meistern.»[259]

Diese Worthülsen sind angeblich eine der Glanzleistungen unserer modernen Psychologie. Die Worthülsen werden – natürlich von Humanisten – gefüllt, für die Selbstverwirklichung, Unabhängigkeit gegenüber Beeinflussung (auch gegenüber jener durch den Psychiater?) und Wirklichkeitserfassung ganz in ihrem Sinne verstanden sind, aber trotzdem nichts weiter als das Bekenntnis, dass die Psychologie die meisten Menschen erst einmal per Definition krankmachen muss, um sie behandeln zu können.

Sollen diese vagen Formeln tatsächlich darüber befinden, wer behandelt, womöglich zwangsbehandelt wird, wo Millionen ausgegeben werden und ob ein Mensch als normal und gesellschaftsfähig gilt?

Wie sehr die Bibel plötzlich im Licht der jeweiligen psychologischen Schule gelesen wird, zeigt Walter Wanner, der in mehreren Büchern die evangelikale Jugendarbeit und Seelsorge ganz im Sinne der vorwiegend Jungschen Tiefenpsychologie gestalten will[260], wenn er über Zachäus (Lk. 19,1–10) schreibt:

> «Damit kompensiert er seinen Minderwertigkeitskomplex und seine verdrängten Schuldgefühle. Aber er demütigt sich nicht mit dem Ausgleich, er überkompensiert seinen Geltungstrieb und sein Bedürfnis nach Anerkennung. Zachäus wird zum Ausbeuter, zum Schinder und zum Angeber. ... Zachäus aber ist voller Sehnsucht. Tief sitzt das Verlangen in ihm, endlich einmal er selbst sein zu dürfen. Er möchte aus seiner Rolle aussteigen.»[261]

Die Wiedergutmachung, die Zachäus leistet, erklärt Wanner nicht aus den Geboten Gottes, sondern daraus, dass Zachäus «so viele neue kreative Möglichkeiten»[262] entdeckt. Wenn man aus den spärlichen Angaben des Evangelienberichtes so viel Psychologisches herauslesen will, wundert es nicht, dass dem Psychologen zu jedem Patienten, der ja meist noch viel mehr Daten zur Verfügung stellt, leicht, aber eben auch beliebig viele, psychologische Deutungen einfallen.

Wanner hat als Vorläufer eines solchen Umgangs mit der Bibel viele bedeutende Psychoanalytiker, die sich in der Auslegung der Bibel versucht haben und dabei den Inhalt der Bibel häufig völlig auf den Kopf stellten. Eugen Drewermann kann seine bis ins Absurde reichende Bibelauslegung auf die Väter der Psychotherapie selbst zurückführen. So schreibt Carl Gustav Jung über die Bekehrung des Paulus:

«Saulus verdankt seine Bekehrung weder der wahren Liebe noch dem wahren Glauben noch sonst irgendeiner Wahrheit, einzig sein Christenhass hat ihn auf den Weg nach Damaskus und damit zu jenem Erlebnis geführt, das für sein Leben entscheidend werden sollte. Er hat seinen schlimmsten Irrtum mit Überzeugung gelebt, und das führte ihn zum Erlebnis.»[263]

Welche Ethik bildet den Ausgangspunkt?

3. **Insbesondere muss der Anspruch jeder Psychologie, eine bessere Ethik als die der Bibel gefunden zu haben, abgewiesen werden.**
Es gibt keine Psychologie ohne Ethik.[264] Jede Psychologie setzt ein Menschenbild und eine Ethik voraus, so wie jedes Menschenbild und jede Ethik ihre Psychologie hervorbringen wird. Deutlich wird dies etwa an der Bedeutung der moralischen Entwicklung und Erziehung in der Psychologie.[265]

Eine große Rolle spielen in der Psychotherapie «Sexuelle Verhaltensabweichungen».[266] Wie aber will man solche ohne Sexualethik definieren? Gilt hier die biblische Ethik, ist eine biblische Psychologie, die auch wissenschaftlich forscht, denkbar. Gilt jedoch eine andere Sexualethik, wird eine ihr folgende Psychologie Fehlverhalten unterstützen und normales Sexualverhalten als krankhaft darstellen.

So werden die psychologischen Schulen sehr stark von ihrem jeweiligen Bild von Mann und Frau geprägt. Hartmut Zinser macht in seinem Buch «Der Mythos des Mutterrechts»[267] Bachofen, Engels und Freud den Vorwurf, dass sie alle ihr Wunschbild über die Geschichte des Geschlechterkampfes, ohne Rücksicht auf die Wirklichkeit vertreten und letztlich nur auf neue Weise die männliche Überheblichkeit festgeschrieben haben. Obwohl alle Theorien heute zur Stützung der Gleichberechtigung herangezogen werden, sieht Zinser in ihnen gerade eine Herabwürdigung der Frau. Dies gilt insbesondere für Sigmund Freud. Unter der Überschrift «Der Trieb ist männlich» widerlegt Zinser Sigmund Freud. Reiner Gödtel schreibt dazu:

> «Freud hat sich mehr als einmal geirrt, aber sein Hauptfehler war wohl der, dass er in seinem extremen Patriarchalismus glaubte, Sexualität sei immer männlich, und die Frau fühle sich als kastrierter Mann. Er irrte sich, wenn er glaubte, dass Liebe lediglich eine Sublimierung des Sexualinstinkts sei. Sexualität war für ihn nicht viel mehr als ein Juckreiz, den man beseitigen muss. Freud hat die Sexualität nicht nur überbewertet, er sah sie auch nicht tief genug.»[268]

Die Psychoanalyse Sigmund Freuds und die Tiefenpsychologie Carl Gustav Jungs operieren zum Beispiel ununterbrochen mit neuen Maßstäben, die die alten religiösen Werte ersetzen sollen. Es ist etwa unbestritten, dass Jung selbst der Ethik eine bedeutende Rolle für seine Psychoanalyse zumaß.[269] Erich Neumann stellt eine «neue Ethik» im Sinne seines Lehrers C. G. Jung auf und macht die «alte Ethik» für alle möglichen Fehlentwicklungen verantwortlich.[270] Er tut dabei jedoch so, als hätte es jahrhundertelang nur die christlich-biblische Ethik gegeben, obwohl diese bekanntlich im großen Stil nie richtig zur Anwendung kam und immer mit zahllosen anderen, oft philosophisch-ethischen Vorstellungen konkurrierte. Neumanns Ethik will unter keinen Umständen den Erzfeind «alte Ethik» kopieren:

> «Das Hauptaugenmerk legt die neue Ethik nicht darauf, dass das Individuum 'gut' sei, sondern dass es seelisch autonom, das heißt gesund und produktiv, aber auch seelisch nicht infektiös sei.»[271]

Der Widerspruch ist offensichtlich: *Während angeblich zunächst die Vorstellung von «gut» im Sinne der vage definierten «alten Ethik» abgelehnt wird, wird anschließend lediglich neu de-*

finiert, was gut und was böse ist! Deswegen nennt Neumann seinen Ansatz zu Recht eine «neue Ethik».

Erich Fromm hat eine ganze «Psychologie der Ethik» geschrieben[272], wobei er seine Ethik als «Humanistische Ethik»[273] bezeichnet. Grundlage seiner Ethik ist «die Realisierung des menschlichen Selbst und seiner Möglichkeiten».[274] Denen, die verwundert sind, dass ein Psychoanalytiker eine Ethik schreibt, hält er entgegen, dass

> «Psychologie sich nicht nur mit der Entlarvung falscher ethischer Urteile befassen muss, sondern darüber hinaus als Grundlage dafür dienen kann, objektive und gültige Normen des Verhaltens aufzubauen.»[275]

Obwohl er einerseits von objektiven und gültigen Normen spricht, steht seine Ethik zugleich «auf der Seite des ethischen Relativismus».[276] Seine Erfahrung habe ihn gelehrt, dass

> «ethische Probleme nicht vom Studium der Persönlichkeit, gleich ob theoretisch oder therapeutisch, ausgeschlossen werden können.»[277]

Kein Wunder, dass Fromm «Die seelischen Grundlagen einer neuen Gesellschaft» legt:[278]

> «Die Funktion der neuen Gesellschaft ist es, die Entstehung eines neuen Menschen zu fördern ...»[279]

Unter den Merkmalen der Charakterstruktur[280] dieses neuen, nach Fromms Bild gestalteten Menschen, finden sich denn auch «Sicherheit, Identitätserleben und Selbstvertrauen, basierend auf dem Glauben an das, was man *ist*»[281]. Der Gegensatz zwischen diesem «Sein» und dem «Verlangen, zu *haben*»[282], der das Thema des ganzen Buches ist, enthält eine falsche Polarisierung, ist meines Erachtens völlig wirklichkeitsfremd und stellt eine Forderung an den Menschen, gegenüber der die Gebote Gottes geradezu als leicht erscheinen!

Die Geschichte der Religion wird rein evolutionistisch verstanden[283] und dem Christen empfohlen, von der religiösen Toleranz der östlichen Religionen zu lernen.[284] In dem Kapitel «Ist die Psychoanalyse eine Bedrohung für die Religion?»[285] seines Buches «Psychoanalyse und Religion» macht Fromm deutlich, dass Religion, wie er sie sich vorstellt, von der Psychoanalyse nicht bedroht sei. Judentum und Christentum dagegen kommen sehr schlecht weg, vor allem weil Juden und Christen in ihrem Glauben eher «Götzenanbeter» sind als manche toleranten «Atheisten»[286]. Der Glaube an ein göttliches Buch in Juden- und Christentum wird nämlich als Anbetung einer heiligen Schrift dargestellt.

> «Denkt man den Monotheismus mit seinen logischen Konsequenzen wahrhaft zu Ende, so kann es keinen Streit über das Wesen Gottes geben. Kein Mensch kann behaupten, eine solche Kenntnis von Gott zu haben, dass er befugt wäre, mit ihr seine Mitmenschen zu kritisieren oder zu verdammen oder zu behaupten, seine eigene Gottesvorstellung sei die einzig Richtige. Die religiöse Intoleranz, die so charakteristisch ist für die westlichen Religionen und aus derartigen Ansprüchen stammt – und, psychologisch gesprochen, ihre Wurzel in einem Mangel an Glauben oder an Liebe hat –, hat einen verheerenden Einfluss auf die religiöse Entwicklung gehabt. Sie hat zu einer neuen Form von Götzendienst geführt. Ein Bildnis von Gott, nicht in Holz oder Stein, sondern in Worten, wird errichtet, und die Menschen beten dieses Heiligtum an.»[287]

Als Beweis führt er nun ironischerweise den Propheten Jesaja an[288], also gerade einen jener Menschen, der behauptete, etwas von und über Gott offenbart bekommen zu haben! Denn Fromms Kritik richtet sich ja eigentlich weniger an die Anhänger des biblischen Glaubens heute als an die Autoren der Bibel, die beanspruchen, im Namen Gottes geredet zu haben.

Den «wahrhaften» Glauben hat eben nur Erich Fromm, und hinter seiner Forderung nach Toleranz steht ein Sendungsbewusstsein und eine Intoleranz gegenüber dem traditionellen Christentum, das nur, weil es mit psychoanalytischem und wissenschaftlichem Anspruch vorgetragen wird, so viel hoffähiger zu sein scheint.

Der Freudschüler Ernest Jones (1879–1958) hat in seinem Buch «Zur Psychoanalyse des Christentums»[289] die historischen Grundlagen des christlichen Glaubens scharf angegriffen und psychoanalytisch umgedeutet. Ganz in den Spuren Freuds ist für ihn der stellvertretende Opfertod Jesu ein primitives, totemistisches System, die Zeugung Jesu durch den Heiligen Geist eine kindliche Theorie und das Doppelgebot der Liebe eine verlagerte und geläuterte Homosexualität. Was man von Jesus glaubt, ist weitgehend «von fremden heidnischen Quellen abgeleitet» und verdient den Namen «christliche Mythologie»[290]. Es ist bezeichnend, dass Jones das Christentum nicht nur psychoanalytisch als Mythensammlung deutet, wobei dann ja die historischen Ereignisse dennoch stattgefunden haben könnten und nur falsch gedeutet werden, sondern die historischen Ereignisse selbst ohne jede historische Forschung kraft seines psychoanalytischen Urteils leugnen kann. Bei Jones ist die Psychoanalyse in ihrem Unfehlbarkeitsanspruch eindeutig an die Stelle des christlichen Glaubens getreten.[291]

Nehmen wir ein weiteres konkretes Beispiel: In der Bibel ist das Ziel der erwachsene, gereifte Mensch, der aufgrund von Weisheit, Erziehung, Erfahrung und Demut andere beraten kann. Ganz anders sieht es oft die moderne Psychologie. William Kirk Kilpatrick hat etwa kritisiert, dass in manchen psychologischen Theorien das «natürliche», «spontane», nicht von unnötigem Nachdenken belastete Verhalten gepriesen wird. Je kindischer man ist, desto gesünder ist man seelisch.[292] Solche ethischen Unterschiede können nicht mit dem Hinweis auf eine angebliche

Neutralität oder Wissenschaftlichkeit beiseite geschoben werden. Hier geht es um fundamentale unterschiedliche Ansichten über den Sinn des menschlichen Lebens und über die uns gesteckten ethischen Ziele.

Der Gehorsam des Patienten

Die Frage der Ethik macht sich auch bemerkbar, wenn es um den «Gehorsam» des Patienten geht. Meines Erachtens erwartet die Psychotherapie vom Patienten oft einen größeren Gehorsam als der Seelsorger von dem Hilfesuchenden. So heißt es in einem Lehrbuch der Psychotherapie einfach:

> «Der Patient muss bereit sein, das ihm Verordnete, Angeratene oder aufgrund von Erfahrung Zurückgegebene anzunehmen.»[293]

Wir haben bereits im Zusammenhang mit Massons Kritik gesehen, dass die Psychotherapie den Fachausdruck «Widerstand» dafür geprägt hat, dass sich der Patient der Erklärung des Psychotherapeuten widersetzt. «Widerstand» macht angeblich auf Dauer jede Psychotherapie zunichte. Dies gilt im Übrigen auch für jede nondirektive, also angeblich keine Ratschläge gebende Psychologie, erwartet sie doch sowohl, dass der Patient dieser Methode vorbehaltlos zustimmt als auch, dass der Patient sich genau an den Fragen usw. des Psychotherapeuten entlangarbeitet. (Übrigens sind die unter dem Vorwand, keinerlei Meinung abzugeben, unterschwellig immer weitergegebenen Meinungen doppelt gefährlich, weil sie sich bewusst nicht zu erkennen geben, ja weil der Psychotherapeut sich einbildet, keine Meinung zu haben oder sie genügend für sich behalten zu haben.)

Zur Frage der Ethik gehört natürlich auch der ethische Umgang mit nicht zurechnungsfähigen Menschen.

600 000 Deutsche konsultieren jährlich die niedergelassenen Nervenärzte und Psychotherapeuten.[294] In den psychiatrischen Krankenhäusern Deutschlands werden jährlich rund 200 000 Menschen aufgenommen.[295] Jeder dritte Bundesdeutsche «hat bereits einmal in seinem Leben irgendeine psychische Krankheit durchgemacht oder leidet noch daran».[296] Woher kommt die hohe und ständig wachsende Zahl der psychisch Kranken, die fest in Krankenhäusern wohnen? Sie ist nicht nur die Folge einer permissiver werdenden Gesellschaft, sondern auch einer Gesellschaft, die Alte, Behinderte, Kranke und eben auch viele «Geisteskranke» hinter Mauern abschiebt.

> «Ihre im 19. Jahrhundert beginnende massive Isolierung hat zur Tabuisierung eines Bereiches geführt, in dem Nähe und bewusste Hinwendung die Voraussetzung von Fortschritten sind. Wenn heute Tabuisierung schon in der Familie des Kranken beginnt, wenn es als ein Makel empfunden wird, einen Geisteskranken in der Familie zu haben, und wenn man ihn von Nachbarn, Freunden und Bekannten fernzuhalten sucht, so war das nicht immer so. Es begegnen im 19. Jahrhundert ... andere Verhaltensweisen, die sich als familiäre Solidargemeinschaften mit den Irren charakterisieren lassen. Sie wurden durch die staatlich verordnete und rigide gehandhabte Isolierung der psychisch Kranken weitgehend zerstört.»[297]

So gab es immer wieder aufsehenerregende Fälle, bei denen Familienmitglieder versuchten, ihre geistesgestörten Kranken zu Hause pflegen zu dürfen, und ihnen dies verweigert wurde.[298]

Ein vielgelesener Artikel von David Rosenhan belegt, wie leicht es auch heute noch möglich ist, als völlig normaler Mensch in eine psychiatrische Anstalt eingeliefert zu werden, und wie schwer es dann sein kann, seine Entlassung zu erreichen.[299] In der Geschichte gibt es genügend Beispiele für bestens dokumentierte Fälle, in denen völlig normale Menschen jahrelang in Irrenanstalten festgehalten wurden.[300] Während immer häufiger Verbrecher – zum Teil auch dank der (Gerichts-)Psychologie – frei herumlaufen, werden zunehmend Menschen, die sich psychisch anomal verhalten, durch Psychiater in Kliniken eingesperrt.

Naturgesetze der menschlichen Seele?

4. Die moderne Psychologie versucht, die menschliche Seele oft im Sinne von Naturgesetzen zu erklären. Wenn das möglich wäre, müsste das zukünftige Verhalten eines Menschen vorhersagbar sein.

Genauso wenig wie die Geschichtswissenschaft das zukünftige Verhalten ganzer Völker vorhersagen kann[301], ist ein Mensch in der Lage, das Verhalten eines einzelnen Menschen vorherzusagen.

> «Die tiefenpsychologischen Theorien beziehen einen Teil ihrer Überzeugungskraft und ihrer praktischen Verwendbarkeit daraus, dass sie an sich nicht wissenschaftlich beantwortbare Fragen, die existentiell wichtig sind, scheinbar exakt wissenschaftlich 'lösen'.»[302]

Dies war eine der Wurzeln der modernen Psychologie, denn – so Zimmer – es

> «war Freuds ganzer Stolz die Zuversicht, 'die Psychologie zu einer Naturwissenschaft wie jede andere' gemacht zu haben, einer, die nicht anders als Chemie oder Physik 'Gesetze' der Natur ermittelt.»[303]

Ähnlich beschreibt es Reiner Gödtel:

> «... kam Freud zu der Ansicht, dass die Wirkung im seelischen wie im physikalischen Bereich den gleichen Ursachen folgen müsse.»[304]

Dies ist der alte Traum der modernen Psychologen, der allein schon durch die ungezählten psychologischen Schulrichtungen, die alle meinen, das entscheidende Gesetz der Seele erkannt zu haben, widerlegt wird. Dem ist jedoch aufgrund der wissenschaftlichen Langzeitforschungen mit Hemminger entgegenzuhalten:

> «Eine Psychomechanik des menschlichen Verhaltens scheint danach grundsätzlich als unmöglich.»[305]

Anläßlich eines Mordprozesses, bei dem der Mörder kurz zuvor einen Psychiater besucht hatte, legte die American Psychiatric Association ein Gutachten vor, dass Psychiater nicht in der Lage seien, das zukünftige Verhalten ihrer Patienten zu erkennen, um etwa gefährlichen Handlungen vorzubeugen.[306]

Hinter Freuds Versuchen, Naturgesetze der Seele zu finden, steht natürlich auch sein evolutionistisches Weltbild. So schreibt er etwa:

> «Das Sexualleben umfasst die Funktion der Lustgewinnung aus Körperzonen, die nachträglich in den Dienst der Fortpflanzung gestellt wird.»[307]

Daraus leitet sich seine Kernthese ab, dass die ganze Kindheit und das spätere Leben sich aus der biologischen Funktion der Sexualität ableiten:

> «Das Sexualleben beginnt nicht erst mit der Pubertät, sondern setzt bald nach der Geburt mit deutlichen Äußerungen ein. ... Das erste Organ, das als erogene Zone auftritt und einen libidinösen Anspruch an die Seele stellt, ist von Geburt an der Mund.»[308]

Freud verglich sich mit Darwin und Kopernikus als dritter Entthroner der Menschheit.[309] Erst war die Erde nicht mehr Mittelpunkt des Weltalls, dann wurde «das angebliche Schöpfungsvorrecht des Menschen zunichte»[310] gemacht, und Freud, der «dem Ich nachweisen will, dass es nicht einmal Herr im eigenen Hause»[311] ist. «Daher die allgemeine Auflehnung gegen unsere Wissenschaft ...».[312]

Aus biblischer Sicht ist die Erde weiterhin der Mittelpunkt, weil Gott dort mit den Menschen Geschichte macht. (Im Übrigen widerspricht das auch nicht dem Kopernikanischen Weltbild, denn wenn es nach der Physik keinen Mittelpunkt in einem (fast) unendlichen Weltall gibt, kann jeder Punkt Mittelpunkt sein.)

Aus biblischer Sicht ist der Mensch weiterhin als Geschöpf Gottes geadelt, und aus biblischer Sicht ist der Mensch nur ohne Gott nicht Herr im eigenen Hause. Wenn er aber Vergebung der Sünden erlangt hat und Jesus sein Herr ist, kann er auch «Herr im eigenen Hause» werden.

Wenn es in einer theologischen Zeitschrift im Rahmen des Verhältnisses zwischen Psychoanalyse und Christentum heißt: «Alles psychische Geschehen ist determiniert und zwar mehrfach»[313], dann ist das nicht nur wissenschaftlich nicht zu belegen, sondern bedeutet die Übernahme eines atheistischen Prinzips in das Christentum, denn unter «determiniert» dürfte der Autor kaum die göttliche Vorherbestimmung aller Ereignisse verstehen, die die menschliche Verantwortung im Gegensatz zum psychologischen Determinismus nicht aufhebt.

Wir stimmen demgegenüber Gordon H. Clark zu, der in seinem Buch gegen die behavioristische Sicht[314], dass das Verhalten des Menschen von seiner Umwelt und biologischen Faktoren festgelegt sei, zu dem Schluss kommt:

> «Ob ein säkularer Mensch die obige Widerlegung akzeptiert und den Behaviorismus akzeptiert, oder ob er den Behaviorismus zugunsten einer anderen idealistischen oder intellektualistischen Theorie als das Christentum verwirft, muss er doch sicher zugestehen, dass das Christentum den Behaviorismus nicht tolerieren kann.»[315]

Der Psychoanalytiker Paul Parin hat das ganze Dilemma auf einen knappen Nenner gebracht:

«Vor allem müssen wir die Erwartung aufgeben, bisher unbekannte biologische Ursachen für menschliches Verhalten zu finden.»[316]

Alle Menschen lassen sich eben nicht auf einen Nenner bringen – auch nicht auf einen biologischen. So heißt es in einem Lehrbuch für Persönlichkeitspsychologie im Jahr 1948 zu Recht:

«Jeder Mensch ist in gewisser Hinsicht wie alle Menschen, zum Teil wie manche anderen, aber auch wie *kein anderer Mensch.*»[317]

David Hesselgrave[318] hat zugleich darauf hingewiesen, wie kulturell engstirnig die moderne humanistische Psychologie ist und dass es manche psychologische Lebensweisheit nicht-westlicher Kulturen gibt, von denen man mehr als aus den westlichen Schulmeinungen lernen kann.

Die Ethnologie hat längst gezeigt, dass viele psychologische Theorien bestenfalls in ihren westlichen Ursprungsländern gelten, nicht aber in den Kulturen der Dritten Welt. Gerade die Archetypen von Carl Gustav Jung, die dieser vor allem bei den «primitiven» Völkern manifestiert sehen wollte, wurden als typisch europäische Kategorien eingestuft.[319]

Die Psyche: Das Ende der Aufklärung

Der aufgeklärte, wissenschaftliche Mensch will einfach nicht wahrhaben, dass er ausgerechnet sich selbst am schlechtesten erklären kann. Die Seele (Psyche) des Menschen ist jedoch allein in der Hand Gottes, nicht in der Hand des Menschen, weswegen es in Hiob 12,10 heißt: *«In seiner Hand ist die Seele alles Lebendigen und der Lebensatem allen menschlichen Fleisches.»*

Der Christ weiß, im Gegensatz zur modernen Psychologie, dass kein Mensch den anderen wirklich vollkommen verstehen kann. So heißt es in Spr. 14,10: *«Das Herz kennt die Bitterkeit seiner Seele, und kein Fremder kann sich in seine Freude mischen.»*

Ja, kein Mensch kann sich selbst wirklich verstehen, weswegen er Gott um die Offenbarung seiner wahren Motive bittet. David fährt deswegen in Ps. 139,23–24 fort: *«Erforsche mich, Gott, und erkenne mein Herz, prüfe mich und erkenne, wie ich es [wirklich] meine. Und schaue nach, ob ich auf einem bösen Weg bin, und leite mich auf ewigem Wege.»* Ähnlich heißt es in Ps. 16,7: *«Ich preise den Herrn, der mich beraten hat. Selbst nachts unterweisen mich meine Nieren.»*

Der ganze Psalm 139 hat für eine Beurteilung der modernen Psychologie große Bedeutung, die in doppelter Weise von diesem Psalm abweicht. Erstens meint sie fälschlich, dass ein Mensch die Abgründe eines anderen wirklich aufdecken könne, obwohl dies doch nur Gott wirklich kann. Zweitens «prüft» sie das Denken und Handeln des anderen nicht am Maßstab Gottes, sondern an selbsterdachten Werten: *«Herr, du erforschest mich und kennest mich. Ich sitze oder stehe auf, so weißt du es; du verstehst meine Gedanken von ferne. Ich gehe oder liege, so bist du um mich und siehst alle meine Wege. Denn siehe, es ist kein Wort auf meiner Zunge, das du, Herr, nicht schon wüsstest. Von allen Seiten umgibst du mich und hältst deine Hand über mir. Diese Erkenntnis ist mir zu wunderbar und zu hoch, ich kann sie nicht begreifen. ... Deine Augen sahen mich, als ich noch nicht bereitet war, und alle Tage waren in dein Buch geschrieben, die noch werden sollten und von denen keiner da war.»* (Ps. 139,1–6+16)

All das setzt die Existenz des Unbewussten voraus. Auch wenn Freud und Jung das Unbewusste später ganz anders füllten, kennt die Bibel sehr wohl die Abgründe des menschlichen Denkens und Herzens, die dem Menschen bewusst nicht zugänglich sind und die er nicht unter Kontrolle hat.[320] Das Alte wie das Neue Testament enthält eine starke «Betonung der Verborgenheit des Herzens»[321]. Einige Beispiele mögen genügen: *«Trügerisch ist das Herz, mehr als alles, und unheilbar ist es. Wer kennt sich mit ihm aus? Ich, der Herr, der das Herz erforscht und die Nieren prüft ...»* (Jer. 17,9); *«Die Übertretung spricht zum Gottlosen im Innern seines Herzens»* (Ps. 36,2); *«Denn von innen aus dem Herzen der Menschen kommen die bösen Gedanken hervor»* (Mt. 7,21).

Der christliche Seelsorger kann den Hilfesuchenden nie völlig verstehen und erklären. Er kann nicht garantieren, dass er alle nötigen Fakten kennt oder der Hilfesuchende alles richtig dargestellt hat. Aber er kann durch das Gespräch helfen, dass der Hilfesuchende seine Gedanken ordnet, und er kann ihn an das Wort, die Gegenwart und die Vergebung dessen verweisen, der das Unbewusste und die wahren Motive aller Menschen kennt. *«Der Mensch sieht, was vor Augen ist, der Herr aber sieht das Herz an.»* (1. Sam. 16,7). Deswegen prüft Paulus sein eigenes Handeln zwar mit dem Gewissen, überlässt aber die letzte Entscheidung Gott, da diese über sein Bewusstsein hinausgeht: *«Ich bin mir zwar nichts bewusst, aber dadurch bin ich nicht gerechtfertigt. Es ist aber der Herr, der mich richtet»* (1. Kor. 4,4).

Das Vorbild des Psychologen

5. **Verantwortung für Seelsorge und Psychologie sollten Menschen übernehmen, die in ihrem Leben gezeigt haben, dass sie selbst in der Lage und bereit sind, ihr Leben zu bewältigen.**

Es geht nicht an, dass Menschen, die mit ihren eigenen Kindern nicht klarkommen, Pädagogikprofessoren werden, Menschen, die ihre eigene Familie nicht führen können, die Gemeinde Gottes führen wollen, und Menschen, die selbst mit psychologischen Problemen nicht fertigwerden, im Namen der Wissenschaft anderen psychotherapeutische Hilfe zuteil werden lassen.

Es gibt viele Beispiele, die zeigen, wie wenig ein Großteil von Psychologen selbst in der Lage sind, ihr eigenes Leben zu meistern. Ein Beispiel mag hier genügen. Untersuchungen haben eine enorm hohe Selbstmordrate unter amerikanischen Psychiatern ergeben.[322]

> «Die Selbstmordrate bei Psychiatern ist siebenmal höher als die der Durchschnittsbevölkerung. Einige führen die hohe Scheidungsrate auf die emotionale Anspannung im Beruf zurück. Andere vermuten eine einfachere Ursache: die Instabilität derjenigen, die die Psychiatrie als Beruf wählen.»[323]

Tatsächlich dürfte die emotionale Anspannung im Beruf bei genügend anderen Berufen ebenfalls vorhanden sein. So gibt auch die Untersuchung von Walter Freeman zu, dass sich viele aus pathologischen Gründen für ein Studium der Psychiatrie oder Psychotherapie entscheiden.[324]

Für den Psychoanalytiker und Mitherausgeber der Zeitschrift «Psyche», Lutz Rosenkötter, ist an dem Versagen maßgeblich die Ausbildung schuld:

> «Als ich vor mehr als 25 Jahren zur Psychoanalyse stieß, hatte ich die – vielleicht naive – Erwartung, dass die Adepten dieser Wissenschaft nicht nur ihre Patienten und sich selbst besser verstehen könnten, sondern auch im Umgang miteinander reifer, offener, weniger aggressiv, menschlicher miteinander sein müssten. Diese Erwartung wurde indes enttäuscht. Ich musste erkennen, dass es in den Institutionen der Psychoanalyse einander befehdende Gruppen gibt, die oft gar nicht allein durch unterschiedliche Lehrmeinungen definiert werden, sondern deren Entstehung und Fortbestehen nur durch persönliche Erfahrungen der einzelnen Beteiligten erklärt werden kann. Hierbei sind erlittene Kränkungen oft ein entscheidender Faktor. Es erhebt sich die Frage, warum wir alle so kränkbar sind, aber auch sachliche und persönliche Konflikte so kränkend austragen müssen. Liegt es nur an den Eigentümlichkeiten un-

serer Kollegen oder unseres Berufs, ist es vielleicht eine déformation professionnelle, die dafür verantwortlich ist, dass wir mit Konflikten so schlecht umgehen können? Oder ist es auch eine Eigentümlichkeit der Strukturen unserer beruflichen Institutionen, unserer Institute und Gesellschaften, die zu einer rationalen Lösung von Konflikten besonders ungeeignet sind?»[325]

Rosenkötter beantwortet diese Frage mit einem deutlichen Ja, wobei er persönliche Erfahrungen mit Erfahrungen der Geschichte der Psychoanalyse verbindet.[326] Ebenso scharf urteilen die Psychoanalytiker Paul Parin und Goldy Parin-Matthèy.[327]

Es geht hier nicht um die Verunglimpfung eines Berufsstandes, sondern um die Entthronung jener, die meinten, den Menschen endlich verstanden zu haben, jedenfalls besser als die Bibel und die christliche Seelsorge. In der Bibel ist selbstverständliche Voraussetzung der Seelsorge, dass man das, was man anderen weitergibt, zunächst selbst beherzigt hat und dadurch Vorbild ist.

Viele Psychoanalytiker und Psychotherapeuten wollen jedoch nicht nur, dass ihre Patienten das gemeinsam Besprochene in einem auf dem Kopf stehenden Beichtgeheimnis (das Beichtkind muss schweigen!) für sich behalten, sondern auch, dass ihre Methoden nicht öffentlich diskutiert werden. Der bereits zitierte Hans-Martin Lohmann schreibt dazu:

> «Die meisten Psychoanalytiker haben, vorsichtig ausgedrückt, ein gestörtes Verhältnis zu dem, was Öffentlichkeit heißt.»[328]

Wer Dinge an die Öffentlichkeit zerrt, wird zum «Nestbeschmutzer», wie Lohmann als Psychoanalytiker aus eigener bitterer Erfahrung ausführt:

> «Die Öffentlichkeitsscheu vieler Analytiker hängt vielleicht damit zusammen, dass die Psychoanalyse gleichsam familialistisch verfasst ist. Die Mitglieder psychoanalytischer Institute

oder der lokalen Vereinigungen begreifen sich als kleinere und größere Familie, die ihre Streitigkeiten intern regelt. Bricht jemand aus der 'Familie' aus, indem er einen Dissenz vor die Öffentlichkeit bringt, so kündigt er damit die als selbstverständlich unterstellte Familienloyalität und gilt fortan als Nestbeschmutzer. Der Familien- und Clangeist, der Hang zur Massenbildung ist unter Analytikern erstaunlich weit verbreitet.»[329]

Synkretismus durch Psychologie

6. Durch die verschiedenen psychologischen Schulen werden zahlreiche Elemente anderer Religionen und Ideologien kolportiert, wie sich die Psychologie überhaupt entgegen ihrem eigenen Anspruch leicht zum Diener anderer Ideologien machen lässt.[330]

Hans-Jürgen Ruppert spricht deswegen von den Problemen eines «noch nicht dagewesenen Psycho- und Therapeuten-Jahrmarkts»[331].

Paul C. Vitz schreibt:

«Tatsächlich ist ein Großteil der gegenwärtigen humanistischen, selbstorientierten und transpersonalen Psychologie von östlichen Religionen nicht zu unterscheiden ...»[332]

So wird in einem Lehrbuch der Psychotherapie das Autogene Training als Behandlungsmethode vorgestellt, als wäre es genauso wissenschaftlich wie die restliche Psychotherapie[333] – was es vermutlich auch ist, nur im umgekehrten Sinne.

«... es hat immer eine mystische Spur in der Psychologie gegeben. Ich bezweifle, ob sich der Durchschnittsmensch bewusst ist, wie tief und weit diese Spur ist, und dass sie einige der prominentesten Namen im Bereich der Psychologie betrifft. Carl Jung gründete seine Theorie auf eine esoterische religiöse Tradition; Wilhelm Reich litt an einem messianischen Wahn;

Erich Fromm hatte eine starke Neigung zum buddhistischen Denken; Abraham Maslow konzentrierte sich in seinen späteren Schriften auf Religion und Höhenerfahrungen. Diese 'religiöse' Tradition in der Psychologie reicht bis zu einigen der am meisten respektierten und einflussreichsten Psychologen der Gegenwart. Der Versuch, über das Normale hinauszugelangen, scheint gegenwärtig das Hauptinteresse von Carl Rogers und Elisabeth Kübler-Ross zu sein, die beide berichten, Kontakt zu verstorbenen Geistern gehabt zu haben.»[334]

Drewermann schreibt in einem zusammen mit dem buddhistischen Dalai Lama verfassten Buch über seine «Bekehrung zum Buddhismus», dass er schon mit 16 Jahren den Buddhismus entdeckt habe.[335] Muss ein Christ plötzlich den Buddhismus übernehmen, nur weil er diesmal im Namen der Psychologie kommt, und nur weil Drewermann es vorgezogen hat, seine Mischreligion nicht von außen an das Christentum heranzutragen, sondern von innerhalb des Christentums zu propagieren? (Apropos Drewermann: Jeder Fußballverein darf Mitglieder ausschließen, jede Partei solche Mitglieder, die das Anliegen einer Konkurrenzpartei vertreten, ebenfalls. Warum wird ausgerechnet der Kirche verboten, ihre erklärten Gegner wie Drewermann auszuschließen?)[336]

Schluss: Ohne Beratung geht es nicht

In der Weisheitsliteratur des Alten Testamentes spielt die Beratung eine große Rolle. Während das Gesetz eindeutig ist, ordnungsgemäße Richter über seine Einhaltung wachen können und der Gesetzeslehrer die unmittelbare Autorität des Gesetzes mit sich bringt, muss die Weisheit viele Möglichkeiten abwägen, Erfahrungen zusammentragen und viele an der Beratung beteiligen. Entgegen dem Sprichwort «Viele Köche verderben den Brei» hat die Beratung in der biblischen Weisheitsliteratur einen sehr hohen Stellenwert. Dies gilt zunächst ganz grundsätzlich: *«Pläne scheitern, wo keine Besprechung stattfindet, wo aber viele Ratgeber sind, kommt etwas zustande»* (Spr. 15,22). Erst recht gilt dies dort, wo viel Verantwortung zu tragen ist: *«Wo es an Führung fehlt, kommt ein Volk zu Fall, doch durch viele Ratgeber kommt Rettung»* (Spr. 11,14). In der Beratung verkündigt nicht der Gesetzeslehrer endgültige Antworten – auch wenn das Gesetz unaufgebbarer Rahmen für die Entscheidung ist –, sondern Weise geben ihre *Begründungen* dafür ab, warum sie einen Weg für weiser als den anderen halten. Dabei geht es vor allem um das *Ergebnis* der Handlungen und Entscheidungen.

«Suchen», «anwenden», «prüfen», «erkennen», «lernen», «fragen», «zuhören», «weise werden», «beraten» und ähnliche Begriffe beschreiben daher in immer neuen Wendungen den Weg, die weiseste Entscheidung zu finden. Der gottesfürchtige Mensch redet nicht einfach drauflos und handelt nicht im Affekt, sondern redet und handelt in Ruhe und überdenkt nüchtern die Folgen seiner Entscheidungen. Er ist, um das entsprechende biblische Wort zu benutzen, «selbstbeherrscht» (Luther: «zuchtvoll»).

Während der Gesetzeslehrer das ganze Gesetz kennt und vermitteln kann, kann der Weise immer nur weitergeben, was er weiß und gelernt hat. Er wird immer gerne die Erfahrungen anderer hinzuziehen. *«Die Bescheidenheit ist bei den Weisen»* (Spr. 11,2). Bescheidenheit macht sich gerade bemerkbar, indem man gerne andere zu Rate zieht und ihr Urteil einbezieht.

Der Seelsorger muss immer beides sein: Gesetzeslehrer und Evangelist, wenn er den Menschen den Spiegel Gottes hinhält, ihre Sünde aufdeckt und ihnen die Vergebung verkündigt, aber auch Weisheitslehrer, der in Fällen, in denen es keine für alle verbindlichen, eindeutigen Ordnungen Gottes gibt, mit seiner Erfahrung und Weisheit guten und wohltuenden Rat erteilt.

In der Seelsorge gibt es deswegen immer zwei Aspekte. Einerseits muss der Seelsorger die Gebote Gottes kennen und die Mitchristen auffordern, um Vergebung ihrer Schuld zu bitten und umzukehren. Andererseits gibt es Probleme, in denen es nicht um das Halten oder Übertreten der Gebote Gottes geht, sondern weise Entscheidungen gefragt sind.

Hier kann der Seelsorger aus seinen Erfahrungen berichten, Ratschläge geben und helfen, die Folgen von Handlungen und Entscheidungen zu überblicken. Er hat hier aber nicht dieselbe Autorität, wie wenn er sich auf das Gesetz Gottes berufen kann.

Der Mensch ist auf das Gespräch mit Gott (Gebet) und das Gespräch mit anderen Menschen angelegt. Gott spricht innerhalb der Dreieinigkeit mit sich selbst und tritt als das «Wort» in der Offenbarung des Wortes Gottes und in Jesus Christus an uns heran.

Die Ehe etwa begründet sich darin, dass es *«nicht gut ist»*, dass *«der Mann allein»* ist und der Mann eine *«Hilfe»* und ein *«Gegenüber»* benötigt (alles 1. Mose 2,18). Das bezieht sich auch und gerade auf das Gespräch und die Beratung. Mit den Kindern zu sprechen und ihnen etwas zu erklären, ist ebenfalls ein maßgeblicher Bestandteil des biblischen Erziehungsauftrags (z. B. 5. Mose 6,4–9).

Kaiser Friedrich II. (1194–1250) ließ auf der Suche nach der Ursprache der Menschen Kleinkinder aus Afrika, Asien und Europa aufwachsen und sorgfältig durch taubstumme Hebammen pflegen, um zu erkunden, welche Sprache Kinder sprechen würden, wenn nie jemand mit ihnen spräche. Alle Kinder starben.[337] H. Citron konnte die Notwendigkeit des Gespräches mit den Eltern mit neueren Untersuchungen erhärten.[338]

Dabei benötigt der Mensch insbesondere Beratung durch weise Männer und Frauen mit viel Lebenserfahrung, wie wir soeben im Buch der Sprüche gesehen haben.

Das Gespräch in Familien und Gemeinden wird heute mehr und mehr durch die Beratung durch Psychologen und Psychotherapeuten ersetzt, die ihr Wirken jedoch nicht auf langjährige Menschenkenntnis, sondern auf jeweils unterschiedliche, aber festgelegte Menschenbilder und Erklärungsmodelle gründen. Es kommt nicht mehr zu einem Gespräch mit möglichst vielen Menschen, sondern zum exklusiven Gespräch mit dem (dazu noch bezahlten) Therapeuten. Die verschiedenen Erklärungsmodelle erheben ihre Beratung – so die verbreitete Meinung – weit über die Weisheit der Eltern, der Ältesten, der erfahrenen alten Menschen und der Weisheitslehrer – wahrlich ein tragischer Irrtum.

Anmerkungen

1. William Kirk Kilpatrick. Psychological Seduction: The Failure of Modern Psychology. Thomas Nelson: Nashville (KS), 1983. S. 86
2. Hans-Martin Lohmann. «Noch einmal: Das Unbehagen in der Psychologie». S. 7–17 in Hans-Martin Lohmann (Hg.). Die Psychologie auf der Couch. Fischer Taschenbuch Verlag: Frankfurt, 1986 Tb, hier S. 7
3. Jeffrey M. Masson. Die Abschaffung der Psychotherapie. C. Bertelsmann: München, 1991; Originalausgabe: Against Therapy: Emotional Tyranny and the Myth of Psychological Healing. Macmillanm: New York, 1988
4. Thomas S. Szasz. The Myth of Psychotherapy. Doubleday Anchor: Graden City (NY), 1978
5. Dieter E. Zimmer. Tiefenschwindel: Die endlose und die beendbare Psychoanalyse. rororo. Rowohlt: Reinbek, 1990Tb
6. Christof T. Eschenröder. Hier irrte Freud. Urban & Schwarzenberg: München, 1984
7. Hans-Jürgen Eysenck. Sigmund Freud: Niedergang und Ende der Psychoanalyse. List: München, 1985
8. J. Weitbrecht. Kritik der Psychosomatik. Georg Thieme: Stuttgart, 1955; vgl. weitere Kritik der Psychosomatik in Dietrich Langen. Psychotherapie. a. a. O. S. 35
9. Hans-Martin Lohmann (Hg.). Das Unbehagen in der Psychologie. Qumran Verlag: Frankfurt, 1983
10. Hans-Martin Lohmann (Hg.). Die Psychologie auf der Couch. Qumran Verlag: Frankfurt, 1984; Fischer Taschenbuch Verlag: Frankfurt, 1986 Tb
11. Die Geschichte um Masson erzählt in reißerischer Form: «Kolossale Lüge». Der Spiegel 8/1984. S. 188–194. Vgl. außerdem Josephine Rijnaarts. Lots Töchter: Über den Vater-Tochter-Inzest. Claassen: Düsseldorf, 1988. S. 40–45+81–142, sowie die Angaben in den im Folgenden erwähnten Büchern von Masson, z. B. Jeffrey M. Masson. Die Abschaffung der Psychotherapie. a. a. O. 7–15
12. Deutsche Ausgabe: Sigmund Freud. Briefe an Wilhelm Fliess 1887–1904. Hg. von Jeffrey M. Masson. Frankfurt, 1986
13. Vor allem Jeffrey M. Masson. Was hat man dir, du armes Kind, getan? Sigmund Freuds Unterdrückung der Verführungstheorie. Rowohlt: Reinbek, 1984 (Engl. Titel: 'The Assault on Truth', 'Der Angriff auf die Wahrheit')
14. Vor allem Jeffrey M. Masson. Die Abschaffung der Psychotherapie. a. a. O.; Jeffrey M. Masson. Final Analysis: The Making and Unmaking of a Psychoanalyst. Harper Collins: New York, 1991[2]; sowie Jeffrey M. Masson; vgl. auch seine Kritik an der Frauenpsychiatrie des letzten Jahrhunderts Jeffrey M. Masson. A Dark Science: Sexuality and Psychiatry in the Nineteenth Century und sein Buch gegen das indische Guruwesen, in dem er starke Parallelen zur Psychotherapie entdeckt: Jeffrey M. Masson. The Oceanic Feeling: The Origins of Religious Sentiment in Ancient India. Studies in Classical India 3. Kluwer Academic Publ.: Norwell (MA), 1980
15. Im Folgenden folge ich neben Jeffrey M. Masson. Was hat man dir, du armes Kind, getan? a. a. O. und vor allem Josephine Rijnaarts. Lots Töchter. a. a. O. S. 40–45+81–142

16 In Jeffrey M. Masson. Was hat man dir, du armes Kind, getan? a. a. O. S. 170–216 wird dies besonders am Beispiel des intimsten Freudschülers Sándor Ferenczi (1873–1933), der kurz vor seinem Tod die von Freud früh verworfene Verführungstheorie wieder aufgriff (vgl. den Vortrag ebd. S. 317–330) und dafür von Freud und anderen für «paranoid» erklärt wurde.
17 Vgl. vor allem seinen Vortrag von 1896 'Zur Ätiologie der Hysterie', abgedruckt in ebd. S. 284–316 (zur Entstehung des Vortrags und zum Widerruf ebd. S. 284–316)
18 Sigmund Freud. Briefe an Wilhelm Fliess 1887–1904. a. a. O. S. 223
19 Ebd. S. 283
20 Ebd. S. 245
21 Zitiert nach Jeffrey M. Masson. Was hat man dir, du armes Kind, getan? a. a. O. S. 28
22 Ebd.
23 W. Habermehl. «Verführung in der Kindheit stört den Orgasmus». Sexualmedizin 18 (1989) 1: 8–16, hier S. 16
24 Jeffrey M. Masson. Die Abschaffung der Psychotherapie. a. a. O. 8–9
25 Vgl. den erschütternden Bericht Claudia Kroll. Vergewaltigungsprozesse: Die gegenwärtige Situation der Opfer von sexueller Gewalt im Gerichtsverfahren und Möglichkeiten zur Verbesserung. Notruf und Beratung für vergewaltigte Mädchen und Frauen e. V.: Kiel, 1992
26 Vgl. ebd.: ganz als Beleg, dass Frauen als Richter, Polizistinnen etc. die falschen Schemata ebenso wie Männer verinnerlicht haben. Nach ebd. 59 werden nicht nur die Täter, sondern auch ein Viertel aller Vergewaltigungsopfer einem psychologischen Gutachten unterworfen, für die betroffenen Frauen eine zusätzliche Erniedrigung. Ebd. S. 46–48 wird auch die verheerende Wirkung der längst widerlegten, aber immer noch als wissenschaftlich ausgegebenen Theorie deutlich, dass der Mann einen nicht zu bändigenden Sexualtrieb habe.
27 Helene Deutsch. Psychologie der Frau. Bern, 1953[1]. S. 234 (1988[2])
28 Abgedruckt in Jeffrey M. Masson. Was hat man dir, du armes Kind, getan? a. a. O. S. 135–136
29 Marianne Krüll. Freud und sein Vater. Fischer: Frankfurt 1992 (Original 1979)
30 Ebd. S. 12
31 Ebd.
32 «Kolossale Lüge». Der Spiegel 8/1984. S. 188–194, hier S. 191. Zu Emma Ecksteins Operation vgl. Josephine Rijnaarts. Lots Töchter. a . a. O. S. 112–113; Jeffrey M. Masson. Was hat man dir, du armes Kind, getan? a. a. O. S. 121–122 (die ganze merkwürdige Beziehung zwischen Freud und Eckstein ebd. S. 76–128)
33 Vgl. ebd. S. 71–102
34 Ebd. S. 74
35 So bes. Dieter E. Zimmer. Tiefenschwindel. a. a. O. S. 295–297
36 Lancelot Law Whyte. The Unconscious Before Freud. Basic Books: New York (NY), 1960
37 Duane Schultze. A History of Modern Psychology. Academic Press: New York (NY), 1975. S. 296–297
38 Ebd. S. 297–298
39 Jeffrey M. Masson. Die Abschaffung der Psychotherapie. a. a. O. S. 7
40 Ebd. S. 302

41　Ebd. S. 303
42　Ebd. S. 23; vgl. die diesbezügliche Kritik an Hans Eysenck ebd. S. 21
43　Ebd. S. 229ff
44　So ebd. S. 239
45　Ebd. S. 235
46　Vgl. ebd. S. 19
47　Ebd. S. 27
48　Ebd. S. 157–190
49　Ebd. S. 184 u. ö.
50　Ebd. S. 191–210
51　Zitiert nach ebd. S. 202
52　Ebd. S. 292–295
53　Ebd. S. 292–293
54　Beides ebd. S. 209
55　Vgl. Spr. 25,9–10: «Deinen Rechtsstreit führe mit deinem Nächsten, aber gib nicht preis, was ein anderer dir anvertraut hat, damit dich nicht schmäht, wer es hört, und dein übler Ruf nicht mehr weicht!»
56　Lucy Frieman. Betrayal. New York,1976; Ellen Plaisl. Therapist. New York, 1985; Evelyn Walker, Derry Deane Joung. A Killing Cudre. New York, 1986; vgl. Jeffrey M. Masson. Die Abschaffung der Psychotherapie. a. a. O. S. 211–228. Die Psychotherapie ist vor allem von Feministinnen wegen ihrer sexistischen und frauenverachtenden Methoden verurteilt worden; vgl. die vielen Werke in ebd S. 329, Anm. 17
57　Vgl. ebd. S. 219 u. ö.; vgl. über das Verliebtsein von Patient und Psychotherapeut Dieter E. Zimmer. Tiefenschwindel. a. a. O. S. 366–374
58　J. L. McCartney. «Overt transference». Journal of Sex Research 2 (1966): 227–237
59　Judd Marmor. Psychiatry in Transition. New York, 1974
60　Jeffrey M. Masson. Die Abschaffung der Psychotherapie. a. a. O. S. 221–223
61　Ebd. S. 224. Glaubt man dem Spiegel, so soll Masson vorgehen, mit ungezählten Frauen ein Verhältnis gehabt zu haben («Kolossale Lüge». Der Spiegel 8/1984. S. 188–194, hier S. 194). Demnach unterscheidet er sich von seinen Kollegen nur darin, dass darunter wohl keine Patientinnen waren. Eine Überpüfung der Angaben des Spiegels war mir jedoch nicht möglich.
62　Jeffrey M. Masson. Die Abschaffung der Psychotherapie. a. a. O. S. 297
63　Ebd. S. 296–298; vgl. auch die scharfe Kritik eines Psychoanalytikers an der psychoanalytischen Ausbildung Lutz Rosenkötter. «Schattenseiten der psychoanalytischen Ausbildung». S. 221–233 in Hans-Martin Lohmann (Hg.). Die Psychologie auf der Couch. Fischer Taschenbuch Verlag: Frankfurt, 1986 Tb
64　Jeffrey M. Masson. Die Abschaffung der Psychotherapie. a. a. O. S. 298
65　Nach Martin L. Gross. Die psychologische Gesellschaft. Ullstein: Frankfurt, 1984
66　Ebd. S. 8
67　Ebd. S. 9
68　Ebd. S. 70
69　Ebd. S. 53
70　Ebd. S. 56
71　Ebd. S. 57
72　Ebd.
73　Nach ebd. S. 49

74 Nach ebd. S. 46
75 Nach ebd. S. 47
76 Nach ebd. S. 45
77 Ebd. S. 67
78 Nach ebd. S. 79
79 Nach ebd. S. 25
80 Ebd. S. 34
81 Scheinmedikamente, also etwa Pillen ohne Wirkstoff
82 Ebd. S. 35
83 Vgl. ebd. S. 53
84 Ebd.
85 Ebd. S. 179
86 Vgl. ebd. S. 64–65
87 Martin L. Gross. Die psychologische Gesellschaft. a. a. O. S. 93–99
88 Ebd. S. 98
89 So etwa Christof T. Eschenröder. Hier irrte Freud. Urban & Schwarzenberg: München, 1984; Hans-Jürgen Eysenck. Sigmund Freud: Niedergang und Ende der Psychoanalyse. List: München,1985; Hans-Jürgen Eysenck, Glenn D. Wilson. Experimentelle Studien zur Psychoanalyse Sigmund Freuds. Europa: Wien, 1979; Peter R. Ofstätter. «Das 'Wahnsystem' des Dr. Sigmund Freud». Die Welt vom 27.12.1986; Cécile Ernst, Nikolaus von Luckner. Stellt die Frühkindheit die Weichen? – Eine Kritik an der Lehre von der schicksalhaften Bedeutung erster Erlebnisse. Enke: Stuttgart, 1985; Paul Kline. Fact and Fantasy in Freudian Theory. Methuen: London, 1984
90 Bernie Zilbergeld. The Shrinking of America: Myths of Psychological Change. Little & Brown: Boston, 1983
91 Vgl. Gary Collins. Can You Trust Counseling?. Inter-Varsity Press: Leicester, 1988. S. 17-18
92 Bernie Zilbergeld. The Shrinking of America. a. a. O. S. 271
93 Gary Collins. Can You Trust Counseling?. a. a. O. S. 133 zu Thomas S. Szasz. The Myth of Mental Illness. Harper & Row New York (NY), 1961; deutsch: Thomas S. Szasz. Geisteskrankheit: Ein moderner Mythos. Kindler: München, 1975
94 Thomas S. Szasz. The Myth of Psychotherapy. Doubleday Anchor: Graden City (NY), 1978
95 E. Fuller Torrey. The Death of Psychiatry. Chilton: Radnor (PA), 1974; vgl. auch E. Fuller Torrey. The Mind Game. Emerson Hall: New York (NY), 1972
96 Garth Wood. The Myth of Neurosis: Overcoming the Illness Excuse. Harper & Row: New York (NY), 1986
97 American Psychiatric Association Commission on Psychotherapies. Psychotherapy Research Methodological and Efficacy Issues, 1982. S. 228
98 «Ambiguity Pervades Research on Effectiveness of Psychotherapy». Brain/Mind Bulletin vom 4.10.1982. S. 2
99 Zitiert nach Martin und Deidre Bobgan. Psychoheresy. EastGate Publ.: Santa Barbara (CA), 1987. S. 166 (mit Angabe des Fundortes in den Senatsprotokollen)
100 Zitiert nach ebd.
101 William Kirk Kilpatrick. Psychological Seduction. a. a. O. S. 29
102 Hans J. Eysenck. «The Effects of Psychotherapy: An Evaluation»: Journal of Consulting Psychology 16 (1952) 5: 319–324, hier S. 322

103 Ebd. S. 322–323.
104 Z. B. Hans-Jürgen Eysenck. Sigmund Freud: Niedergang und Ende der Psychoanalyse. List: München,1985; Hans-Jürgen Eysenck, Glenn D. Wilson. Experimentelle Studien zur Psychoanalyse Sigmund Freuds. Europa: Wien, 1979. Weitere Veröffentlichungen von Eysenck siehe in Martin und Deidre Bobgan. Psychoheresy. a. a. O. S. 254+164–165 und Martin L. Gross. Die psychologische Gesellschaft. a. a. O. S. 30–31
105 Vgl. zur Cambridge-Somerville Youth-Studie auch Martin L. Gross. Die psychologische Gesellschaft. a. a. O. S. 32–33
106 Engl. 'mental hospital'
107 William Kirk Kilpatrick. Psychological Seduction. a. a. O. S. 29
108 Nach Welt am Sonntag Nr. 26/1984. S. 43
109 Rolf Degen. «Die Kindheit stellt die Weichen nicht: Mutterentbehrung ohne zwingende Folgeschäden: Dogma der Psychoanalyse erneut erschüttert». Deutscher Forschungsdienst: Berichte aus der Wissenschaft 35 (1988) 15: 1–3 (unter Verwendung eines Artikels von Cécile Ernst im «'Euopean Archives of Psychiatry and Neurological Sciences' (2/88)»); vgl. Cécile Ernst, Nikolaus von Luckner. Stellt die Frühkindheit die Weichen? a. a. O.; vgl. zu Ernst: Dieter E. Zimmer. Tiefenschwindel. a. a. O. S. 335–365
110 Kapitelüberschrift in Helmut Schoeck. Die 12 Irrtümer unseres Jahrhunderts. Herbig: München, 1985. S. 141–160; Vorabdruck in Die Welt vom 13.10.1985
111 Helmut Schoeck. Die 12 Irrtümer unseres Jahrhunderts. a. a. O. S. 145
112 Ebd. S. 146
113 Ebd. S. 142
114 Ebd. S. 145
115 Reiner Gödtel. «Was ist geblieben?: Zum 50. Todestag von Sigmund Freud». Deutsches Ärzteblatt 42 (1989) 39 (28.9.1989). S. A 2730–2731, hier S. A 2731
116 Ebd.
117 Dieter E. Zimmer. Tiefenschwindel. a. a. O. S. 151 (zur Kritik dieser Versuche vgl. S. 151–154)
118 Ebd. S. 169
119 Ebd. S. 7–29 u. ö.
120 Ebd. S. 7
121 Ebd.
122 Ebd. S. 17 (anschließend ein diesbezügliches Zitat von Freud)
123 Z. B. Hans-Martin Lohmann. «Noch einmal: Das Unbehagen in der Psychologie». S. 7–17 in Hans-Martin Lohmann (Hg.). Die Psychologie auf der Couch. Fischer Taschenbuch Verlag: Frankfurt, 1986 Tb, hier S. 14
124 Dieter E. Zimmer. Tiefenschwindel. a. a. O. S. 24
125 Hansjörg Hemminger. Kindheit als Schicksal? Die Frage nach den Langzeitfolgen frühkindlicher seelischer Verletzungen. Rowohlt: Reinbek, 1982; Hansjörg Hemminger. Psychotherapie: Weg zum Glück? Zur Orientierung auf dem Psychomarkt. Münchener Reihe. Evangelischer Presseverband für Bayern: München, 1987; Hansjörg Hemminger, Vera Becker. Wenn Therapien schaden. Rowohlt: Reinbek, 1984; Hansjörg Hemminger, Flucht in die Innenwelt. Ullstein: Berlin, 1980; vgl. auch Hansjörg Hemminger. «Beim Psychoboom handelt es sich um ein gesellschaftliches Phänomen». Börsenblatt des Deutschen Buchhandels Nr. 6 vom 22.1.1988. S. 248–252 (ein Interview) Hansjörg Hemminger.

«Christliche Menschenbilder nach Sigmund Freud: Pädagogik und Seelsorge im Wissenschaftsstreit». Offensive (Bensheim) 2/1988. S. 58–64

126 Zu Cécile Ernst, Nikolaus von Luckner. Stellt die Frühkindheit die Weichen? a. a. O. vgl. oben
127 Hansjörg Hemminger. Kindheit als Schicksal? a. a. O. S. 14
128 Josef Rattner zitiert nach Hansjörg Hemminger. Kindheit als Schicksal? a. a. O. S. 21
129 Hansjörg Hemminger. Psychotherapie. a. a. O. S. 29
130 Ebd.
131 Hansjörg Hemminger. Kindheit als Schicksal? a. a. O. S. 235
132 Ebd. S. 214
133 Ebd. S. 81
134 Ebd. S. 80
135 Jean W. MacFarlane. «Perspectives on Early Development and Change from the Guidance Study». Vita humana 7 (1964): 115–126
136 Hansjörg Hemminger. Kindheit als Schicksal? a. a. O. S. 84
137 E. J. Anthony (Hg.). Explorations in Child Psychiatry. Plenum: New York, 1975
138 N. Garmezy. Vulnerable and Invulnerable Children. American Psychological Association: New York, 1976
139 Werner Liptow. Das alkoholbehinderte Kind. Neuland Verlag: Hamburg, 1977
140 Hansjörg Hemminger. Kindheit als Schicksal? a. a. O. S. 93
141 Ebd. S. 125
142 Ebd. S. 38
143 Ebd. S. 44
144 Ebd. S. 253
145 Ebd. S. 88
146 Dieter E. Zimmer. Tiefenschwindel. a. a. O. S. 30
147 Thomas Schirrmacher. Marxismus – Opium für das Volk?. Schwengeler: Berneck, 1990
148 Vgl. Martin und Deidre Bobgan. Psychoheresy. a. a. O. S. 11–25
149 Jolan Jacobi. The Psychologie von C. G. Jung. Rascher: Zürich, 1940, S. 110 (auch S. 111); vgl. J. Jacobi. The psychology of C. G. J ung. Yale University Press. New Haven (USA), 1973. S. 60
150 Jolan Jacobi. The Psychologie von C. G. Jung. a. a. O. S. 110
151 Eckhart Wiesenhütter. Religion und Tiefenpsychologie: Echnaton, Mose, Christus, Freud. GTB Siebenstern. Gütersloher Verlagshaus Gerd Mohn: Gütersloh, 1977
152 Ebd. S. 88
153 Ebd. S. 92
154 Für Paul C. Vitz. Sigmund Freud's Christian Unconscious. Wm. B. Eerdmans: Grand Rapids (MI), 1993 (Nachdruck New York, 1988) lag dies daran, dass Freud christliches Gedankengut verarbeitete und verkehrte.
155 Eckhart Wiesenhütter. Religion und Tiefenpsychologie. a. a. O. S. 87
156 Ebd. S. 90
157 Ebd. S. 85
158 Ebd. S. 84
159 Ebd. S. 85

160 Johannes Cremerius. «Psychoanalyse – jenseits von Orthodoxie.» S. 27–46 in Hans-Martin Lohmann (Hg.). Die Psychologie auf der Couch. Fischer Taschenbuch Verlag: Frankfurt, 1986 Tb; hier S. 29
161 Ebd. S. 27
162 Ebd.
163 Manfred Pohlen. «Psychoanalyse als Mantik». S. 27–46 in Hans-Martin Lohmann (Hg.). Die Psychologie auf der Couch. Fischer Taschenbuch Verlag: Frankfurt, 1986 Tb
164 Abschnittsüberschrift ebd. S. 148–154
165 Ebd. S. 125–126
166 Ebd. S. 144
167 Carol Tavris. «The Freedom of Change»: Prime Time vom Oktober 1980. S. 28
168 Karl Popper. «Scientific Theory and Falsifiability». in: Robert N. Beck (Hg.). Perspectives in Philosophy. Holt, Rinehart, Winston: New York (NY), 1975, hier S. 343
169 Vgl. Martin L. Gross. Die psychologische Gesellschaft. a. a. O. S. 23
170 Karl Jaspers. «Zur Kritik der Psychoanalyse». S. 59–67 in: Karl Jaspers. Der Arzt im technischen Zeitalter. Piper: München, 1986 (Verfasst 1950)
171 Karl Popper. «Scientific Theory and Falsifiability». a. a. O. S. 343
172 Jerome Frank. «Mental Health in a Fragmented Society». American Journal of Orthopsychiatry. (1979) 7 (Juli): 404
173 Viktor von Weizsäcker. «Reminiscences of Freud und Jung». in: B. Nelson (Hg.). Freud and the Twentieth Century. Meridian: New York (NY), 1957. S. 72
174 Carl Gustav Jung. «Psychotherapist or the Clergy». in: ders. Modern Man in Search of a Soul. Harcourt & Brace: New York (NY), 1933. S. 240–241. Dass sich Psychotherapeuten als Priester verstehen, wird auch in Perry London. The Modes and Morals of Psychotherapy. Holt, Rinehart & Winston: New York (NY), 1964. S. 11+160 deutlich.
175 Thomas S. Szasz. The Myth of Psychotherapy. a. a. O. S. 28
176 Christopher Lasch. The Culture of Narcissism. W. W. Norton: New York (NY), 1979. S. 13 (dt. Christopher Lasch. Das Zeitalter des Narzissmus. dtv: München, 1986)
177 Thomas Mann. «Freud und die Zukunft». S. 131–151 in: Sigmund Freud. Abriss der Psychoanalyse: Das Unbehagen in der Kultur. Fischer: Fell. Sigmund Freud – Kind seiner Zeit. Kindler: München, 1976. S. 77–78
178 Ebd. S. 150
179 Ebd. S. 151
180 Reiner Gödtel. «Was ist geblieben?: Zum 50. Todestag von Sigmund Freud». a. a. O. S. A 2731
181 Gerhard Wehr. Carl Gustav Jung. Leben, Werk, Wirkung, Kösel: München, 1985. S. 268
182 Ebd. (ganz)
183 Ebd. S. 68–70
184 Ebd. S. 89–90
185 Ebd. S. 365–368
186 Z. B. ebd. S. 262–272+340–369
187 Paul J. Stern. C. G. Jung: Prophet des Unbewussten. Heyne Biographie. Heyne: München, 1977

188 Gerhard Wehr. Carl Gustav Jung. a. a. O. S. 22–73
189 Ebd. S. 62
190 Brief von Jung an Erich Neumann vom 5.1.1952, zitiert nach Gerhard Wehr. Carl Gustav Jung. a. a. O. S. 272
191 Ebd. S. 263
192 Carl Gustav Jung. «Zur Psychologie der Trinitätsidee». Eranos Jahrbuch 8 (1940/1941): 32ff
193 Gerhard Wehr. Carl Gustav Jung. a. a. O. S. 340–341
194 Paul C. Vitz. Psychology as Religion: The Cult of Self Worship. Wm. B. Eerdmans: Grand Rapids (MI), 1977; Paul C. Vitz. «Psychology as Religion». S. 932–938 in: David G. Benner (Hg.). Baker Encyclopedia of Psychology. Baker Book House: Grand Rapids (MI), 1985; vgl . auch Paul C. Vitz. Sigmund Freud's Christian Unconscious. Wm. B. Eerdmans: Grand Rapids (MI), 1993 (Nachdruck New York, 1988)
195 Paul C. Vitz. «Psychology as Religion». a. a. O. Baker Encyclopedia of Psychology. a. a. O. S. 932
196 Ebd.
197 Ebd. S. 933
198 Ebd. S. 932–933
199 Ebd. S. 933
200 Christopher Lasch. Das Zeitalter des Narzißmus. a. a. O.
201 Christopher Lasch. «Sacrificing Freud». New York Times Magazine Section vom 22.2.1976. S. 11+70–72; vgl. auch C. Lasch. The Culture of Narzissism. a. a. O.
202 Paul C. Vitz. «Psychology as Religion». a. a. O. Baker Encyclopedia of Psychology. a. a. O. S. 937
203 Paul C. Vitz. Psychology as Religion: The Cult of Self Worship. Wm. B. Eerdmans: Grand Rapids (MI), 1977; Lion Publ.: Tring (GB), 19 77; vgl. aus säkularer Sicht Christopher Lasch. Das Zeitalter des Narzissmus a. a. O.
204 Im deutschsprachigen Bereich z. B. Lothar Gassmann (Hg.). Gefahr für die Seele: Seelsorge zwischen Selbstverwirklichung und Christuswirklichkeit. Hänssler: Neuhausen, 1986; Roland Antholzer. Plädoyer für eine biblische Seelsorge. Berneck, 1986; vgl. auch die kleineren Schriften: Karl Heinz Bormuth. Gruppendynamik – vom Auftrag Jesu her betrachtet. Gnadauer Materialdienst 8. Gnadauer Verlag: Dillenburg, 1978; Klaus Lubkoll (Hg.). Gruppendynamik und Theologie. Arbeitstexte 17 (VIII/78). Evangelische Zentralstelle für Weltanschauungsfragen: Stuttgart, 1978 (die Beiträge sind jedoch recht unterschiedlich); das ganze Heft Diakrisis 4 (1983) 2 (Mai)
205 Vgl. zur Diskussion zum Verhältnis von Seelsorge und Psychotherapie und den verschiedenen Standpunkten dazu David G. Benner. «Christian Conseling and Psychotherapy». S. 158–164 in: David G. Benner (Hg.). Baker Encyclopedia of Psychology. Baker Book House: Grand Rapids (MI), 1985; R. L. Timpe. «Christian Psychology». S. 166–171 in: ebd.
206 Martin und Deidre Bobgan. The Psychological Way, The Spiritual Way. Bethany Fellowship: Minneapolis (USA), 1979; Martin und Deidre Bobgan. Psychoheresy. a. a. O.; Martin und Deidre Bobgan. Prophets of Psychoheresy I. EastGate Publ.: Santa Barbara (CA), 1989 (Kritik vor allem an den christlichen Psychologen Gary Collins, Lawrence Crabb, Paul Meier und Frank Minirth); Martin und Deidre Bobgan. Prophets of Psychoheresy II. EastGate Publ.: Santa Barbara (CA),

1990 (Kritik vor allem an dem christlichen Psychologen James Dobson) , dt.: Martin und Deidre Bobgan. Psychotherapie oder biblische Seelsorge. CLV: Bielefeld, 1991; Martin und Deidre Bobgan. Hypnose. C LV: Bielefeld, 1991
207 Martin und Deidre Bobgan. Psychoheresy. a. a. O. S. 8–9
208 Gary Collins. Can You Trust Counseling?: a. a. O. Typische Beispiele sind S. 11+17–18.34–35+44–45.64–65+98–99.133–135+138–140.142–143 (Tatsächlich ist das Buch ungewollt eine ausgezeichnete Zusammenstellung von Kritikern der Psychotherapie.)
209 Gary Collins. Can You Trust Counseling?. a. a. O. S. 51
210 So bes. G. Tilboorg. Psychoanalysis and religion. Farra, Straus Cudahy: New York (NY), 1962; Paul C. Vitz. Sigmund Freud's Christian unconscious. Guilford: New York (NY), 1984
211 Vgl. bes. M. Ostow (Hg.). Judaism and psychoanalysis, Ktav Publ.: New York (NY), 1982; D. B. Klein. Jewish origins of the psychoanalytic movement. Praeger: New York (NY), 1981
212 So der Titel einer Schrift von 1928 in Carl Gustav Jung. Psychologie und Religion. dtv: München, 1991. S. 133–138; vgl. «Über die Beziehung der Psychotherapie zur Seelsorge» von 1932 in ebd. S. 113–132
213 Carl Gustav Jung. Psychologie und Religion. dtv: München, 1991. S. 125
214 Zum Teil gesammelt in ebd. (ganz); vgl. auch die Zusammenstellung von Jungzitaten in Jolan Jacobi (Hg.). Psychologische Betrachtungen: Eine Auslese aus den Schriften von C. G. Jung. Rascher: Zürich, 1945, bes. S. 380–416
215 Eugen Drewermann. Kleriker: Psychogramm eines Ideals. dtv: München., 1991. S. 387–410
216 Ebd. S. 398
217 Carl Gustav Jung. Bewusstes und Unbewusstes. Fischer: Frankfurt, 1957. S. 102–143+12–14+161
218 Vgl. dazu Thomas Schirrmacher. «Sozialhistorische Aspekte der Märchen und Sagenforschung». S. 7–46 in: Thomas Schirrmacher. Zur Kritik der marxistischen Märchen- und Sagenforschung und andere volkskundliche Beiträge. Verlag für Kultur und Wissenschaft: Bonn, 1991
219 Verena Kast. Familienkonflikte im Märchen, eine psychologische Deutung. dtv: München, 1988. S. 12–13
220 Ebd. S. 12
221 Zitiert nach Gerda Neumann. «'... damit ich dich besser fressen kann', Warum Märchen gruselig und grausam sein müssen». Deutscher Forschungsdienst, Berichte der Wissenschaft 35(1988)/4(26.1.88): 9–11, hier S. 10 (Rezension des Buches Walter Scherf. Die Herausforderung des Dämons: Struktur, Motivik und Rezeption von 27 untereinander verwandten Erzähltypen. Saur-Verlag: München, 1988)
222 Christian Büttner (Hg.). Zauber, Magie und Rituale: Pädagogische Botschaften und Mythen. Kösel: München, 1985
223 Klaus F. Geiger. «Angst». S. 545–549 in: Kurt Ranke (Hg.). Enzyklopädie des Märchens, Handwörterbuch zur historischen und vergleichenden Erzählforschung. Bd. 1. Walter de Gruyter: Berlin, 1977
224 Ebd. S. 548
225 KHM = «Kinder- und Hausmärchen» (der Gebrüder Grimm)
226 Ebd.

227 Max Lüthi. Märchen. Realien zur Literatur. Sammlung Metzler M 16. J. B. Metzler: Stuttgart, 1979⁷. S. 108
228 Ebd. S. 106–116
229 Ebd. S. 110–111; vgl. dagegen Rudolf Schenda. «Tendenzen der aktuellen volkskundlichen Erzählforschung im deutschsprachigen Raum». S. 271–291 in: CHIVA, Isac Chiva, Utz Jeggle (Hg.). Deutsche Volkskunde – Französische Ethnologie: Zwei Standortbestimmungen. Campus: Frankfurt, 1987, hier S. 273–274
230 Eine biblische Psychologie fordert auch Klaus Berger. Sigmund Freud: Vergewaltigung der Seele. Berneck, 1984. S. 46–47
231 Michael Dieterich. Handbuch Psychologie und Seelsorge. R. Brockhaus: Wuppertal, 1989. S. 12
232 Einen guten Überblick über diese Fachbereiche der Psychologie bietet Hellmuth Benesch. dtv-Atlas zur Psychologie. 2 Bd. dtv: München , 1987
233 Rousas John Rushdoony. Revolt against Maturity: A Biblical Psychology of Man. Ross House Books: Vallecito (TX), 1987 (Nachdruck von 1977); vgl. auch Rousas John Rushdoony. «Implications for Psychology». S. 41–51 in: Gary North (Hg.). Foundations in Christian Scholarship: Essays in the van Til Perspectives. Ross House Books: Vallecito (TX), 1979
234 Rousas John Rushdoony. Revolt against Maturity. a. a. O. S. 1
235 Vgl. auch Rousas John Rushdoony. Freud. Presbyterian & Reformed: Phillipsbury (NJ), 1979
236 A. Harper. Psychoanalysis and Psychotherapy: 36 Systems». Englewood Cliffs (NJ), 1959
237 Martin L. Gross. Die psychologische Gesellschaft. a. a. O. S. 12+341
238 Martin und Deidre Bobgan. Prophets of Psychoheresy I. a. a. O. S. 31
239 G. R. Collins (Hg.). Helping people grow. Vision House: Santa Ana (CA), 1980
240 Werner Jentsch. Der Seelsorger. Brendow: Moers, 1983². S. 190–191. Die dortige Tabelle ist ein guter Beleg für die Verunsicherung und Unterwanderung der Seelsorge mit immer neuen Konzepten, da Jentsch in der letzten Spalte jeweils christliche Psychotherapeuten nennt, die diese Schule in die christliche Seelsorge eingeführt haben.
241 Vgl. zur Kritik daran Paul Brownback. Selbstliebe: eine biblische Stellungnahme. Herold-Buch: Asslar, 1988; Wolfgang Bühne. Sich selbst lieben?. CLV: Bielefeld, 1986; Martin und Deidre Bobgan. Prophets of Psychoheresy II. EastGate Publ.: Santa Barbara (CA), 1990 (zur Kritik an James Dobson). In diesen Büchern fehlt mir jedoch weitgehend eine Klarstellung, was ein Mensch aufgrund der Gebote Gottes zu seinen eigenen Gunsten tun darf und muss.
242 Vor allem in Erich Fromm. Die Kunst des Liebens. Ullstein: Frankfurt, 1977 (verfasst 1956); vgl. William Kirk Kilpatrick. Psychological Seduction. a. a. O. S. 16–17
243 Beispiele bei Paul C. Vitz. «Psychology as Religion». Baker Encyclopedia of Psychology. a. a. O. S. 935
244 Ebd. S. 936
245 «Mangel an Erkenntnis» (Jes. 5,13) ist im Alten wie im Neuen Testament deswegen immer eigene Schuld. In Röm. 10,2 richtet Israel statt der Erkenntnis sein eigenes Gesetz auf, in Hos. 4,6 ist der Erkenntnismangel eine Folge davon, dass das Gesetz vergessen und missachtet wird.
246 Rousas J. Rushdoony. The Necessity for Systematic Theology. Studies in Systematic Theology 2. Ross House Books: Vallecito (CA), 1979. S. 38

247 Chr. Ernst Luthardt. Kompendium der theologischen Ethik. Dörffling & Franke: Leipzig, 1921. S. 89 (dort Belege aus der Antike)
248 Vgl. Carl Immanuel Nitzsch. «Die Gesamterscheinung des Antinomismus oder die Geschichte der philosophierenden Sünde im Grundriss». S. 315–404 in: Carl Immanuel Nitzsch. Gesammelte Abhandlungen. Bd. 2. F. A. Perthes: Gotha, 1871, hier S. 381–382
249 So fasst James D. Bratt. «Dutch Schools». S. 13–32 in: David F. Wells (Hg.). Dutch Reformed Theology. Reformed Theology in America. Baker Book House: Grand Rapids (MI), 1989, hier S. 23 die Sicht von Cornelius Van Til zusammen.
250 So bes. Paul C. Vitz. Psychology as Religion: The Cult of Self Worship. a. a. O.; William Kirk Kilpatrick. Psychological Seduction. a. a. O.
251 So z. B. Christopher Lasch. Das Zeitalter des Narzissmus. a. a. O.; K. Manninger. Whatever happened to Sin? Hawthorn: New York (NY), 1973; O. H. Mowrer. The Crisis in Psychiatry and Religion. Van Ostrand (NJ), 1961; E. Becker. Escape from Evil. Free Press: New York (NY), 1975
252 Ebd.
253 K. Menninger. Whatever happened to Sin? a. a. O.
254 Erving Goffman. Asylum: Essays on the Social Situation of Mental Patients and Other Inmates. Garden City (NY), 1961. S. 366; Übersetzung zitiert nach Jeffrey M. Masson. Die Abschaffung der Psychotherapie. a. a. O. S. 298
255 Bes. in Erich Fromm. Man for himself: An Inquiry into the Psychology of Ethics. Fawcett-Premier: New York (NY), 1975 (Nachdruck von 1947). S. 212–227 und das ganze Buch; vgl. die Polemik gegen Calvin und Luther ebd. S. 124–127
256 Deutlich etwa in T. A. Harris. I'm ok – you're ok. Avon: New York (NY), 1967; E. Berne. Games people play. Grove: New York (NY), 1964
257 Der Schwede Hans Lohmann. Krankheit oder Entfremdung?: Psychische Probleme in der Überflussgesellschaft. Georg Thieme: Stuttgart, 197 8. S. 33–96, bes. S. 38–49 gibt dies offen zu und diskutiert die diesbezügliche psychologische Literatur.
258 Vgl. ebd. S. 66–69
259 Ebd. S. 81
260 Vor allem in Walter Wanner. Signale aus der Tiefe: Tiefenpsychologie und Glaube. Brunnen: Giessen, ca. 1979; Walter Wanner. Mach mehr aus Dir. Brunnen: Giessen, 1984^2
261 Walter Wanner. Wer bin ich – wer bist Du?: Handbuch Jugendpsychologie. Brunnen: Giessen, 1984^3. S. 217–218
262 Ebd. S. 220
263 Carl Gustav Jung. Psychologie und Religion. a. a. O. S. 117
264 Vgl. C. W. McLemore. «Moral and Ethical Issues in Treatment». S. 720–722 in: David G. Benner (Hg.). Baker Encyclopedia of Psychology. Baker Book House: Grand Rapids (MI), 1985
265 Vgl. R. B. McKean. «Moral Development». S. 722–724» in: David G. Benner (Hg.). Baker Encyclopedia of Psychology. Baker Book House: Grand Rapids (MI), 1985 und R. B. McKean. «Moral Education». S. 724–726 in: ebd.
266 Abschnittsüberschrift in Dietrich Langen. Psychotherapie. dtv: München; Georg Thieme: Stuttgart, 1973^3. S. 28–29
267 Hartmut Zinser. Der Mythos des Mutterrechts. Ullstein Materialien. Ullstein: Frankfurt, 1981

268 Reiner Gödtel. «Was ist geblieben?: Zum 50. Todestag von Sigmund Freud». a. a. O. S. A 2730
269 Vgl. Jeffrey M. Masson. Die Abschaffung der Psychotherapie. a. a. O. S. 143–144
270 Erich Neumann. Tiefenpsychologie und Ethik. Geist und Psyche 2005. München, 1973³
271 Ebd. S. 100
272 Erich Fromm. Man for himself: An Inquiry into the Psychology of Ethics. Fawcett-Premier: New York (NY), 1975 (Nachdruck von 1947)
273 In der Überschrift zweier Kapitel in ebd. S. 18–46+123–245
274 Ebd. S. v
275 Ebd.
276 Ebd.
277 Ebd.
278 Erich Fromm. Haben und Sein: Die seelischen Grundlagen einer neuen Gesellschaft. dtv: München, 1982¹²
279 Ebd. S. 163
280 Ebd. S. 163–164
281 Ebd. S. 163
282 Ebd.
283 So bes. in Erich Fromm. Die Kunst des Liebens. Ullstein: Frankfurt, 1977. 99–105
284 Ebd. S. 106–111
285 Erich Fromm. Psychoanalyse und Religion. W. Goldmann: München, 1982⁷. S. 105–125
286 Ebd. S. 119
287 Ebd. S. 122
288 Ebd. S. 122–123
289 Ernest Jones. Zur Psychoanalyse des Christentums. Frankfurt, 1970, dort bes. die Studie über den Heiligen Geist S. 129–143
290 Beides ebd. 129
291 So auch Klaus Berger. Sigmund Freud. a. a. O. S. 117–118
292 William Kirk Kilpatrick. Psychological Seduction. a. a. O. S. 198
293 Dietrich Langen. Psychotherapie. a. a. O. S. 124
294 Hans Lohmann. Krankheit oder Entfremdung: Psychische Probleme in der Überflussgesellschaft. Georg Thieme: Stuttgart, 1978. S. 2 (Einführung von Gert Huffmann)
295 Ebd. und Dirk Blasius. Der verwaltete Wahnsinn: Eine Sozialgeschichte des Irrenhauses. Fischer: Frankfurt, 1980. S. 14
296 Ebd. S. 14
297 Ebd.
298 Beispiele in ebd. S. 113–114
299 David Rosenhan. «On Being Sane in Insane Places». Science 179 (1973): 250–258; wiederabgedruckt (mit kritischen Stellungnahmen) in Journal of Abnormal Psychology 84 (1975) 5: 433–474
300 Vgl. Dirk Blasius. Der verwaltete Wahnsinn. a. a. O.
301 Diesen Vergleich zieht vor allem Hansjörg Hemminger. Kindheit als Schicksal? a. a. O.
302 Ebd. S. 264

303 Dieter E. Zimmer. Tiefenschwindel. a. a. O. S. 73 (anschließend das volle Freud-Zitat)
304 Reiner Gödtel. «Was ist geblieben?: Zum 50. Todestag von Sigmund Freud». a. a. O., hier S. A 2730
305 Hansjörg Hemminger. Kindheit als Schicksal? a. a. O. S. 214
306 Nach Martin und Deidre Bobgan. Prophets of Psychoheresy I. a. a. O. S. 19 (mit Angabe des Fundortes der Gerichtsakten)
307 Sigmund Freud. Abriss der Psychoanalyse: Das Unbehagen in der Kultur. Fischer: Frankfurt, 1977. S. 15
308 Ebd. S. 15
309 Nach Gunnar Brandell. Sigmund Freud – Kind seiner Zeit. a. a. O. S. 48–49
310 Zitiert nach ebd. S. 48
311 Ebd. S. 49
312 Ebd.
313 Peter Schmicke. «Einführungen in die Psychoanalyse». Verkündigung und Forschung 23 (1978) 2: 90–82
314 Gordon H. Clark. Behaviorism and Christianity. Trinity Foundation: Jefferson (MD), 1982
315 Ebd. S. 79
316 Paul Parin. «Die äußeren und die inneren Verhältnisse: Ethnopsychoanalytische Betrachtungen. S. 293–308: Hans-Martin Lohmann (Hg.). Die Psychologie auf der Couch. Fischer Taschenbuch Verlag: Frankfurt, 1986 Tb
317 Zitiert nach Hellmuth Benesch. dtv-Atlas zur Psychologie. Bd. 1. dtv: München, 1987. S. 239
318 David Hesselgrave. «Can Psychology Help Us in the Fulfillment of the Great Commission?». Journal of Psychology and Theology. 4/1987 (gute Zusammenfassung in Ruth A. Tucker. «Periodically Speaking». Evangelical Missions Quarterly 24 (1988) 3 (Jul): 256–259, hier S. 257–258
319 So z. B. Michel Panoff. Michel Perrin. Taschenwörterbuch der Ethnologie. Dietrich Reimer Verlag: Berlin, 1982². S. 153. Die sogenannte Ethnopsychoanalyse meint, psychoanalytische Wahrheiten in allen Kulturen zu finden. Aus meiner Sicht handelt es sich jedoch nur um eine oft wahllose westliche Interpretation uns ungewohnter Vorgänge bei anderen Kulturen; vgl. z. B. Paul Parin. «Die äußeren und die inneren Verhältnisse: Ethnopsychoanalytische Betrachtungen. S. 293–308: Hans-Martin Lohmann (Hg.). Die Psychologie auf der Couch. Fischer Taschenbuch Verlag: Frankfurt, 1986 Tb
320 Die Übernahme des Unbewussten aus dem christlichen Denken durch Freud belegt Paul C. Vitz. Sigmund Freud's Christian Unconscious. Wm. B. Eerdmans: Grand Rapids (MI), 1993 (Nachdruck New York, 1988)
321 W. T. Kirwan. «Biblical Anthropology». S. 114–116 in: David G. Benner (Hg.). Baker Encyclopedia of Psychology. Baker Book House: Grand Rapids (MI), 1985, hier S. 115
322 Walter Freeman. «Psychiatrists Who Kill Themselves: A Study in Suicide». American Journal of Psychiatry 124 (1967) 6 (Dec): 846–847
323 Martin L. Gross. Die psychologische Gesellschaft. a. a. O. S. 59
324 Walter Freeman. «Psychiatrists Who Kill Themselves». a. a. O.

325 Lutz Rosenkötter. «Schattenseiten der psychoanalytischen Ausbildung». S. 221–233 in Hans-Martin Lohmann (Hg.). Die Psychologie auf der Couch. Fischer Taschenbuch Verlag: Frankfurt, 1986 Tb. S. 221

326 Ebd. ganz

327 Paul Parin, Goldy Parin-Matthèy. «Das obligat unglückliche Verhältnis der Psychoanalytiker zur Macht». S. 17–23 in: Hans-Martin Lohmann (Hg.). Das Unbehagen in der Psychologie. Qumran Verlag: Frankfurt, 1983

328 Hans-Martin Lohmann. «Noch einmal: Das Unbehagen in der Psychologie». S. 7–17 in Hans-Martin Lohmann (Hg.). Die Psychologie auf der Couch. Fischer Taschenbuch Verlag: Frankfurt, 1986 Tb, hier S. 14

329 Ebd. S. 15

330 Die Psychologie, besonders Psychoanalyse und Psychotherapie, waren entgegen anderslautenden Mythen etwa genauso anfällig für die nationalsozialistische Ideologie wie andere Bereiche der Wissenschaft auch; vgl. Regine Lockot. Erinnern und Durcharbeiten: Zur Geschichte der Psychoanalyse und Psychotherapie im Nationalsozialismus. Fischer: Frankfurt, 1985; C. F. Graumann (Hg.). Psychologie im Nationalsozialismus. Berlin, 1985; Ulrich Geuter. Die Professionalisierung der deutschen Psychologie im Nationalsozialismus. Frankfurt, 1984

331 Hans-Jürgen Ruppert. New Age: Endzeit oder Wendezeit?. Wiesbaden, 1985. S. 157

332 Paul C. Vitz. «Psychology as Religion». Baker Encyclopedia of Psychology. a. a. O. S. 935

333 Dietrich Langen. Psychotherapie. a. a. O. S. 118–121

334 William Kirk Kilpatrick. Psychological Seduction. a. a. O. S. 99

335 Dalai Lama, Eugen Drewermann. Der Weg des Herzens: Gewaltlosigkeit und Dialog zwischen den Religionen. Walter: Olten (CH), 1992

336 So auch der Staatsrechtler Martin Kriele. «Der Fall Drewermann». Die Welt Nr. 251 vom 28.10.1991. S. 2

337 Nach H. Citron. «Über das Gespräch». Wege zum Menschen 16 (1966): 417–427, hier S. 419

338 Ebd. (ganz)

Teil 2

Plädoyer für eine biblische Seelsorge

von Dipl.-Psych. Roland Antholzer

Vorbemerkung

Die gegenwärtige Situation auf dem Gebiet der Seelsorge erfüllt mich mit tiefer Sorge. In vielen Gemeinden hat man den Auftrag zur Seelsorge an eine einzige Person abgetreten, an den Pfarrer oder Prediger, der sie aber aufgrund seiner vielfältigen Dienstgeschäfte zwangsläufig vernachlässigen muss. So kann man also mit Fug und Recht davon ausgehen, dass die meisten christlichen Gemeinden seelsorglich unterversorgt sind. Doch ebenso schlimm ist es, dass dort, wo Seelsorge noch praktiziert wird, dies häufig unter falschen Vorzeichen, eben nicht in biblischer Weise, geschieht. Ich meine damit:
– die völlige Auslieferung an säkulare Methoden oder auch nur deren teilweise Übernahme;
– eine gesetzliche, weil einseitig auf den Verhaltensaspekt bezogene Seelsorge;
– ein schwarmgeistiges, mit undifferenzierter Praxis der Handauflegung operierendes Vorgehen;
– eine völlige Vernachlässigung oder aber extreme Überbetonung der okkulten Problematik.

Eine biblische Seelsorge, die diesen Namen verdient, muss aber geistlich, ganzheitlich, nüchtern und ausgewogen sein.

Vielleicht wird mein Plädoyer ungehört verhallen. Vielleicht wird es – was ebenfalls schade wäre – nur bei denen Gehör finden, die schon vorher derselben Meinung waren. Vielleicht darf ich aber auch hoffen, dass es den einen oder anderen zur Überprüfung seiner Position veranlassen wird. Es geht ja hier nicht ums Rechthaben, sondern um die Frage, wie Brüdern und Schwestern mit psychischen Nöten in biblischer Weise geholfen werden kann. Denn was nützt es, wenn es dem andern nach unserer Beratung zwar seelisch besser geht, er aber dem lebendigen Gott noch mehr entfremdet ist als vorher?

Vorwort zur 4. Auflage

In dieser vierten Auflage meines «Plädoyers für eine biblische Seelsorge» habe ich eine Aktualisierung im Hinblick auf aktuelle Veränderungen in der christlichen «Seelsorgeszene» vorgenommen und das Buch um Stellungnahmen zum Seelsorge-Ansatz von Reinhold Ruthe und zur charismatischen Seelsorge am Beispiel von IGNIS erweitert (Kapitel 5). Ersterer Teil stammt aus der Feder von Dipl.-theol. Klaus Giebel. Einem häufig geäußerten Wunsch gemäß habe ich Worterklärungen in den Anhang aufgenommen, wo nun die wichtigsten Fremdwörter erläutert werden.

Ich war versucht, auch den praktisch seelsorgerlichen Aspekt weiter auszubauen, habe dieser Versuchung aber widerstanden. Letztlich wäre die Darstellung einer biblischen Seelsorge zwangsläufig immer noch an der Oberfläche geblieben. Das Thema ist zu komplex, um es im Rahmen eines so speziellen Buches angemessen zu behandeln. Im vorliegenden Buch soll es vor allem um die Auseinandersetzung mit der Psychotherapie und der Frage ihrer Brauchbarkeit für die Seelsorge gehen. Die Beschränkung auf diese Thematik hat eindeutig ihre Vorteile. Dadurch kommt nämlich diese für die Gemeinde Jesu so wichtige Auseinandersetzung besser ins Blickfeld. Auch der Umfang des Buchs bleibt so in einem Rahmen, in dem dessen Rezeption eher gewährleistet ist. Die Alternative einer biblischen Seelsorge vorzustellen, müsste Aufgabe eines eigenständigen Buches sein.

Kapitel 1

Brauchen wir die Psychotherapie?

Brauchen wir die Psychotherapie? Das ist eine provozierende Frage. Manche Christen werden diese Frage mit voller Überzeugung bejahen. Sie haben sich schon daran gewöhnt, dass Seelsorge nur noch mit der Unterstützung durch säkulare Methoden getan wird. Oder sie meinen, dass wir als aufgeklärte Menschen die Früchte der Wissenschaft nicht einfach ignorieren dürfen, zumal es doch um einen guten Zweck geht, nämlich Menschen in ihrer Not zu helfen.

In diesem Plädoyer spreche ich mich dagegen für einen kompromisslosen Verzicht auf säkulare Psychotherapie in der Seelsorge aus. Ich bin mir wohl bewusst, dass meine Meinung auf heftigen Widerstand stoßen wird, zumal ich mich damit in Gegensatz zu einigen christlichen Seelsorgern und Psychotherapeuten stelle, die aufgrund ihrer Publikationen im deutschsprachigen Raum sehr bekannt geworden sind.

Ich erwarte nicht, dass jemand, der schon lange Zeit psychotherapeutisch tätig ist, sich postwendend meiner Haltung anschließt. Ich bitte lediglich um die Bereitschaft, sich (noch einmal) mit dieser Problematik auseinander zu setzen. Die einfachste Weise, sich der Infragestellung zu entziehen, bestünde darin, dem Autor in alter tiefenpsychologischer Manier einen in unbewussten Ängsten verankerten Widerstand gegen die Psychotherapie zu unterstellen.[1] Ich möchte aber auch meinerseits keinem Andersdenkenden den Glauben absprechen oder seine Aufrichtigkeit und Wahrheitsliebe in Frage stellen.

Doch bevor wir uns dieser Frage näher zuwenden, möchte ich noch auf ein begriffliches Problem hinweisen. In der Auseinandersetzung um die Frage, ob psychotherapeutische Methoden in der Seelsorge zur Anwendung kommen sollen, wird nämlich immer wieder deutlich, dass die diversen «Psycho»-Begriffe gründlich durcheinandergemixt werden. Vielen Christen ist die genaue Zuordnung von Begriffen wie «Psychologie», «Psychotherapie», «Psychoanalyse» oder «Psychiatrie» durchaus nicht klar. Dafür ist ihnen kein Vorwurf zu machen, schließlich handelt es sich hier um Fachbegriffe, die zudem auch noch sehr ähnlich klingen. Eine genaue Abgrenzung ist aber wichtig, weil es sonst zu manchen Missverständnissen kommen kann. Es gehört nämlich nicht alles in denselben Topf, was mit «Psycho» beginnt. Wir empfehlen deshalb dringend, diese Begriffe in den Worterklärungen auf S. 263 nachzulesen.

Brauchen wir die säkulare Psychotherapie? Meine Antwort auf diese Frage lautet entschieden «Nein!» Brauchen wir eine biblische Seelsorge? Diese Frage ist ebenso entschieden zu bejahen. In unseren Gemeinden brauchen wir nichts dringender als Männer und Frauen, die ihren Brüdern und Schwestern auf biblische Weise seelsorgerlich dienen.

Hilfe tut not!

Wir leben heute in einer Zeit, in der wir neben andern schwerwiegenden Problemen mit einer Epidemie seelischen Leidens konfrontiert sind. Das tatsächliche Ausmaß der Not lässt sich aufgrund der in den Zeitungen regelmäßig erscheinenden nüchternen Statistiken über die Zunahme der Süchte, Depressionen und Suizidhandlungen bestenfalls erahnen. Dass von dieser Entwicklung auch die Gemeinde Jesu nicht verschont bleibt, ist zwar eine traurige Tatsache, kann aber bei nüchterner Betrachtung kaum verwundern.

Wer seelsorgerlich tätig ist, entdeckt sehr bald, dass auch unter Christen das ganze Spektrum psychischer und psychosomatischer Störungen anzutreffen ist. Es ist erschütternd, dass es so viele Christen gibt, deren Leben gekennzeichnet ist von Gebundenheiten, Zwangsgedanken und -handlungen, Gemütskrankheiten, Angstzuständen, schwerwiegenden Eheproblemen und andern unerfreulichen Nöten. Dabei sollte das Leben des Christen auf Christus hinweisen, ein «Brief Christi» sein, lesbar für alle Menschen. Der Christ sollte nur *eine* Bindung kennen, die von allen andern Bindungen befreit: *die Bindung an Christus.*

Sein Verstand, sein Gefühl und sein Wille sollten geprägt sein von göttlicher Weisheit, von einem Frieden, der jede Vernunft übersteigt, von einer bleibenden, tief im Herzen wurzelnden und nicht von äußeren Umständen abhängigen Freude, von Liebe, Hingabe und Selbstverleugnung. Es wäre gänzlich entmutigend, wenn es nicht auch solche Christen gäbe, Väter und Mütter im Glauben, die wie ein Paulus sagen können: «Folget mir, liebe Brüder, und sehet auf die, die so wandeln, wie ihr uns habt zum Vorbilde» (Phil. 3,17).

Gewiss ist solche Reife Frucht eines stetigen Wachstums in der Heiligung. Und es ist durchaus normal, dass es in jeder örtlichen Gemeinde auch «Kinder im Glauben» gibt. Aber es ist nicht normal, wenn ein Christ zehn Jahre und länger in diesem Kindheitsstadium verharrt. Und wir dürfen es nicht einfach hinnehmen, wenn Brüder und Schwestern durch irgendeine geistlich-seelische Problematik jahrelang blockiert sind, gewissermaßen «am Rande» existieren. Hier sind die reiferen Christen in der Gemeinde herausgefordert, sich diesen Mühseligen und Beladenen in Liebe zuzuwenden und Hilfe anzubieten: «Liebe Brüder, wenn ein Mensch etwa von einem Fehl übereilt würde, so helfet ihm wieder zurecht mit sanftmütigem Geist, ihr, die ihr geistlich seid» (Gal. 6,1).

An solchem Hirtendienst, zu dem keineswegs nur ein Hirte (oder «Pastor») der Gemeinde berufen ist, mangelt es in der Gemeinde Jesu in gefährlicher Weise. Gefährlich deshalb, weil es dem Widersacher noch immer gelungen ist, solche Mangelzustände auszunutzen und sein Gegenprogramm anzubieten. Und tatsächlich sind längst schon solche Gegenprogramme im Umlauf und gewinnen immer mehr an Boden.

Trotz dieses so offensichtlichen Mangels scheinen nur allzu viele Christen noch zu fragen: «Soll ich meines Bruders Hüter sein?» Dabei ist diese Frage von der Hl. Schrift her längst beantwortet. Paulus sagt: «Einer trage des anderen Last, so werdet ihr das Gesetz Christi erfüllen!» (Gal. 6,2). An diesem Wort kommt keiner vorbei, der es mit dem Christsein ernst nimmt. Die Verantwortung zur Seelsorge lässt sich nicht an einen Pastor oder sonst einen dafür zuständigen «Fachmann» delegieren.

Somit stellt sich die Frage für die meisten Christen, einschließlich der «professionellen» Seelsorger eher so: «*Kann* ich meines Bruders Hüter sein?» Es ist die Frage nach der Kompetenz, die heute so vielen Brüdern und Schwestern Not macht und sie nicht selten davon abhält, dem klar erkannten Auftrag zur Seelsorge nachzukommen.

Psychotechnik als Werkzeug der Seelsorge?

Mit der Frage nach der Kompetenz ist aber aufs Engste auch die Frage nach der Methodik verbunden. Vor allem die Hirten einer Gemeinde, die im Besonderen dem Erwartungsdruck der Gemeindeglieder ausgesetzt sind, stehen in der Gefahr, die «Lösung» darin zu suchen, dass sie den Ratsuchenden kurzerhand an (in der Regel ungläubige) Fachleute, wie Psychiater, Psychologen und Psychotherapeuten verweisen. Häufig nehmen sie auch selbst Zuflucht zu den «bewährten» Methoden säkularer Seelsorge bzw. Psychotherapie. Oder sie lehnen sich an Seelsorge-

Konzepte an, die angeblich biblisch sind, in Wirklichkeit aber nur eine mit biblischer Begrifflichkeit arbeitende Psychotechnik darstellen.

Damit wird aber das Vakuum, das sich durch den Mangel an biblischer Seelsorge aufgetan hat, mehr und mehr mit außerbiblischen Hilfeformen gefüllt. Solches Eindringen psychologischer Methoden in den Raum der christlichen Gemeinde fing nun keineswegs erst heute oder gestern an, sondern hat Geschichte. Seit durch *Sigmund Freud* die Psychoanalyse geschaffen wurde, trat die Psychotherapie in Konkurrenz zur Seelsorge und drängte sich in dieses ureigenste Gebiet der Theologie hinein. Obschon *Freud* ein erklärter Christenhasser war, wurde er bald zum Schutzheiligen der Seelsorge und ist es größtenteils heute noch. Nur sind mittlerweile einige andere dazugekommen: *C.G. Jung, Carl Rogers, Victor Frankl* und *Jacob Moreno*, um nur die Wichtigsten zu nennen.

Die Seelsorgeausbildung für Vikare in der Bundesrepublik erfolgt weitgehend anhand des sog. «Clinical Pastoral Trainings» (CPT), das sich u. a. auf die klientenzentrierte Beratungsmethode von *Carl Rogers* gründet. Im Rahmen der kirchlichen Diakonie gibt es heute kaum noch eine Fortbildungsveranstaltung, in der man nicht mit gruppendynamischen Elementen konfrontiert wird. Besonderer Beliebtheit erfreut sich hier die Methode der «Themenzentrierten Interaktion» (TZI) nach *Ruth Cohn*.

Auch evangelikale Kreise (wie die Rufer-Bewegung) bedienen sich gruppendynamischer Seelsorgemethoden, wie überhaupt manch neuere evangelikale Literatur ein beredtes Zeugnis dafür gibt, wie sehr es an einer klaren Einschätzung psychologischer Methoden mangelt. Vor allem psychoanalytisches Gedankengut wird völlig unkritisch mit biblischem vermengt.[2]

Tatsächlich bietet ja die Psychologie heute eine Vielfalt von klar umrissenen und lernbaren methodischen Ansätzen an, die allesamt den Anspruch erheben, seelisches Leiden heilen oder zumindest lindern zu können und damit zu mehr Lebensqualität zu verhelfen.

Darüber hinaus beinhalten sie nicht selten einen Quasi-Heilsanspruch, indem sie dem Menschen eine neue Orientierung und Sinngebung für sein Leben versprechen. Dies trifft vor allem für die humanistischen Therapien (Einzel- und Gruppenverfahren) zu. Die Begrifflichkeit und Diktion der diesen Ansätzen zugrunde liegenden Theorien ist teils stark religiös gefärbt und weist manche Parallele zu biblischen Heilsbegriffen auf.

Da uns die Bibel keine fertigen Methoden für Seelsorge und Beratung anbietet und hier erprobte Methoden vorliegen, die zudem noch eine gewisse Affinität zu biblischen Themen zu haben scheinen, liegt es für den «ratlosen Berater» nahe, sich solcher Methoden zu bedienen, sie für den christlichen Bedarf zu adaptieren. Doch beide Versuche, dem Dilemma der eigenen Inkompetenz zu entrinnen, die Überweisung an Fachleute wie auch die Übernahme weltlicher Methoden, gehen letztlich an der Not des anderen vorbei.

In Psalm 1,1 heißt es: «Wohl dem, der nicht wandelt im Rat der Gottlosen ...», und das gilt sowohl für den Seelsorger im Blick auf seine Methodik als auch für den Ratsuchenden. Sollten wir tatsächlich auf die Psychotherapie angewiesen sein, wenn es darum geht, einem Kind Gottes aus seiner Seelennot herauszuhelfen? Dann wäre ja die Gemeinde Jesu 1900 Jahre lang ohne rechte Hilfe gewesen. Dann hätte ja auch ein Paulus als ein «hilfloser Helfer» angesichts der Flut von Hilfesuchenden verzagen müssen (2. Kor. 11,28). Musste wirklich erst ein *Rogers* kommen, um uns Christen zu lehren, was «Empathie» ist? Haben wir nicht das Beispiel des Paulus, der zu den Ephesern sagen konnte, dass er nicht abgelassen habe, «drei Jahre, Tag und Nacht, einen jeglichen mit Tränen zu ermahnen»? (Apg. 20,31). Es wäre zu wünschen, wir hätten heute nur einige solch vollmächtiger Hirten, wie Paulus einer war.

Nun, dieses Argument genügt natürlich nicht, um unsere Ablehnung psychologischer Methoden zu begründen. Mit demselben Argument könnte man auch für den Verzicht auf die Anwendung moderner Kommunikationsmittel und anderer technischer Errungenschaften in der Missionsarbeit plädieren. Gewiss würde Paulus heute die Möglichkeit in Anspruch nehmen, mit Hilfe eines Hubschraubers in schwer zugängliche Stammesgebiete zu gelangen. Aber würde Paulus sich entsprechend auch psychotherapeutischer Techniken bedienen, um Christen in ihren psychischen Nöten zu helfen?

Sind Methoden wertfrei?

Manche Christen sind der Überzeugung, Methoden seien an sich wertfrei und könnten immer sowohl zum Schaden wie auch zum Nutzen des Menschen eingesetzt werden. Es komme nur darauf an, wie und wofür man sie anwende. Psychotherapie sei einfach ein Werkzeug, einem Hammer vergleichbar. Einen Hammer könne man zwar auch dazu benützen, einem Menschen den Kopf einzuschlagen, was aber niemanden dazu veranlasse, den Hammer als Werkzeug abzulehnen.

Genau in dieser Weise argumentiert *Herbert Gudjons,* um das Psychodrama von *Jacob L. Moreno* zu rechtfertigen: «Man braucht sich deshalb von Morenos ideologischen Vorstellungen einer 'Heilung der Welt' durch eine 'gruppentherapeutische Bewegung' nicht verwirren zu lassen. Morenos Methoden sind – fachmännisch angewandt – außerordentlich wertvoll, seine politisch-weltanschaulichen Ziele, die er damit zu erreichen suchte, utopisch, übersteigert und von Soziologie und Politologie längst überholt.»[3]

Psychotechnische Methoden seien in sich selbst neutral. Hinsichtlich der Gefahr der Manipulation durch Gruppendynamik meint Gudjons: «Aber nicht in der Tatsache, dass Menschen durch Methoden manipulierbar sind, liegt die eigentliche Gefahr, nicht darin, dass die Wissenschaft Techniken zur Beeinflussung von Menschen entdeckt und entwickelt, sondern darin, dass Menschen falschen, destruktiven und unangemessenen Gebrauch davon machen.»[4]

Aber können wir uns tatsächlich so leicht unserer Verantwortung entziehen?

Ist es wirklich wahr, dass Methoden neutral sind, auch dort, wo es um die Seele des Menschen geht? Liegt nicht jeder Psychotechnik eine Prämisse zugrunde, die letztlich philosophisch-weltanschaulicher Natur ist? Und wird nicht der Geist dieser Prämisse mit der Methode unweigerlich übernommen?

Sven Findeisen zeigt ganz richtig auf, dass jede Methode einerseits einen Weg ermöglicht, diesen anderseits aber nach Ursprung und Ziel weitgehend festlegt. «Daraus folgt: Wer eine Methode übernimmt, wird selbst von dieser Methode übernommen wie ein Zug, der über eine Weiche auf ein bestimmtes Gleis rollt. Wer die Methode beherrscht, wird auch von ihr beherrscht: Mit der Methode übernimmt er unweigerlich den Geist, der Ursprung und Ziel dieses Weges bestimmt ... Methoden sind also nichts weniger als neutral.»[5]

Es kann ja auch nicht sein, dass eine Methode, die zu dem Zweck konstruiert wurde, bei dem Klienten Ichstärke und Autonomie aufzubauen, gleichzeitig dafür geeignet sein soll, ihn in die Abhängigkeit von Christus zu führen. Das wäre geradeso, als wollte man mit einer Zange Nägel einschlagen. Das würde schlecht funktionieren, weil die Zange dafür konstruiert ist, Nägel herauszuziehen.

Im Zentrum: der Mensch oder Gott?

Ursprung, Weg und Ziel sind drei Aspekte, an denen sich fundamentale Unterschiede zwischen biblischer Seelsorge und Psychotherapie aufzeigen lassen. Röm. 11,36 zeigt, dass diese drei Aspekte auf Gott bezogen sein müssen, wenn die Methode biblisch sein soll: «Denn von ihm (Ursprung) und durch ihn (Weg) und zu ihm (Ziel) sind alle Dinge. Ihm sei Ehre in Ewigkeit! Amen.» In einem einfachen Schema dargestellt, würde die Gegenüberstellung von Psychotherapie und Seelsorge wie folgt aussehen:

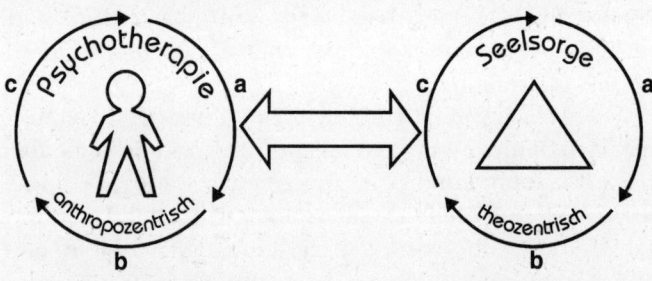

- **a** Ursprung: im Menschen
- **b** Weg: durch menschliche Methoden
- **c** Ziel: der autonome Mensch

- **a** Ursprung: in Gott
- **b** Weg: durch Wort und Kraft Gottes
- **c** Ziel: die Ehre Gottes

Psychotherapie hat ihren Ursprung im Menschen insofern, als ihr menschliche Konzepte zugrunde liegen, Menschenbilder, in denen für Gott kein Raum ist. Sie wendet entsprechend auch menschliche Methoden an, Methoden nämlich, die von Menschen ausgedacht wurden, die Gott nicht kannten, Methoden, die sie nach eigenem Gutdünken und Ermessen einsetzen. Dabei zielt Psychotherapie darauf ab, dass der Mensch in seiner Autonomie von Gott und Menschen gestärkt wird. Da ein Gottglaube letztlich als Lebenskrücke angesehen wird, soll der Mensch lernen, auch ohne diese Krücke auszukommen und sein Selbst zu verwirklichen. Psychotherapie ist *anthropozentrisch*.

Seelsorge dagegen hat ihren Ursprung im Willen und im Wort Gottes. Da nur das wirklich hilfreich ist, was die Herrschaft Christi im Leben des anderen ausweitet, muss es von Gott herkommen. In der Vorgangsweise orientiert sich Seelsorge an dem Wort Gottes, wobei der Erfolg ihres Tuns immer von der Kraft Gottes, von dem Wirken des Heiligen Geistes abhängig bleibt. Ziel der Seelsorge ist die Verherrlichung Gottes dadurch, dass das Leben des Gläubigen zunehmend ein Spiegel Seines Wesens wird. Seelsorge ist also durch und durch *theozentrisch* oder auch christozentrisch.

Kapitel 2

Die trennende Kluft

Der folgende Abschnitt soll die genannten Gegensätzlichkeiten zwischen Psychotherapie und Seelsorge hinsichtlich Ursprung, Weg und Ziel näher ausführen und präzisieren. Beide Hilfeformen, die Psychotherapie und die Seelsorge, haben einen anthropologischen Hintergrund, der nicht ohne Einfluss auf die Vorgangsweise bleibt. Deshalb wollen wir die jeweils zugrunde liegenden Menschenbilder näher betrachten.

Auch die Unterschiede in der Methodik mit ihren jeweiligen ethischen Implikationen sollen aufgezeigt werden. Schließlich wollen wir uns noch den Zielen von Psychotherapie und Seelsorge zuwenden, denn auch sie bestimmen die Vorgangsweise nicht unerheblich. Eine Methode erhält ihren Sinn ja nur von daher, dass sie geeignet ist, uns einem erwünschten Ziel näher zu bringen. Somit wäre es naiv, eine Methode unabhängig von ihren anthropologisch-philosophischen Prämissen und ihren Zielsetzungen sehen und beurteilen zu wollen.

Indem wir nun Psychotherapie und Seelsorge hinsichtlich der Faktoren «Ursprung», «Weg» und «Ziel» gegenüberstellen, wird deutlich werden, dass sie durch eine tiefe Kluft voneinander getrennt sind.

Unvereinbar in der Anthropologie

Das Menschenbild der Psychotherapie

Die drei großen psychologischen Grundrichtungen, die jeweils eigene therapeutische Konzepte hervorgebracht haben, sind die *Psychoanalyse,* der *Behaviorismus* und die *Humanistische Psychologie.* Deren anthropologische Voraussetzungen sind nicht immer klar expliziert, können aber aus Theorie und Praxis erschlossen werden. Wir wollen hier nur auf die wesentlichsten gemeinsamen Merkmale kurz eingehen, das sind eine materialistische Weltsicht, ein mehr oder weniger ausgeprägter Determinismus, eine darwinistische Vorstellung von der Herkunft des Menschen sowie eine hedonistische bzw. eudämonistische Begründung von Sinn und Zweck des menschlichen Daseins.

Psychoanalyse. Der Psychoanalyse, wie auch den beiden anderen psychologischen Richtungen, liegt ein *materialistisches Menschenbild* zugrunde, das heißt, dass der Mensch nur als stoffliches und immanentes Wesen verstanden wird. Auch wenn in allen drei Konzepten der physikalische Materialismus überwunden ist, so hängen sie doch einem biologisch-physiologischen bzw. psychologischen Materialismus an, indem sie die Seele des Menschen nur als Funktion der Materie verstehen, die grundsätzlich mit physikalisch-chemischen Gesetzen erklärbar sein müsste. Der «Geist» des Menschen ist kein Thema, jedenfalls nicht im Sinne einer vom Leib unabhängig existenten Wesenheit.

Geradezu exemplarisch für die positivistische Anbetung von Vernunft und Wissenschaft ist *Freuds* Vorstellung, dass das Seelenleben mit Hilfe exakter wissenschaftlicher Forschung vollständig durch biologische Kausalzusammenhänge erklärbar sein müsste. So schreibt *Freud* in «Jenseits des Lustprinzips»: «Die Mängel unserer Beschreibung würden wahrscheinlich verschwinden, wenn wir anstatt der psychologischen Termini schon die physiologischen oder chemischen einsetzen könnten.»[6]

Die Psyche des Menschen beschrieb *Freud* als einen nach energetischen Prinzipien funktionierenden Apparat, aufgebaut aus «Es», «Ich» und «Über-Ich» und gespeist von libidinöser Energie, der nach sehr mechanistisch anmutenden Gesetzen funktioniert. Dabei ist der Regelmechanismus nicht etwa im Willen des Menschen zu suchen, sondern im sogenannten «Lust-Unlust-Prinzip».

Zu dem biologischen *Determinismus,* den *Freud* ausdrücklich bejaht[7], tritt also auch noch eine *hedonistische Motivationspsychologie.* Der Mensch ist letztlich darauf angewiesen, Lust zu suchen und Unlust zu vermeiden. *Freud* sieht den Menschen mit sich selbst und der Welt im Kampf, von Ängsten und unbewussten Wünschen geplagt. Mehr als von Umwelteinflüssen, wird er von angeborenen Instinkten zu bestimmten Verhaltensweisen getrieben.

Freud war auch ein großer Verehrer von *Charles Darwin* und dessen Werk hat seine eigene Theoriebildung stark beeinflusst. Die Darwinsche Entwicklungslehre gab ihm die Möglichkeit einer Weltsicht, in der Realitäten wie «Gott» (als personales Gegenüber), «Ewigkeit», «Geist» etc. keinen Platz hatten. In seiner Selbstdarstellung von 1925 gesteht er dies ein: «Die damals aktuelle Lehre Darwins zog mich mächtig an, weil sie eine außerordentliche Förderung des Weltverständnisses versprach ...»[8]

Eine höhere Daseinsbestimmung gab es für *Freud* nicht. Die Natur des Menschen ist ausreichend erklärt durch sein angeborenes Streben nach Maximierung der Triebbefriedigung und Minimierung der Ängste, wobei er im ständigen Konflikt steht zwischen den egoistischen Ansprüchen des Es und den Forderungen des Über-Ich, zwischen Lustprinzip und Realitätsprinzip.

Behaviorismus. Auch das implizite Menschenbild des Behaviorismus geht von einem biologischen *Materialismus* aus. Die Vorstellung von einem transzendenten Anteil am psychischen Geschehen wird als bloße Spekulation abgetan. Die Begriffe «Seele» oder «Geist» werden überhaupt nicht thematisiert. Da das Seelenleben selbst nicht beobachtbar und messbar ist, sondern lediglich das Verhalten des Menschen (wobei auch innere physiologische Vorgänge als Verhalten verstanden werden), macht man nur Aussagen über Reiz-Reaktions-Beziehungen (Stimulus-Response-Schema).

Wohl wurde das orthodoxe S-R-Paradigma längst durch die Organismus-Variable erweitert (S-O-R). Man gibt also zu, dass es sinnvoll und wissenschaftlich vertretbar ist, danach zu fragen, was sich zwischen Reiz und Reaktion abspielt. Jedoch geht es für den Behavioristen bei dieser intervenierenden Variablen lediglich um noch nicht messbare, weil vorwiegend in den Gehirnstrukturen sich vollziehende physiologische Abläufe. Das kognitive und affektive Erleben des Individuums interessiert nicht an sich, sondern wird als Äußerung des Verbalverhaltens aufgefasst und nur als solches einer Analyse unterzogen.

Wie die Psychoanalyse ist auch der Behaviorismus streng *deterministisch,* wobei die Festlegung aus dem Zusammenspiel von organischen Strukturen und Umweltfaktoren kommt. Das Verhalten des Menschen wird ausschließlich erklärt durch die Mechanismen von klassischer und operanter Konditionierung. Verhalten, dessen Folgen angenehm und lustbetont sind oder durch das unangenehme Folgen verhindert werden können, wird verstärkt. Wo dagegen der Erfolg ausbleibt oder unangenehme Folgen auftreten, wird Verhalten gelöscht.

Wiederum ist der Regelmechanismus des Verhaltens das *hedonistische Lust-Unlust-Prinzip.* Zudem ist schwer zu sehen, wo in diesem Konzept so etwas wie Willensfreiheit Platz haben könnte.

Über die Natur des Menschen wird im Behaviorismus nichts ausgesagt, sie ist gewissermaßen neutral. Auch das Gewissen ist weiter nichts als ein konditionierter Reflex. Es gibt weder gutes noch böses, sondern lediglich angepasstes oder unangepasstes Verhalten. Wo aber der Mensch nur als Bündel von Konditionierungen verstanden wird, da ist er prinzipiell «machbar», wenn auch innerhalb des Rahmens seiner konstitutionellen Voraussetzungen. Folgerichtig konnte *B. F. Skinner,* einer der berühmtesten Vertreter dieser Richtung, in seinen Büchern «Walden Two» (1948) und «Jenseits von Freiheit und Würde» (1973) das

Programm einer Gesellschaft entwerfen, die durch eine totale psychologische Kontrolle «befriedet» ist.

Schon der Begründer des Behaviorismus, *J. B. Watson*, brachte die Überzeugung zum Ausdruck, dass er jederzeit aus gesunden Kleinkindern ohne Rücksicht auf deren Anlagen und Neigungen durch eine geeignete Auswahl von Umwelteinflüssen je nach Wunsch Ärzte, Advokaten, Künstler, Kaufleute oder auch Landstreicher und Diebe machen könne. Sicher würden sich moderne Behavioristen um einiges bescheidener geben.

Ebenso wie vom Materialismus ist das behavioristische Menschenbild auch vom *Evolutionismus* geprägt. Auf Grund dieser Tatsache stellt es für den Behavioristen auch kein großes Problem dar, Ergebnisse aus Tierexperimenten auf Menschen zu übertragen. Es muss allerdings fairerweise gesagt werden, dass auch unter Psychologen diese unreflektierte Forschungsmethodik in Frage gestellt wird und schon als «Rattenebenbildlichkeit des Menschen» glossiert worden ist. Selbst ein entschieden marxistischer Psychologe wie *Holzkamp* sah die Fragwürdigkeit solcher Forschung «in dem Mangel an Reflexion darüber, dass etwa Ratten Organismen 'sind', während sich Menschen im Experiment nur verabredungsgemäß wie Organismen verhalten».[9]

Humanistische Psychologie. Im Jahre 1962 «forderte Abraham Maslow die Gründung einer Organisation, die das repräsentieren sollte, was er die 'dritte Kraft' nannte, ein psychologisches Denken, das sich sowohl von der Psychoanalyse als auch vom Behaviorismus unterschied».[10] Die Humanistische Psychologie versteht sich seither als oppositionelle Bewegung gegen die reduzierte Humanität des Menschen in der naturwissenschaftlich orientierten Psychologie. Sie möchte zu einer «Rehumanisierung» der Psychologie beitragen, indem sie den geisteswissenschaftlichen Ansatz wiederbelebt und die ganzheitliche Sicht vom Menschen betont.

Dabei lässt sie sich von einem Anthropozentrismus leiten und verfolgt das alte Anliegen des Humanismus: Sie möchte den Menschen einerseits davor bewahren, dass er sich zu untermenschlichen Zwecken missbrauchen lässt, anderseits aber auch davor, dass er sich übermenschlichen Mächten und Wahrheiten unterwirft. Jeder Gottglaube wird letztlich als Einschränkung der Humanität des Menschen gesehen, weil er damit seine Autonomie preisgibt. Somit ist die Grundlage der Humanistischen Psychologie eine *materialistische Philosophie,* die sich ausschließlich mit den immanenten und sichtbaren Bezügen befasst.

Anders als die Psychoanalytiker und Behavioristen formulieren humanistische Psychologen *keinen strengen Determinismus,* sondern billigen dem Menschen ein gewisses Maß an Entscheidungsfreiheit zu, obschon sie den Einfluss der Umwelt sehr hoch einschätzen. Dennoch ist er grundsätzlich dazu fähig, seine «inhärenten Möglichkeiten» zu verwirklichen (Selbstverwirklichung).

Während Psychoanalyse und Behaviorismus mehr von einem biologischen Darwinismus ausgehen, ist die Humanistische Psychologie von einem *Sozialdarwinismus* geprägt. Man denke nur an die Bedürfnishierarchie von *Abraham Maslow,* deren höchstes Ziel, die Selbstverwirklichung, eben nur von wenigen privilegierten Menschen erreicht werden kann, weil der Normalbürger täglich um Nahrung, Wohnung und Arbeit kämpfen muss. Der deutsche Psychologe *Carl F. Graumann* legt mit warnenden Worten den Finger auf diese wunde Stelle: «Die Gefahr liegt nun darin, dass in unserer Zeit ein solcher Humanismus inhuman wird, indem er die Mehrheit von 'weniger entwickelten' Menschen eventuell als 'weniger menschlich' ansieht, weil ihre ökonomische, soziale oder ethnische Situation ihnen keine Chance gibt, die 'menschlichen Fähigkeiten und Potentiale' herauszubilden, die das Hauptinteresse der Humanistischen Psychologie sind.»[11]

Immerhin weiß sich die Humanistische Psychologie dem hehren Grundpostulat des Philosophen *Jean Jacques Rousseau* verpflichtet, nämlich *dass der Mensch von Natur aus gut sei.*

Darüber hinaus schöpft sie aus existentialphilosophischen Quellen. So hofft sie, «dass ihr tiefer Glaube an die Fähigkeit des einzelnen Menschen, Sinn aus dem Absurden heraus zu schaffen, im Leben der Gegenwart eine positive Kraft darstellen kann».[12] Die Fähigkeit der Humanistischen Psychologie, im Absurden Sinn zu finden, ist geradezu phänomenal. So vermag sie trotz der Annahme, dass der Mensch ein Zufallsprodukt vergänglicher Materie ist, zu einer soteriologischen Hoffnung vorzudringen.

Das Menschenbild der Seelsorge

In der Bibel hat uns Gott Herkunft, Bedeutung und Ziel des menschlichen Lebens geoffenbart, aber auch Einblick in den Aufbau und die Grundstruktur der menschlichen Persönlichkeit gegeben. Diese Offenbarung vermittelt uns ein Menschenbild, das sich von den oben diskutierten anthropologischen Annahmen psychotherapeutischer Schulen fundamental unterscheidet.[13]

Es wird uns zunächst einmal gezeigt, dass der Mensch ein Geschöpf Gottes ist, geschaffen im Bilde Gottes. Er ist also keineswegs ein ausschließlich physisches Wesen, sondern mit einer unsterblichen Existenz ausgestattet. Als Gott dem aus Materie gebildeten Leib seinen Lebensatem einhauchte, «ward der Mensch eine lebendige Seele» (1. Mose 2,7b).

Die Verbindung von Geist und Leib ließ etwas Neues werden: die Seele oder Persönlichkeit des Menschen als eine Ganzheit. Die Lebensäußerungen der Seele weisen somit Wesensmerkmale des Geistes wie auch des Leibes auf, darüber hinaus aber auch solche, die erst durch die Verbindung von Geist und Leib möglich geworden sind (das Ganze ist mehr als die Summe seiner Teile). Somit ist Seele etwas, was in seinen Funktionen und Lebensäußerungen erkannt und beschrieben werden kann, dem aber keine von Leib und Geist unabhängige Existenz zukommt.

Sowohl Geist als auch Leib sind beim lebenden Menschen beseelt. Während jedoch der Geist im Tode beseelt bleibt, oder anders gesagt, die Persönlichkeit im Geist präsent bleibt, wird der Leib im Tode entseelt und zerfällt. Daher können wir nach dem Tod eines Menschen vom Leib und der Geist-Seele sprechen. Der Geist, der ins Totenreich bzw. zum HERRN geht, bleibt persönlicher Geist. Verstand, Wille, Gefühl wie auch Erinnerung sind noch vorhanden.

Die Bibel zeigt uns also eine substantielle Dichotomie (Zweiteilung) und eine funktionelle Trichotomie (Dreiteilung) des Menschen.[14] Weil die Persönlichkeit des Menschen immer Ausdruck dieser Einheit von Leib, Seele und Geist ist, sind uns der Geist wie auch der Leib des Menschen in ihren Lebensäußerungen nie «in Reinform» zugänglich, sondern immer seelisch vermittelt. Diese ganzheitliche Existenz des Menschen bleibt bis zu seinem Tod, der die Trennung von Leib und Geist darstellt, bestehend.[15]

Den unsichtbaren und immateriellen Teil der Persönlichkeit, den inneren Menschen also, nennt die Bibel «Herz». Das Herz umschließt geistig-seelische Qualitäten, die nach außen verborgen, aber vor Gott aufgedeckt sind. Auch dieser Begriff ist – wie der Begriff «Seele» – nicht substantiell, sondern funktionell zu verstehen. Das Herz ist gewissermaßen die «Kommandozentrale» des Menschen, die sowohl bewusste als auch unbewusste Anteile umschließt.[16] Hier liegt auch der Ansatzpunkt für die Seelsorge.

Damit wäre – wenn auch sehr allgemein – einiges zur Herkunft und zum Aufbau des Menschen gesagt. Doch zum Menschenbild gehören auch Aussagen über Bestimmung und Ziel menschlichen Daseins. Der Mensch war von Anfang an berufen zur Gemeinschaft mit Gott, einer Gemeinschaft, die vor allem von gegenseitiger Liebe getragen sein sollte. Als Geschöpf war er aufgerufen, seinem Schöpfer zu vertrauen, nicht aus seinen kreatürlichen Kräften heraus zu leben, sondern in selbstgewählter Abhängigkeit von Gott.

Im Sündenfall aber hat sich der Mensch für die Autonomie entschieden, was den geistlichen Tod, die Trennung von Gott zur Folge hatte. Dennoch war er nach wie vor zum Herrn über Gottes Schöpfung vorgesehen, die er in Verantwortung vor seinem Schöpfer bewahren und beherrschen sollte.

Der hohen Berufung des Menschen steht aber nun die Tatsache gegenüber, dass er ein in Sünde und Rebellion verstricktes und damit höchst erlösungsbedürftiges Wesen ist. Die eigentliche Sünde, das gestörte Gottesverhältnis, bringt es mit sich, dass das ganze Tun und Denken des Menschen gestört, ja geradezu pervertiert wird.

In dieser Situation findet sich jeder Mensch schon von seiner Geburt an vor. In seinem innersten Wesen ist er Sünder, und obschon mit der «Erbsünde» geboren, ist er doch voll verantwortlich für diesen Zustand (Röm. 5,12). Nicht die vererbten Dispositionen und auch nicht die ungünstigen Umweltfaktoren sind letzter Grund für sein Schuldigwerden, sondern die Tatsache der Trennung von Gott.

Nun ist aber Jesus Christus als Sohn Gottes an die Stelle Adams und aller Sünder getreten, er, der die gottgegebene Bestimmung des Menschen voll ausgelebt hat. In ihm ist Gottes Liebe ein für allemal in die Geschichte der Menschheit eingetreten, in ihm will er alle Menschen in seine Liebe und Vollendung hineinziehen. Wer Jesu stellvertretendes Leiden für sich persönlich in Anspruch nimmt, sich mit dem Mann am Kreuz so identifiziert, dass er weiß, dass in Jesus seine eigene Sünde gerichtet wurde, der dringt durch zum ewigen Leben.

So kann ein Mensch von neuem geboren werden, wobei die Trennung von Gott aufgehoben wird und er in eine enge Lebensgemeinschaft mit Gott in Jesus Christus eintritt. In Christus ist er eine neue Schöpfung, die Macht der Sünde ist gebrochen, eine Umgestaltung auch des Wandels ist möglich geworden. Diese Umgestaltung geschieht wachstümlich und ist nicht vom Menschen selbst machbar. Nur in Christus und durch die Kraft seiner Auferstehung kann der wiedergeborene Mensch zunehmend heil werden von dem Schaden, den seine eigene wie auch anderer Menschen Sünde in sein Leben gebracht hat.

Es zeigt sich also, dass das biblische Menschenbild den Auffassungen der erwähnten psychotherapeutischen Schulen diametral entgegensteht. Die anthropologischen Grundannahmen sind unvereinbar, und die Kluft ist so tief, dass eine Scheidung unvermeidbar ist.

Unvereinbar in der Methodologie

Die Vorgangsweise der Psychotherapie

Psychoanalyse. Eine Grundannahme der Psychoanalyse ist ja, dass unangenehmes und bedrohliches Material durch die Zensur des Ich ins Unbewusste abgeschoben (verdrängt) wird, wo es dynamisch weiterwirkt und dann in verkleideter Form, nämlich als Symptom, wieder zum Vorschein kommt. Folgerichtig muss es das Bestreben der Therapie sein, die verdrängten Inhalte ins Bewusstsein zu bringen. Dies erreicht man, indem der Patient möglichst entspannt auf einer Couch liegend und unter Ausschaltung kritischer Gedanken möglichst alles verbalisiert, was ihm einfällt (freie Assoziation).

Eine andere Möglichkeit, an solche Inhalte heranzukommen, ist der Traum, von *Freud* der «Königsweg zum Unbewussten» genannt. Da während des Schlafes die Ich-Zensur geschwächt ist, können sich im Traum verdrängte

Triebansprüche oder Erlebnisse äußern, denen das Ich bisher den Zugang zum Bewusstsein verwehrt hat. Durch Deutung dessen, was der Patient über seine Träume berichtet (und auch dessen, was er verschweigt), kann der Therapeut weitere Informationen über Verdrängtes, aber auch über die verdrängenden Kräfte erhalten. Diese Kräfte werden verstärkt, wenn die Deutung dem Patienten mitgeteilt wird, vor allem dann, wenn die Mitteilung zu einem Zeitpunkt erfolgt, wo er noch nicht einsichtsfähig ist. Damit kommt es zum Widerstand gegen die Deutung und schließlich auch zu dem Phänomen der Übertragung. Gemeint sind hiermit starke Emotionen, die von Feindseligkeit über devote Unterwerfung bis hin zu Verliebtheit (auch homoerotischer Natur) reichen. Die Übertragung wird als Wiederbelebung affektiver Einstellungen verstanden, die der Patient als Kleinkind gegenüber seinen Eltern empfunden habe. Auch diese Übertragungsgefühle werden vom Therapeuten gedeutet, indem er bewusst zu machen sucht, wo deren eigentlicher Ursprung zu suchen sei.

Was wirkt dabei nun therapeutisch? Die theoretische Begründung der Methode liegt darin, dass durch die Deutung der in freier Assoziation geäußerten Erlebnisinhalte, Traumberichte, Widerstände und Übertragungen dem Patienten die Chance gegeben wird, vielleicht schon seit Jahrzehnten im Unbewussten rumorendes und krankmachendes Material ins Bewusstsein zu lassen, noch einmal zu durchleben und es so zu verarbeiten, dass es fortan kein Unheil mehr anrichten kann.

Natürlich erfolgt die Deutung dieses Materials, ja schon dessen Auswahl, auf der Grundlage der psychoanalytischen Theorie. Solche Deutungen klingen manchmal für den gesunden Menschenverstand sehr abwegig und weithergeholt, vor allem, wenn nahezu alles auf den Faktor «Sexualität» reduziert wird. Manches, was vom Analytiker als bedeutungsschwerer Widerstand gesehen wird, ist wohl nichts anderes als eine gesunde Ablehnung realitätsferner Unterstellungen. Nun ist es allerdings so, dass der Psychoanalytiker mit seinen «post-hoc»-Interpretationen immer Recht hat. Was man im Nachhinein interpretieren kann, wird als Bestätigung der eigenen Glaubenslehre verbucht. Salopp gesagt: Man findet immer die Ostereier, die man zuvor selbst versteckt hat.

Die empirische Evidenz für die analytische Lehre ist äußerst dürftig. Vor allem Freuds Phasenmodell von der psychosexuellen Entwicklung des Kindes konnte durch Langzeitstudien widerlegt werden. Somit bewegen sich die aus diesem Modell abgeleiteten Deutungen auf dem Irrweg einer verfehlten Neurosenlehre.

Auch der empirische Nachweis für die Wirksamkeit der Therapie ist bis heute nicht gelungen. Die Psychoanalytiker selbst haben sich dieser Forderung weitgehend entzogen. Wo dagegen – meist von Verhaltenspsychologen – Erfolgskontrollen durchgeführt wurden, verliefen sie für die Psychoanalyse äußerst negativ. Die schon 1952 von dem britischen Psychologen *Hans Jürgen Eysenck* aufgestellte Behauptung völliger Ineffektivität, ja teilweiser Schädlichkeit der Analyse hat sich in neueren Untersuchungen bestätigt. Die Besserungsquote bei analytisch behandelten Patienten hält sich etwa in der gleichen Höhe wie die der nicht behandelten. Bei Neurotikern gibt es im Laufe von zwei Jahren auch ohne Therapie ca. 40% spontane Remissionen (Besserungen).

Der Psychologe *J. C. Brengelmann* vom Max-Planck-Institut für Psychiatrie in München sagt daher mit Recht: «Die gesamte psychoanalytische Theorie müsste experimentell überprüft werden, bevor man ihrer Anwendung zustimmen könnte. Dies ist jedenfalls der Anspruch, den die Wissenschaft an jede Therapieform stellen muss, und diesem Anspruch wird man sich nicht mehr lange entziehen können.»[17]

Behaviorismus. Aus der behavioristischen Psychologie heraus wurde die sogenannte «Verhaltenstherapie» entwickelt. Es handelt sich hier allerdings nicht um eine in sich geschlossene Therapieform, wie es die Psychoanalyse darstellt, sondern um einen Sammelbegriff für eine Vielzahl von therapeutischen Techniken.

Da gibt es die Systematische Desensibilisierung, die zum Abbau von Ängsten und Phobien verwendet wird, die Verhaltensformung (shaping) durch operante Konditionierung, die Implosionstherapie, soziale Trainingsverfahren (z. B. Selbstsicherheits-Training), Selbstkontrollverfahren, Aversionstherapien, Biofeedbackverfahren und in neuerer Zeit vor allem kognitive Methoden (Selbstverbalisationsmethoden, mentales Training etc.).

Es ist klar, dass es in diesem Rahmen nicht möglich ist, auf die einzelnen Methoden einzugehen. Gemeinsam ist allen verhaltenstherapeutischen Techniken, dass sie Symptome als unangepasste Reaktionen ansehen, als Resultat falschen Lernens. Die persönliche Lebensgeschichte wird als weitgehend irrelevant betrachtet, weil es nur um in der Gegenwart vorhandene (oder fehlende) Gewohnheiten geht. Solche Gewohnheiten gilt es durch gezielte Vermittlung von Lernerfahrungen auf- oder abzubauen.

Hans Jürgen Eysenck schreibt: «Die Lerntheorie unterstellt keinerlei 'unbewusste' Ursachen, sondern betrachtet neurotische Symptome einfach als erlernte Gewohnheiten. Es gibt keine Neurose, die dem Symptom zugrunde liegt, sondern nur das Symptom selbst. *Man beseitige das Symptom, und man hat die Neurose zum Verschwinden gebracht!*»[18]

Es ist klar, dass in eine solche Sichtweise Fragen nach Schuld und Verantwortung schwer einzuordnen sind. Fehlverhalten ist ja nichts anderes als die Folge eines ungünstig verlaufenen Lernvorganges. Es stellt sich hier die Frage, ob ein äußerlich angepasstes und antrainiertes Verhalten auch als ethisch wertvoll einzustufen ist.

Überhaupt ist die Verhaltenstherapie keineswegs ethisch so neutral, wie es zunächst den Anschein hat. Nehmen wir beispielsweise die Implosionstherapie (auch Überflutungstherapie), die auf dem Prinzip beruht, dass Ängste ihre Bedrohlichkeit verlieren, wenn man lange und oft genug damit konfrontiert wird, sie neu durchlebt. Dazu wird der Patient immer wieder aufgefordert, sich die angstauslösenden Situationen vorzustellen. Sie werden ihm durch den Therapeuten bis ins Einzelne beschrieben und sehr plastisch vor Augen gemalt.

Als Beispiel soll die Beschreibung einer solchen Therapie durch deren Begründer, *Thomas G. Stampfl*, dienen: «Ich forderte Leonard auf, sich vorzustellen, ihm würde als Kind beigebracht werden, auf der runden Öffnung einer Latrine Platz zu nehmen. Die Eltern würden dabeistehen und alles, was er falsch machte, bestrafen. 'Stellen Sie sich vor, Sie rutschen durch den Sitz und plumpsen in die dunkle Brühe unter Ihnen.' ... Ich forderte Leonard weiter auf, sich vorzustellen, dass er mit Armen und Beinen in der stinkenden Dunkelheit der Exkremente rudere und immer wieder von neuen Ausscheidungen von Leuten, die diese Latrine benutzen, getroffen werde.»[19]

Wenn sich hier schon ernste Fragen aufwerfen, dann noch mehr hinsichtlich des therapeutischen Vorgehens in einem anderen Fallbeispiel. Der Psychotiker Arnold soll sich vorstellen, wie er mit dem Luftgewehr auf Vögel schießt, dass er von bösartigen, teuflischen Spinnen gefangengenommen und gedemütigt wird (die Spinne ist ein Symbol für die Mutter), sich dann von ihnen losreißt, um sie schließlich zu töten. «Bei späteren Sitzungen dann ließ ich die Personen aus Arnolds Leben auftreten: seine Mutter, seine Verwandten, die Kumpel aus seiner Jugendzeit, die ihn verspottet hatten. Arnold musste sie alle beschimpfen und in seiner Einbildung physisch attackieren. Er musste sich blutige Tode für sie vorstellen. Ich gab ihm diese Übungen auch als Hausarbeiten auf.»[20]

Wir meinen, dass sich hier jeder Kommentar erübrigt. Jesus Christus sagt dazu: «Wer mit seinem Bruder zürnt, der ist des Gerichts schuldig» und «Wer eine Frau ansieht, ihrer zu begehren, der hat schon mit ihr die Ehe gebrochen in seinem Herzen» (Matth. 5,22.28). Auch in unseren Gedanken und Vorstellungen können wir uns schuldig machen!

Anerkannt werden muss allerdings, dass die verhaltenstherapeutischen Techniken einer strengen empirischen Überprüfung unterzogen werden. In einer Vielzahl von Untersuchungen zur Effektivitätskontrolle konnte die Wirksamkeit der meisten Techniken, wenn auch in unterschiedlichem Maße, nachgewiesen werden. «Wirksamkeit» ist dabei natürlich auf die Therapieziele bezogen, die im Vergleich zu humanistischen Methoden relativ bescheiden sind.

Humanistische Psychologie. Es ist äußerst schwierig, von einer Vorgangsweise der Therapien zu sprechen, die sich unter dem Dach der Humanistischen Psychologie tummeln. Dies wäre selbst in einem eigenen Buch nur unzureichend möglich, da es sich um eine schillernde Vielfalt an Therapieformen und Pseudotherapien handelt. Am meisten anerkannt und auch empirisch am besten abgesichert scheint uns die «Klientenzentrierte Gesprächspsychotherapie» zu sein, die wir daher stellvertretend darstellen wollen.

Die von dem amerikanischen Psychologen *Carl R. Rogers* begründete Gesprächspsychotherapie stellt die Klienten in den Mittelpunkt der psychologischen Behandlung. Der Therapeut bemüht sich durch eine bestimmte Gesprächstechnik, die eigene Aktivität und Initiative des Klienten zur Lösung seiner Probleme zu fördern. Dabei wird der Klient als selbständige Person akzeptiert und ein möglichst geringes Abhängigkeitsverhältnis angestrebt (keine Couch, keine «Expertenrolle» des Therapeuten durch Interpretationen, Deuten von Träumen oder Assoziationen).

Der Schwerpunkt des Vorgehens liegt darin, dem Klienten zur Klärung seiner gegenwärtig empfundenen Gefühle zu verhelfen. Die Zentrierung des Gesprächs auf die Gefühle des Klienten fördert bei diesem die Bereitschaft und Fähigkeit zur Selbstexploration (Erforschung des eigenen Gefühlslebens), was als wesentliche Voraussetzung für das Gelingen der Therapie angesehen wird.

Der Therapeut hat vor allem auf die Erfüllung von drei Bedingungen zu achten: 1. *Positive Wertschätzung und emotionale Wärme* zu vermitteln; 2. *auf Verbalisierung emotionaler Erlebnisinhalte* zu achten, d. h. der Therapeut greift die Äußerungen mit persönlich-emotionalen Inhalten auf und verbalisiert sie so, wie er sie verstanden hat; 3. den Eindruck von *Echtheit* zu vermitteln. Durch besseres Kennenlernen seiner Gefühle sollen sich dem Klienten Wege erschließen, wie er mit seinen Problemen selbst fertigwerden kann.

Zum besseren Verständnis möchte ich auf jede dieser drei Variablen noch einmal kritisch eingehen.

Positive Wertschätzung: Der Klient soll in der Therapie das erfahren, was er bei seinen primären Bezugspersonen (den Eltern z. B.) vermissen musste, nämlich dass er voll und ganz angenommen ist. Das schließt jegliche Infragestellung seiner Einstellungen und seines Verhaltens aus. Die positive Wertschätzung oder auch «emotionale Wärme» ist eine Variable, die man in der Ausbildung einübt. Anhand eines Tonträgers oder Videos wird sie anschließend in einer Skala eingeschätzt.

Allerdings lassen sich Wertschätzung und Wärme nicht üben oder irgendwie «machen». Die Forderung, dass der Therapeut durchgängig Akzeptanz zum Ausdruck bringen soll, kann zudem einen für Christen unerwünschten Nebeneffekt haben. Wohl erleichtert er damit dem Klienten den Zugang zu abgelehnten Teilen seines Selbst. Da aber keine Korrektur erfolgt und er sich gerade darin akzeptiert fühlt, findet er sich mit diesen Aspekten ab. Er erfährt Akzeptanz als Absolution und bleibt somit dem Negativen verhaftet. *Rogers,* der ja zunächst Theologie studiert hat, dann auf Psychologie umgeschwenkt ist, hat diese Variable auch «agape» genannt. Als Christen wissen wir, dass «agape» die göttliche Liebe ist. Mit göttlicher Liebe hat aber diese therapeutische Technik wohl nichts zu tun. Die Agape-Liebe freut sich nämlich der Wahrheit (1. Kor. 13,6). In der Bibel sehen wir, dass Liebe und Wahrheit untrennbar miteinander verbunden sind. Liebe ohne Wahrheit ist letztlich nichts anderes als Gefühlsduselei. Da war der König Salomo wesentlich nüchterner als *Rogers:* «Wer einen Menschen zurechtweist, findet letztlich mehr Gunst als einer, der mit der Zunge schmeichelt» (Spr. 28,23). Der Seelsorger muss daher deutlich unterscheiden zwischen der Person und ihrem Verhalten. Seine Akzeptanz darf nur der Person gelten, während er sündiges Verhalten beim Namen nennen muss. Das muss zwar nicht sofort geschehen, darf aber auch nicht ausbleiben.

Verbalisierung emotionaler Erlebnisinhalte: Der Therapeut soll versuchen, das von den Klientenäußerungen zu erfassen, was dessen Gefühle anspricht und es in ähnlicher, aber etwas präziserer Form wiedergeben. Man spricht vom Spiegeln, aber es ist mehr als ein bloßes Spiegeln. Es geht darum, die emotionalen Erlebnisinhalte des Gesagten so zu verbalisieren, dass der Klient sich verstanden fühlt und darin bestärkt wird, weiter über diese Gefühle zu reden. Dadurch soll er eine zunehmende Einsicht in sein inneres Erleben gewinnen, die ihm dann auch die richtigen Entscheidungen ermöglicht. Zur Begründung wird angeführt, man könne schließlich nicht wissen, was für den andern richtig sei. Was für mich richtig ist, muss nicht zwangsläufig auch für den andern richtig sein. Alles ist relativ. Selbst wenn ein Klient unmoralische Handlungen beschreibt und zum Ausdruck bringt, dass er diesbezüglich Gewissensnöte hat, wird er vom Therapeuten keine Antwort erhalten, die ihm Orientierung vermittelt.[21] Direkte Fragen werden mit leicht variierter Formulierung zurückgegeben. Rat und Korrektur durch den Therapeuten werden absolut vermieden. Durch die Verbalisierung emotionaler Erlebnisinhalte wird der Klient (via operanter Konditionierung) mehr und mehr dahin manipuliert, dass er, ohne es recht zu merken, fast nur noch von seinen Gefühlen redet. Diese starke Zentrierung auf die Gefühle ist aber negativ zu werten, weil die Ratio dabei zu kurz kommt. Dem Klienten wird die falsche Vorstellung vermittelt, man müsse erst die rechten Gefühle haben, um dann auch recht handeln zu können. Durch das einseitige Eingehen auf den Gefühlsaspekt wird zudem der Klient vom Therapeuten nicht ganzheitlich erfasst und letztlich nicht ernst genommen. Fragen des Klienten oder verständliche (wenn auch verfrühte) Bitten um Rat werden vom Therapeuten ja zurückgewiesen, da er sie grundsätzlich mit Gegenfragen nach dem Selbstoffenbarungsaspekt der Klientenäußerung beantwortet. Der Klient wird sich auf die Dauer nicht wirklich angenommen wissen können. Somit bleibt die Forderung nach positiver Wertschätzung schon allein aufgrund dieser Kommunikationstechnik unerfüllt.

Echtheit: Echtheit heisst, dass der Klient den Eindruck haben sollte, dass das, was der Psychotherapeut sagt und vermittelt, mit seiner Person kongruent ist, stimmig ist, dass er nicht heuchelt. Das hat mit Charakter zu tun, mit Aufrichtigkeit und Offenheit. Es ist nun aber geradezu eine paradoxe Handlungsaufforderung, wenn man Echtheit zu etwas macht, was der Therapeut durch sein Verhalten zu vermitteln habe. Wird Echtheit eingeübt, zur Psychotechnik gemacht, dann mutiert sie unversehens zum genauen Gegenteil, nämlich zur Heuchelei: Je echter ein Therapeut sein möchte, desto unechter, ja fassadenhafter wirkt er. Für einen Christen sollte es eigentlich selbstverständlich sein, dass er dem anderen echt und mit unverfälschter Liebe begegnet (1. Petr. 1,22). Dabei wird er ihn in seiner Person ernst nehmen und in Demut höher achten als sich selbst (Phil. 2,3) und viel Mühe darauf verwenden, sich in ihn recht einzufühlen.

Während sich der ideologische Einfluss bei der Gesprächspsychotherapie vielleicht gerade noch im ethisch vertretbaren Rahmen hält, geht er bei andern humanistischen Methoden wie der Urschrei-Therapie (Primär-Therapie) von *Janov*, der Bioenergetic *(Keleman:* «Wir haben keinen Körper, wir sind Körper!»), bei den diversen Sensitivity- und Marathon-Gruppen[22] oder all den neueren fast exotisch anmutenden Gruppentherapien schon entschieden darüber hinaus. Auch die Rehabilitation von Hypnose und Astrologie wäre hier zu nennen. Die Humanistische Psychologie, die man die «Dritte Kraft» nennt (nach Psychoanalyse und Behaviorismus), hat in folgerichtiger Konsequenz ihrer Vergötzung des Menschen nun die «Transpersonale Psychologie» (die «Vierte Kraft») hervorgebracht. Nunmehr werden okkulte und esoterische Praktiken (die Bibel nennt das Abgötterei) mit einem pseudowissenschaftlichen Glanz versehen und dem Menschen als Lebenshilfe angeboten. Das Ganze lässt sich unter dem Begriff «Human Potential Bewegung» fassen, die nichts anderes als der psychologische Zweig der New-Age-Bewegung darstellt.

Die Vorgangsweise der Seelsorge

Seelsorgerliches Handeln hat ein breites Spektrum. Es bedeutet zunächst: zuhören, einfühlen, verstehen, ermutigen, Hoffnung vermitteln, Vergebung zusprechen, trösten, aber auch ermahnen, zurechtweisen, verwarnen, herausfordern, konfrontieren. Das Ziel der Seelsorge ist es, den andern in eine enge und gesunde Gottesbeziehung zu führen. Je klarer sein Leben Christus untergeordnet und hingegeben ist, desto mehr wird er auch in seiner Psyche gesunden. Normale Gemeindeseelsorge wird nicht nur «konsultativ» sein in dem Sinne, dass die Initiative von dem Ratsuchenden ausgeht. Oft wird es auch so sein, dass der Seelsorger den Ratsuchenden anspricht. Seelsorge hat ein viel weiteres Anwendungsfeld als Psychotherapie. Sie vollzieht sich nicht nur im vorher terminierten Gespräch unter vier Augen. Sie ist schon das kurze Wort der Ermutigung, die in Liebe ausgesprochene Ermahnung, das gemeinsame Gebet, ein Wort Gottes zur rechten Zeit, ein kurzes Gespräch nach dem Bibelabend, ein Lob, ein Dankeschön – ja, auch eine konkrete praktische Hilfeleistung.

Die Vorgangsweise der Seelsorge[23] lässt sich nicht ganz so einfach darstellen wie die der verschiedenen psychotherapeutischen Schulen, da es keine geschlossene Methodik gibt, jedenfalls nicht in der Bibel. Dennoch gibt uns die Bibel eine Vielzahl von Informationen darüber, wie seelsorgerliches Handeln aussehen sollte. Die Gefahr, der wir zu widerstehen haben, besteht nun darin, aus diesen Informationen eine Methode zu konstruieren, um damit die Seelsorge besser in den Griff zu bekommen und lehrfähiger zu machen.

Zunächst einmal finden wir in der Bibel verschiedene *Grundelemente seelsorgerlichen Handelns,* die immer wieder vorkommen und die sich aufgrund einer inhärenten Logik in eine Reihenfolge bringen lassen. So wird auch biblische Beratung mit einer diagnostischen Phase beginnen. Es gilt zu *erkunden,* welche Not den Ratsuchenden in die Beratung geführt hat (präsentiertes Problem). Es gilt, durch Zuhören, Fragen und Beobachten Informationen darüber einzuholen, was das eigentliche Problem ist, was zur Entstehung dieses Problems geführt hat, wodurch es aufrechterhalten wird und wie der Ratsuchende bisher damit umgegangen ist (Problemanalyse).

Welche Elemente wann und in welchem Maß angewandt werden, wird von der vorliegenden Problematik, von der Einfühlung und der Erfahrung des Seelsorgers, aber auch von der Leitung des Hl. Geistes abhängen. In 1. Thess. 5,14 schreibt Paulus: «*Wir ermahnen euch aber, Brüder: Weist die Unordentlichen zurecht, tröstet die Kleinmütigen, nehmt euch der Schwachen an, seid langmütig gegen alle!»* Um so differenziert vorgehen zu können, bedarf es natürlich einer guten und gründlichen Diagnostik. Mit einer guten Diagnose ist die Schlacht schon halb gewonnen. Eine gute Diagnose sagt mir nämlich nicht nur, was vorliegt (das würde mir noch wenig nützen), sondern auch, was zu tun ist. Sie gibt mir bereits Hinweise für die Art der Behandlung. Denn es geht ja nicht darum, den Ratsuchenden mit einem schönen Etikett zu versehen. Eine therapeutisch relevante Diagnose setzt aber biblisch-psychologische Modelle voraus.

Der Berater wird also auf der Grundlage des biblischen Menschenbilds, der biblischen und evtl. auch wissenschaftlichen Psychologie, seiner seelsorgerlichen und persönlichen Erfahrung diese Informationen einzuordnen und zu *verstehen* suchen. Das Erkunden und das Verstehen wird gewöhnlich Hand in Hand gehen. Diese diagnostische Arbeit muss sehr gründlich getan werden, wenn die weitere Beratung effektiv sein soll.

Hat der Berater die wesentlichen Zusammenhänge erkannt, so wird er nun versuchen, sie dem Ratsuchenden nahe zu bringen: Er wird ihn ermahnen.[24] Leider legt der deutsche Begriff «ermahnen» eine falsche Vorstellung nahe. Man denkt dabei primär an den erhobenen Zeigefinger. Eigentlich aber meint dieses Wort alles, was dem andern aufhilft und zurechthilft. Das kann zunächst einfach die Erläuterung unseres Verständnisses seiner Problematik sein. Das kann bedeuten, dass wir ihn seines Heils vergewissern, indem wir ihm die Gnade Gottes groß machen. Das kann heißen, dass wir ihn zur Hingabe an Christus herausfordern. Und es kann natürlich auch bedeuten, dass wir ihn mit Fehlverhalten und Sünde konfrontieren und aufzeigen, wo Verhaltensänderung am Platz wäre, d. h. ihn zurechtweisen. Zurechtweisen darf nicht mit Tadeln gleichgesetzt werden. Während man beim Tadeln das falsche Verhalten im Blick hat, geht es beim Zurechtweisen um das richtige Verhalten (zu-recht-weisen). Nicht zuletzt kann es auch einschließen, dass wir dem Ratsuchenden vor Augen führen, welche Folgen ein Verharren in sündigem Lebensstil mit sich bringen würden (verwarnen). Jesus sagte zu dem Kranken am Teich Bethesda: «Sündige nicht mehr, damit dir nicht Ärgeres widerfahre!» (Joh. 5,14). Wir sehen also: Ermahnen hat ein weites Spektrum. Die Vorgangsweise des Ermahnens kann sehr differenziert sein. Insbesondere da, wo es darum geht, eingeschliffene Denkmuster zu verändern, ist es wichtig, den Ratsuchenden behutsam an seinen Standpunkt heranzuführen, so dass er den Widerspruch seiner Denkhaltung mit der biblischen Wahrheit selbst entdecken kann. Einsichten kann man nicht aufzwingen. Wir können und sollen oft nicht mehr tun, als den Ratsuchenden auf einen Weg zu führen, den er dann aber selbst gehen muss. In Ps. 84,6 heißt es: «Glücklich ist der Mensch, dessen Stärke in dir ist, in dessen Herz gebahnte Wege sind!» Wir haben als Seelsorger die Aufgabe, im Herzen des Ratsuchenden *Wege zu bahnen für Gottes Willen*. Der Beweggrund allen Ermahnens aber muss selbstverständlich die Liebe sein.

Wenn wir den Ratsuchenden so mit der biblischen Sicht seiner Problematik konfrontiert haben, kann ihn der Heilige Geist von Schuld und auch von bislang unbewussten Gesinnungen und Strebungen überführen, ihm sein bisher falsches Denken und Verhalten aufzeigen. Wenn er all das *erkennt* und *bekennt,* wird ihm der Berater die Vergebung zusprechen können und ihn *aufrichten*.[25] Es kann nämlich durchaus sein, dass der Ratsuchende durch das Erkennen dessen, was in seinem Leben bisher falsch gelaufen ist, sehr niedergeschlagen ist und nun dazu tendiert, sich selbst zu verdammen oder zu resignieren. Neben dem Trösten ist es deshalb immer wichtig, ihm neue Hoffnung zu vermitteln.

Bevor nun der Ratsuchende aus der Beratung entlassen wird, sollten ihm konkrete Verhaltensregeln mit auf den

Weg gegeben werden, d. h. man sollte ihn *beraten* (im engeren Sinne).[26] Es gibt meist noch viele Dinge in Ordnung zu bringen, soziale Beziehungen zu klären, Korrekturen im persönlichen Bereich vorzunehmen, materielle Dinge zu regeln usw. Auf die Regeln einer biblischen Beratung kann hier nicht näher eingegangen werden. Letztlich soll unser Beraten aber dem andern konkrete Hilfestellung und Wegweisung vermitteln, so dass es ihm gelingt, das Gehörte in seinen Lebensalltag umzusetzen.

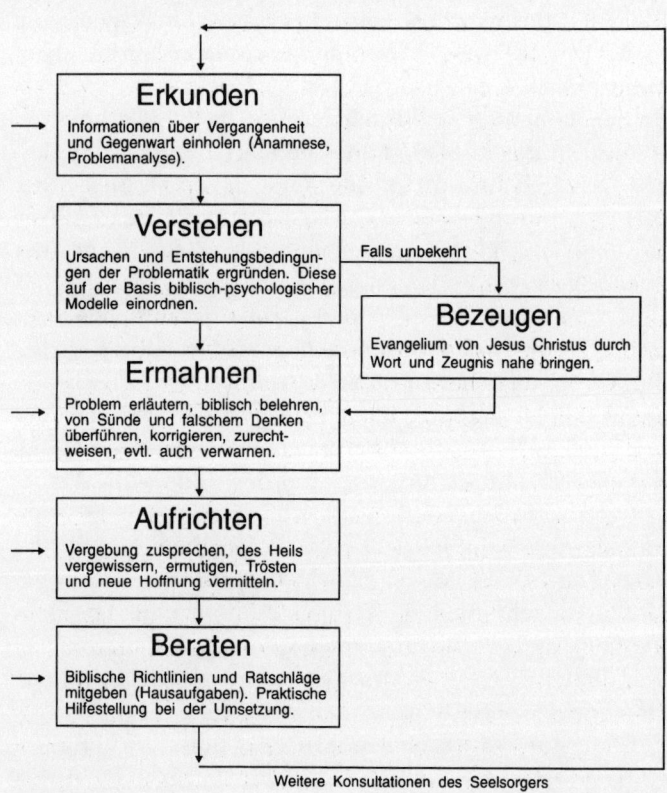

Nicht immer muss eine Seelsorge mit der diagnostischen Phase (Erkunden und Verstehen) einsetzen. Es gibt manche Situationen, wo eines der seelsorgerlichen Elemente direkt eingesetzt wird. Wenn etwa in der Gemeinde ein Bruder in jeder Bibelstunde öffentlich irgendwelche problematischen Lehrauffassungen zum Besten gibt, wird man mit ihm reden müssen und ihn zunächst auffordern, das in Zukunft bleiben zu lassen (Ermahnen). Wenn einem anderen Gemeindeglied ein geliebter Mensch durch den Tod entrissen wird, werden wir die Aufgabe haben, den Bruder bzw. die Schwester zu trösten (Aufrichten). In einem andern Fall hat jemand eine wichtige Entscheidung zu treffen und ist sich über die Entscheidungskriterien nicht klar. Hier wird es darum gehen, ihm Rat zu erteilen, indem wir ihn mit den göttlichen Gedanken zu dieser Sache konfrontieren und ihm das Pro und Contra einer Entscheidung aufzeigen (Beraten).

Bei all dem ist es sehr wichtig, dass wir den Ratsuchenden nicht nur mit dem Anspruch des Gehorsams konfrontieren, sondern ihm auch einen Weg aufzeigen, wie er Freude und Kraft zu einem gehorsamen Wandel bekommen kann. Andernfalls bringen wir ihn unter einen gesetzlichen Zwang. Vor solch fehlgeleiteter Seelsorge bewahren wir uns und den andern nur dadurch, dass wir unserem Tun eine biblische Heiligungslehre zugrunde legen und auch unser eigenes Leben danach ausrichten (siehe Kapitel 6).

Ohne das Verständnis der Tatsache, dass wir mit Christus gekreuzigt sind und das Wissen um die Notwendigkeit, das autonome Ichleben in den Tod zu geben, wird es nie zu einem fröhlichen Gehorsam kommen, und manche Bindung wird bestehen bleiben.[27] Das Fleisch, diese Hinterlassenschaft des alten Menschen, zu kreuzigen ist uns doch geboten (Gal. 5,24). Das heißt nichts anderes, als sich im Glauben auf den Boden der Tatsache zu stellen, dass unser alter Mensch tot ist (Röm. 6,11). Gleichzeitig heißt es, die neue Identität, die wir in Christus haben, zu ergreifen. Wir sind eine neue Schöpfung, wir haben das Auferstehungsleben Christi in uns, wir sind Gotteskinder, völlig gerecht und vollkommen in Ihm. Leider werden diese Tatsachen wenig gepredigt und noch weniger werden sie verstanden. So kommt es, dass die meisten Christen in Gesetzlichkeit verstrickt bleiben und von einem siegreichen Glaubensleben, das von Friede und Freude im Heiligen Geist erfüllt ist, wenig wissen.

Seelsorge ist also – wie wir sehen – ein vielschichtiger Prozess, bei dem wir uns nicht an eine vorgegebene Methode klammern können, sondern letztlich immer auf die Führung und Mitwirkung des Geistes Gottes angewiesen sind. Das Vermitteln biblischer Wahrheiten, die grundsätzlich den Weg zur Freiheit weisen, ist nicht allein Sache einer ausgefeilten Didaktik.[28] Diese Wahrheiten können bei dem Ratsuchenden nur dann zur geistlichen Erkenntnis werden und eine Veränderung in Richtung unserer Zielsetzung (Heiligung) bewirken, wenn zu unserem Zeugnis das Offenbarungswirken Gottes hinzukommt. Daher wird unser Tun oft nicht viel mehr sein können, als in dem Ratsuchenden Motivation zu wecken, sich in seiner Problematik unter Gott zu stellen und sich von Ihm an die Hand nehmen zu lassen. Es geht ja eben nicht um bloße Verhaltensmodifikation, sondern um Veränderung, die aus einem geänderten Herzenszustand erwächst, weil erst dann die Voraussetzung geschaffen ist, dass der Ratsuchende «in Neuheit des Lebens» wandeln kann (Röm. 6,4).

Hier wird der Unterschied zu jeder psychotherapeutischen Methode ganz besonders deutlich. Während bei der Psychotherapie mit Recht ein wissenschaftlicher Nachweis darüber eingefordert werden kann, dass die erfolgten Veränderungen durch methodenspezifische Faktoren erzielt wurden, hätte eine solche Forderung bei biblischer Beratung oder Seelsorge keinen Sinn. Die Erfolgskriterien müssten ja ganz anders aussehen als bei der Psychotherapie. Sie müssten sich an dem völlig anderen Ziel orientieren.

Bei biblischer Seelsorge sind zudem wissenschaftlich nicht fassbare Wirkungen im Spiel. Sie muss (im richtigen Sinne) «charismatisch» sein, indem Raum für das Gnadenwirken Gottes gelassen wird. Wären nur wissenschaftlich fassbare Wirkungen vorhanden, dann handelte es sich bestenfalls um eine biblisch verbrämte Methode, nicht aber um eine biblische Seelsorge.

Zur Veranschaulichung zeige ich im Folgenden an vier Fallstudien auf, wie man diese Probleme einordnen und grundsätzlich anzugehen hätte.[29]

Phobische Ängste. Die typischen Fehlstrategien, die Menschen einsetzen, um ihre Ängste zu bewältigen, heißen «Vermeidung», «Leugnung» und «Ablenkung». Alle diese Strategien haben gemeinsam, dass sie dem Angstobjekt direkt oder indirekt aus dem Weg gehen. Sie sind Fehlstrategien, weil durch sie die Angst einerseits konserviert und nicht selten (durch Reizgeneralisierung) noch verstärkt wird.

Deshalb heißt die einzig wirkungsvolle Strategie «Konfrontieren». Eine Konfrontation mit dem Angstobjekt ist die beste Methode, um die Angst zu besiegen. Diese Konfrontation muss allerdings gut vorbereitet sein und mit seelsorgerlicher Unterstützung verlaufen. Wer Angst vor geschlossenen Räumen hat, der muss sich in solche Räume begeben. Das kann ein harter und schweißtreibender Kampf sein, aber es bringt Erfolg.

Konfrontieren ist heute auch in der Verhaltenstherapie von Ängsten die Methode der Wahl. Wenn allerdings ein Christ das nun einfach durch Verhaltenstherapie (mittels Entspannungstraining) lernt, hat er eine wichtige Erfahrung verpasst, eine Erfahrung, die seinen Glauben reifer und intensiver gemacht und seine Beziehung zu Jesus vertieft hätte. Er hätte gelernt, dass er mit existentiellen Problemen auch ohne Gott zurechtkommt. Sein Ego wäre damit gestärkt und aufgebaut worden. Seine Neigung, in Zukunft wieder autonom, nämlich aus sich heraus und ohne die Hilfe und Kraft Gottes in Anspruch zu nehmen, ebenfalls. Jesus hat gesagt: «In der Welt habt ihr Angst, doch seid getrost, ich habe die Welt überwunden!» Also ist doch Er bei Ängsten die erste Adresse.

Die drei Superwaffen gegen die Angst sind Glaube, Liebe und Hoffnung. Alle drei Haltungen sind mit Angst inkompatibel. Deshalb gilt es in der Seelsorge diese drei Haltungen beim Ratsuchenden aufzubauen und zu fördern. Er muss begreifen und akzeptieren, dass Christus seine Sicherheit (Burg, Hort, Hirte) ist und sich vertrauensvoll an Ihn hängen. Die Konfrontation muss durch Intensivierung der Beziehung zu Jesus durch Wort und Gebet vorbereitet werden. So erfährt der Ratsuchende nicht nur eine Reduktion der Symptomatik, sondern vor allem eine Vertiefung seines Glaubens.

Endogene Depression.[30] Da endogene Depressionen nach heutiger Erkenntnis hauptsächlich mit einem Ungleichgewicht von chemischen Botenstoffen (Serotonin, Noradrenalin) zusammenhängen, wird hier zuallererst der Facharzt für Psychiatrie gefragt sein. Eine gut abgestimmte medikamentöse Therapie ist heute die wirksamste Behandlungsmethode dieser Störung.

Anderseits ist die endogene Depression multifaktoriell bedingt, d. h. dass mehrere Faktoren zusammenwirken. Neben einer vermutlich ererbten Schwachstelle im Gehirnstoffwechsel sind es auch auslösende Faktoren (Belastung durch Verlust, Stress usw.) und nicht zuletzt auch Fehlhaltungen und eine reduzierte Fähigkeit, mit solchen Belastungen umzugehen. Während der depressiven Phasen sind die Möglichkeiten des Seelsorgers begrenzt. Tröstende und aufrichtende Worte kann er dem Depressiven gegenüber gar nicht oft genug wiederholen. Er sollte sie aber der Situation anpassen, damit der Kranke sie nicht als Schablone empfindet. Je nach Zustand ist der Depressive nach und nach zu aktivieren.

Der Hauptansatzpunkt für die Seelsorge liegt außerhalb der depressiven Phase. Verdrängte Aggressionen (Bitterkeit, Groll) sind anzusprechen und zur Vergebung ist zu ermutigen. Fehlhaltungen wie Perfektionismus, überhöhte Lebensziele und falsches Denken überhaupt sind zu korrigieren. Der Seelsorger sollte sich nicht scheuen, sündige Fehlhaltungen anzusprechen. Nur wenn der andere als verantwortliche Person behandelt wird, kann er Hoffnung haben. Als Opfer unbeeinflussbarer Umstände ist es schwierig zu hoffen.

Wichtig ist es auch, dass der Ratsuchende lernt, seine Grenzen zu respektieren. Nicht zuletzt wird man auch hier auf eine Vertiefung des Glaubens hinwirken müssen. Es geht allerdings nicht um Glaube als Leistung, sondern um die Erkenntnis und Annahme der neuen Identität in Christus, völligere Hingabe an Ihn und ein befreites Leben aus der Gnade. Die Förderung eines gesetzlichen Glaubensverständnisses würde die Problematik eher verschlimmern.

Bulimie. Die Bulimie ist gekennzeichnet von einem Wechsel zwischen «Fressen» und Erbrechen. Diese Problemverhaltensweisen stellen letztlich nichts anderes als falsche Bewältigungsstrategien dar, sind also Symptome. Letztlich wurzelt die Bulimie (wie viele andere Störungen auch) in einer Identitätsproblematik. Die Betroffenen hungern im Grunde nach Anerkennung, nach Bedeutung und Sinn für ihr Leben. Eine negativ geprägte Überzeugung vom eigenen Selbstwert erzeugt eine negative affektive Grundbefindlichkeit. Die Fehlbewältigung dieser Problematik: Der seelische Hunger wird auf physische Weise befriedigt, womit bereits die Voraussetzung geschaffen ist für die Entwicklung einer Esssucht.

Die unvermeidliche Gewichtszunahme bringt in unserer Gesellschaft vor allem jungen Mädchen und Frauen

Ablehnung ein, was wiederum den Selbstwert beeinträchtigt. Hier liegt ein zunächst unlösbar scheinender Konflikt. Die innere Leere mit Essen ausfüllen und gleichzeitig schlank sein ist im Normalfall unvereinbar. Die Lösung des Konflikts wird schließlich im Erbrechen gefunden. Natürlich muss der seelsorgerliche Hauptansatzpunkt bei der inneren Leere des Ratsuchenden liegen. Es gilt deshalb auch hier, dem Betroffenen seine neue Identität in Christus klar zu machen. Nur in der Übernahme dieser neuen Identität und der Aufgabe der alten (falschen) Identität ist eine grundsätzliche Lösung zu finden. Es geht letztlich darum, dass er zunehmend seine Bedeutung und Sicherheit in Christus finden kann.

Die Symptome (sprich: Bewältigungsstrategien) sind ein weiterer, aber untergeordneter Ansatzpunkt. Eine Veränderung von Essgewohnheiten und ein Verzicht auf das Erbrechen setzen voraus, dass im Herzen eine Entscheidung gegen die Sucht getroffen wird. Eine halbherzige Bereitschaft zur Veränderung wird zum Scheitern der Seelsorge führen. In diesem Fall wäre es seelsorgerliche Aufgabe, zu einer solchen Bereitschaft zu motivieren. Eine längerfristige Begleitung des Ratsuchenden wäre in jedem Fall wünschenswert, um den Erfolg durch eine wachsende Reifung seiner Persönlichkeit und seines Glaubens zu festigen.

Wenn Christen in Sünde leben. Zunächst einmal muss der Ratsuchende begreifen, dass er nicht primär gegen die Sünde zu kämpfen hat. Diesen Kampf wird er immer wieder verlieren. Sieg über Sünde ist nicht durch Anwendung des Gesetzes zu erlangen (das Gesetz macht die Sünde noch mächtiger, Röm. 7,8–9.13).

Wir sollten uns als Christen nicht mehr als Sünder verstehen, was ja das innerste Wesen anspricht, sondern als Heilige. Wir sind Heilige, allerdings Heilige, die sündigen. Das hat damit zu tun, dass wir zwar «Teilhaber der göttlichen Natur» geworden sind, dass aber die göttliche Natur in einem Menschen wohnt, der gewohnt ist zu sündigen. Wir haben es noch mit dem Fleisch zu tun, der Wesensart des alten Menschen, der mit Christus gekreuzigt wurde und nicht mehr existent ist. Dieses Fleisch (und damit auch die «in uns wohnende Sünde») wird uns anhaften, so lange wir leben.

Ein Abbau schlechter Gewohnheiten und ein Aufbau guter Gewohnheiten ist zwar grundsätzlich wichtig, weil das einen geistlichen Wandel unterstützen kann. Der eigentliche Sieg über Sünde wird aber nicht auf diesem Weg gefunden, sondern ausschließlich am Kreuz, in der Verleugnung des autonomen Selbstlebens. Das wiederum setzt voraus, dass ich die geistliche Realität des Mitgekreuzigtseins mit Christus verstanden und im Glauben ergriffen habe. Auf diesem Boden soll ich laut Röm. 6,11 nun auch damit rechnen, dass ich der Sünde gestorben bin. Ich bin frei von der Sünde, muss mich aber dafür entscheiden, in der Freiheit zu wandeln (Gal. 5,25). Dieser Weg, mit Sünde umzugehen, ist keine Methode, die einen raschen Erfolg verspricht, sondern eher ein Prozess der Reifung und Heiligung, den es in der Seelsorge anzustoßen und in die richtige Richtung zu lenken gilt.

Unvereinbar in den Zielen

Die Ziele der Psychotherapie

Die Ziele der verschiedenen psychotherapeutischen Schulrichtungen sind in sehr unterschiedlichem Ausmaß reflektiert und formuliert worden. Die wissenschaftliche Diskussion von Zielen und Wertvorstellungen bei Therapeuten und Klienten hat eigentlich erst Ende der 70er Jahre so recht begonnen und befindet sich heute noch in den Anfängen.

Psychoanalyse. Da die Psychoanalyse eng an dem medizinisch-naturwissenschaftlichen Denkmodell orientiert war, spielte dort die Frage nach den Zielen kaum eine Rolle. Wer körperlich krank war, musste wieder gesund gemacht werden, und wer seelisch krank war, für den galt dasselbe: seine «seelische Gesundheit» war wiederherzustellen. Das Ziel war dann erreicht, wenn die krankmachenden Symptome verschwunden waren.

Dennoch kann man bei *Freud* einige – wenn auch sehr allgemein formulierte – Zielvorstellungen finden. So ging es ihm primär um die Wiederherstellung der «Liebesfähigkeit», aber auch der «Arbeits- und Genussfähigkeit». Es ist davon die Rede, dass die «Selbstachtung» des Patienten gefördert, d. h. sein Selbstwertgefühl aufgebaut werden soll.

Sehr populär geworden ist auch die Äußerung *Freuds:* «Wo Es war, soll Ich sein.» Ziel der Therapie ist es also, dass etwas Licht in das Dunkel des Unbewussten fällt, dass das Ich sich einen (wenn auch kleinen) Teil dessen, was dort verborgen ist, aktiv aneignet und unter die rationale Kontrolle des Bewusstseins bringt. Diese Zielsetzung findet ihre Bedeutung natürlich nur im Kontext der analytischen Theorie.

Somit geht der analytische Psychotherapeut also mit äußerst verschwommenen Zielen ans Werk, letztlich nur mit der Hoffnung, dass es dem Patienten nach der Therapie subjektiv besser geht. Dieser Mangel an präzisen Zielvorstellungen liegt aber sicher auch in der fast ausschließlich vergangenheitsorientierten Methodik begründet.

In der Individualpsychologie von *Alfred Adler* spielt dagegen die Verwirklichung von Lebenszielen eine geradezu entscheidende Rolle. Die Aufgabe des Therapeuten ist es sogar, aktiv bei der Suche nach solchen Zielen mitzuwirken. Das Hauptziel der Therapie ist die Entwicklung von «Gemeinschaftsgefühl» beim Klienten, also der Abbau der «ichhaften» Einstellung zugunsten einer «wirhaften». Der letztgültige Bezugspunkt für alle Wertsetzungen ist bei *Adler* also die Gemeinschaft. Von daher wäre etwa im sozialen Kontext von Kannibalen das rituelle Verspeisen von

Leichenteilen positiv zu werten! Gewiss, das Beispiel ist überzeichnet, doch es macht die Relativität und Problematik solcher Wertsetzung deutlich.

Behaviorismus. In der Verhaltenstherapie geht es vor allem um die Beseitigung störender Symptome (Ängste, unangepasstes Verhalten) oder um den Aufbau positiver Verhaltensweisen (soziale Fertigkeiten). Da die Zielbestimmung ausschließlich auf die Symptome des Patienten ausgerichtet ist, wird für jede Therapie neu festgelegt, was man in dem jeweils vorliegenden Fall erreichen möchte.

Dabei bevorzugt man Ziele mit niedrigem Abstraktionsgrad. So würde man etwa nicht das allgemeine Ziel «Angstfreiheit» ansteuern, sondern genau formulieren, in Bezug auf welche Objekte oder Situationen die Angst reduziert werden soll. Das Grobziel «soziale Kompetenz» würde etwa folgendermaßen konkretisiert werden:

«Der Patient soll lernen, emotional zu sprechen, mimisch und gestisch unverkrampft zu sein, häufig Widerspruch zu üben, Lob zu akzeptieren, Tagträume durch spontanes Agieren zu unterbrechen.»[31]

Die starke Operationalisierung der Ziele in der Verhaltenstherapie hat den Vorteil, dass eine Effektivitätskontrolle dadurch wesentlich erleichtert wird. Für den Wissenschaftler ist es «keineswegs gleichgültig, ob ein Ziel lautet: 'Errichtung reifer persönlicher Beziehungen', 'Verringerung der narzisstischen Selbstbezogenheit', 'freierer Zugang zum Unbewussten', oder ob das Ziel folgendermaßen formuliert wird: 'Der Klient soll in die Lage versetzt werden, angstfrei mit der Straßenbahn fahren zu können'.»[32]

Damit gibt der Verhaltenstherapeut zu, dass er nur «kleine Brötchen backen» kann, was aber auch ehrlicher ist. Doch der Einfluss der humanistischen Bewegung ist auch bei den Therapeuten behavioristischer Herkunft immer stärker zu spüren.

Im Kongressbericht 1982 der Deutschen Gesellschaft für Verhaltenstherapie beschreibt P. Gottwald «seine persönliche Suche nach ethischen Prinzipien zur Bewertung verhaltenstechnologischer Rationalität» und kommt zu dem Schluss, dass die Lehren des Zen-Buddhismus eine neue Grundlage liefern könnten. Bei diesen Ausführungen weist er klar darauf hin, dass Zen eine Form der Religion ist und dass Zen als religiöse Grundhaltung vor ihm bereits zahlreiche andere Psychotherapeuten angesprochen hat, wie Jung, Adler, Fromm, Rogers und Perls.[33]

Im Jahre 1984 hatte dieser Kongress das Leitthema «Wege aus der Krise», wo es in einem speziellen Themenblock um die «Suche nach neuen Lebenskonzepten» ging. Die dort behandelten Themen sprechen für sich: «Utopien: Wege zu einem besseren Leben», «Daseinsentwürfe, Glück und Gesundheit», «Die Hälfte des Himmels». Dem Guru Ma Latifa aus der inzwischen aufgeflogenen Bhagwansekte oblag es, zum Thema «Meditation und Therapie» zu sprechen.[34]

Wir sehen, dass die weltanschaulich scheinbar so neutrale Verhaltenstherapie – wie überhaupt die gesamte Psychotherapie – immer mehr in das Fahrwasser derer gerät, die in der Therapie das Heil suchen und zu vermitteln vorgeben. Es ist eben doch schwer, mit den kleinen Brötchen zu leben.

Humanistische Psychologie. Differenzierter als in der Psychoanalyse und allgemeiner als in der Verhaltenstherapie, werden in den humanistischen Therapien die Ziele formuliert. Das globale Ziel in der Gesprächspsychotherapie ist es, die inhärenten «guten» Möglichkeiten im Klienten so anzuregen, dass Selbstheilungskräfte mobilisiert werden. Im Einzelnen führt R. Bastine folgende Ziele auf:

«1. Verstärkte Akzeptierung der eigenen Person und der eigenen Schwächen; 2. Größere emotionale Sicherheit, Zufriedenheit, Ausgeglichenheit, Entspanntheit; 3. Größere innere Freiheit; 4. Weniger Ängste; 5. Verstärkte Selbständigkeit, Unabhängigkeit und Initiative; 6. Größere Flexibilität im Denken und Verhalten.»[35]

Noch um einiges prätentiöser sind die fast visionären Ziele, die Rogers für die Encounter-Gruppen beschreibt. Sie sollen Konflikte und Probleme in folgenden sozialen Bereichen lösen helfen: Industrie, Kirchen, Regierungen, Familien, Erziehungsinstitutionen. Sie sollen die Generationenkluft mindern, die Rassenbeziehungen verbessern und internationale Spannungen abbauen helfen![36]

Allen gemeinsam ist wohl das Endziel der «Selbstverwirklichung». Was man darunter zu verstehen hat, hat Fritz Perls, der Begründer der Gestalttherapie, in seinem sog. «Gestaltgebet» formuliert: «Ich bin ich, und Du bist Du. Ich bin nicht auf dieser Welt, um nach Deinen Erwartungen zu leben, und Du nicht, um meine zu erfüllen. Ich bin ich, und Du bist Du, und wenn es der Zufall will, dass wir uns treffen, ist's wunderbar. Wenn nicht, kann man nichts machen.»

Die Gefahr, dass dieses hehre Ziel in bloßen Egoismus abgleitet, hat schon der Begründer der Selbstverwirklichungspsychologie, Abraham Maslow, gesehen. Tatsächlich ist der von ihm so glorifizierte Typ des «Selbstverwirklichers» noch nirgendwo gesehen worden. Stattdessen findet man im Umfeld von humanistisch Therapierten umso mehr Leute, die sich offensichtlich auf dem Egotrip befinden.

Jourard schreibt:

«Ich bin zahlreichen Leuten begegnet, die ich als T-Gruppen-Nomaden oder Encountergruppen-Bluthunde bezeichnen möchte – Leute, die in eine Stadt oder Gegend kommen, die Nase in die Luft stecken und sagen: 'Da muss doch irgendwo eine Encountergruppe sein', und sie spüren sie auf. Sind sie einmal drin, dann schreien und fluchen sie, fassen Leute an, bestehen darauf, ... dass man endlich zum Handfesten und

Hautnahen komme, und zwar hier und jetzt; dann gehen sie heim, mit angenehmen Erinnerungen, als Routiniers mit einer kosmetischen Existenz.»[37]

Die Ziele aller psychologischen Schulrichtungen haben eines gemeinsam: Sie gründen sich auf die schwankende Basis relativer Bezugssysteme. Maß aller Dinge ist der Mensch, und da der Mensch und seine Kultur Veränderungen unterworfen sind, sind es auch seine ethischen Grundvorstellungen. Der Schweizer Psychiater *Jörg Willi* macht deutlich, dass im Hinblick darauf, was man unter dem Therapieziel «reife Liebesfähigkeit» zu verstehen habe, im Laufe der letzten Jahrzehnte ein deutlicher Wandel eingetreten sei. Wurde es von Psychoanalytikern früher «weitgehend mit dauerhaften und ausschließlichen Sexualbeziehungen zu einem Partner gleichgesetzt und Abweichungen als Unfähigkeit zu konstanten Objektbeziehungen angesehen, werde jetzt dieses Verhalten nicht mehr unbedingt als Zeichen 'psychischer Gesundheit' angesehen.»[38]

Dieses Beispiel weist auch auf die Fragwürdigkeit des medizinischen Krankheitsbegriffs in der Psychotherapie hin. Man hat längst gemerkt, dass im Bereich der Seele überhaupt nicht eindeutig zu definieren ist, was «gesund» und was «krank» sein soll, da diese Begriffe ebenso wie die Begriffspolarität «normal-abnorm» stark von den wechselnden Wertvorstellungen einer Gesellschaft abhängig sind.[39]

Als «krank» oder «abnorm» wird jemand dann eingestuft, wenn er vom statistischen Durchschnitt abweicht (objektives Kriterium), wenn er einen Leidensdruck empfindet (subjektives Kriterium), und wenn sein Zustand in seiner Kultur unüblich ist (soziokulturelles Kriterium). Man glaubt, durch das Zusammenfassen dieser drei Kriterien die Problematik der Relativität des Normbegriffs auf ein erträgliches Maß eingrenzen zu können. Doch das ist ein

Irrtum: Die bloße Summation relativer Maßstäbe bringt uns einem absoluten Maßstab keinen Schritt näher!

Schließlich dürfen wir auch nicht übersehen, dass die jeweiligen Werte und Zielvorstellungen des Therapeuten, seien sie explizit formuliert oder nur implizit vorhanden, einen unvermeidlichen Einfluss auf die Wertsetzungen des Klienten haben. Diese vom Klienten meist nicht bemerkte Einstellungsänderung in Richtung auf die theoretischen Grundannahmen der therapeutischen Schule, nach deren Methode er behandelt wurde, ist in verschiedenen Untersuchungen nachgewiesen worden. *Petra Halder-Sinn* führt einige solcher Untersuchungen auf und fasst folgendermaßen zusammen:

> «Soweit bisher Ergebnisse über diese qualitativen Veränderungen vorliegen, zeigen sie Übereinstimmung zwischen den Sichtweisen der Patienten und den jeweiligen theoretischen Grundannahmen der Therapieschulen und wahrscheinlich auch mit der Einstellung und Betrachtungsweise des jeweiligen Therapeuten.»[40]

Wegen der Relativität der zugrunde liegenden Normen ergeben sich daraus grundsätzliche ethische Fragen, denen der Psychotherapeut nicht ausweichen sollte, nämlich «wie mit diesem 'erzieherischen' Einfluss der Psychotherapie weiterhin umgegangen werden soll. Welcher Sichtweise seiner Lebensumstände soll für welchen Patienten und vor allem warum der Vorzug gegeben werden?»[41]

Die Ziele der Seelsorge
Für den Christen, der sich an den in der Bibel gegebenen Wertmaßstäben orientiert, ist eine Einordnung des Menschen im Blick auf seinen psychischen Zustand als «krank» oder «abnorm» ohnehin nicht angemessen. Alle weichen wir aufgrund des zerstörerischen Einflusses der Sünde mehr oder weniger von dem ab, was in Gottes Augen «gesund» oder «normal» ist.

Normal ist bei Gott nur das, was Seiner Norm entspricht. In diesem Sinne kann nur Jesus Christus als «normal» bezeichnet werden! Für den Gottlosen gilt das Urteil aus Römer 3,23: «Denn es ist hier kein Unterschied: sie sind allzumal Sünder und mangeln des Ruhmes, den sie bei Gott haben sollten.» Hat er aber das Heil in Christus erlangt, so ist er von Stund an heilig, gerecht und vollkommen. Gott findet an einem solchen Menschen keinen Makel mehr, auch wenn sein irdisches Sein noch sehr weit von dieser Vollkommenheit entfernt sein mag.

Das herausragende und letztgültige Ziel eines Christen und damit auch der Seelsorge muss es also sein, Jesus Christus, dessen Leben er ja in sich trägt, auch in seinem äußern Wesen immer ähnlicher zu werden. Vermutlich kommen nur wenige Christen mit dieser Zielvorstellung in die Beratung. Viel eher wird es ihnen darum gehen, ihre Probleme und Symptome loszuwerden und zu seelischem Wohlbefinden zu gelangen. Sie wollen ganz einfach glücklich sein.

Doch dieses Ziel ist schlicht zu kurz gegriffen. *Lawrence J. Crabb* bezeichnet es ganz richtig als ein Nebenprodukt:

> «Das Ziel, glücklich werden zu wollen, ist immer trügerisch, ganz gleich, mit welchen Mitteln ich es zu erreichen suche. Doch das Nebenprodukt, glücklich zu sein, steht all denen zur Verfügung, deren Ziel es ist, in jedem Augenblick Gott wohlgefällig zu leben.»[42]

Und den Seelsorger warnt *Crabb* ganz klar davor, sich auf solche Zielsetzungen einzulassen.

> «Gläubige Therapeuten müssen ein Gespür dafür haben, wie tief die Selbstsucht in unserer menschlichen Natur verwurzelt ist. Es ist erschreckend einfach, einem Menschen beim Erreichen eines unbiblischen Ziels zu helfen. Als Glieder der Gemeinde Christi haben wir jedoch die Aufgabe, einander ständig zu ermahnen und daran zu erinnern, das wahre Ziel aller

biblischen Seelsorge nicht aus den Augen zu verlieren. Wir sollen die Menschen zu besserem Gotteslob und Gottesdienst befreien, indem wir ihnen helfen, Gott ähnlicher zu werden.»[43]

Wenn wir als Seelsorger dieses einzig wirklich biblische Ziel verfolgen, dann brauchen wir uns auch über die oben erwähnte ungewollte Beeinflussung des Ratsuchenden in Richtung unserer Wertsetzungen keine Sorgen zu machen. Ja, wir werden die Erwartungen unseres Gegenübers sogar ganz bewusst und gezielt auf dieses Ziel hin zu verändern suchen.

Noch einmal: Was ist die eigentliche Zielsetzung der Seelsorge? Folgende drei Schriftstellen bringen es auf den Punkt: Eph. 1,12 spricht von Gottes Erwählungsabsicht: «Und in ihm haben wir auch ein Erbteil erlangt, die wir vorherbestimmt waren nach dem Vorsatz dessen, der alles nach dem Rat seines Willens wirkt, damit wir zum Preise seiner Herrlichkeit seien, die wir vorher schon auf den Christus gehofft haben.» Das ist also Gottes Zielsetzung mit dem Menschen, dass sein Leben etwas zum Preise seiner Herrlichkeit sei. Diese Zielsetzung soll u. a. mittels Verkündigung und Seelsorge angestrebt werden. Die zweite Schriftstelle ist Kol. 1,28: «Ihn verkündigen wir, indem wir jeden Menschen ermahnen und jeden Menschen in aller Weisheit lehren, um jeden Menschen vollkommen in Christus darzustellen.» Vollkommen in Christus zu sein! Die Betonung liegt nicht auf vollkommen. Es geht nicht um Perfektion, sondern es geht darum, dass wir vollkommen *in Christus* sind. Das heißt, dass unser Leben so an Christus hingegeben ist, dass das Christusleben uns bestimmen und prägen kann: Christus in uns ist die Hoffnung der Herrlichkeit, nicht unser eigenes Tun und Lassen. Schließlich geht es aber auch um unsere Brauchbarkeit für Gott in dieser Welt. Darauf verweist 2. Tim. 3,16.17: «Alle Schrift ist von Gott eingegeben und nützlich zur Lehre, zur Überführung, zur Zurechtweisung, zur Unterweisung in der Gerechtigkeit, damit der Mensch Gottes richtig sei, für jedes gute Werk ausgerüstet.»

Zielsetzung der Seelsorge muss es also sein, den Ratsuchenden in eine rechte Gottesbeziehung (bzw. Christusbeziehung) zu bringen. Das ist wiederum nur da möglich, wo das eigene Ich abtritt und Christus Raum gibt. Die Zielsetzung der Psychotherapie ist dazu völlig konträr. Ihr geht es um den autonomen, den psychisch gesunden Menschen. Anders in der Seelsorge: Hier geht es nicht darum, den andern zu heilen im klassischen Sinn. Das Ziel ist weder Gesundheit (was immer das im psychischen Bereich sein mag), noch Abwesenheit von Symptomen, noch Funktionsfähigkeit im Sinne der jeweiligen Gesellschaft und Kultur.

Daher ist auch der Begriff «Therapie» im Zusammenhang mit Seelsorge falsch. Der Einbezug therapeutischen Handelns wird ja auch damit begründet, dass das Wort «Therapie» von dem griechischen Wort «therapeuo» abgeleitet ist. Allerdings wird dieses Wort in der Schrift ausschließlich im Zusammenhang mit körperlicher Krankheit gebraucht. Anders der Begriff «iaomai», der auch die seelisch-geistliche Problematik mit einschließt (jemanden von «Sündenkrankheit» heilen, z. B. Mt. 13,15; Joh. 12,40; Jak. 5,16). Das Heilungsverständnis der Psychotherapie ist an das der Medizin angelehnt, was auch kaum verwundern kann, ist sie doch ein Kind der Medizin. Wo es dagegen in der Seelsorge um Heilung geht, da handelt es sich immer um eine ganzheitliche Heilung im Sinne des Heilwerdens. Heilung ist das Zurechtkommen des Menschen mit Gott. Ein Mensch, der mit Gott zurechtgekommen ist, wird das, was Carl Rogers eine «fully functioning person» genannt hat, wenn auch in anderem Sinn. Er wird nämlich ein Mensch sein, in dessen Herz «gebahnte Wege» sind (Ps. 84,6), und somit wird er für Gott voll funktionsfähig bzw. brauchbar sein. Eine solche Heilung mag durchaus einschließen, dass dem Menschen noch ein gewisses Maß an

Leiden verbleibt. Sein Heilsein erweist sich aber eben darin, dass sein Leiden ihm nicht zur Blockade wird. Paulus ist ein gutes Beispiel für einen solchen Menschen. Er wurde nicht geheilt, aber er war heil.

Doch da bleibt die Frage: Könnte Psychotherapie nicht das Ziel der Seelsorge unterstützen? Ich sage: Auf keinen Fall! Biblische Seelsorge muss ja grundsätzlich ihren Ansatzpunkt in dem «Neuen des Geistes» des Christen haben (Röm. 7,6), an dem inneren Menschen. Das Heilwerden geschieht von innen nach außen. Psychotherapie aber setzt immer am äußeren Menschen an, an den natürlichen Gegebenheiten bzw. am Fleisch. Sie kann bestenfalls Verhaltensänderung bewirken. Damit soll nicht gesagt sein, dass das wertlos wäre. Wenn ein Mann, der dem Alkohol verfallen war und jahrzehntelang seine Familie terrorisierte, durch eine Psychotherapie gelernt hat, abstinent zu leben, so ist das für ihn selbst, seine Familie und die Gesellschaft ein Gewinn. Ich habe acht Jahre in einer Fachklinik für Suchtkranke gearbeitet und dort selbst erlebt, wie das Leben solcher Männer positiv verändert wurde. Verhaltensänderung ist also nicht wertlos, aber unzureichend. Vor allem für einen Christen wäre es entschieden zu wenig, wenn er nur gelernt hätte, dem Alkohol zu entsagen. Damit wäre er dem Ziel, das Gott mit ihm hat, kein Stück näher gekommen. Denn nichts, was aus uns selbst kommt – und sei es für Menschen noch so bewundernswert – kann Gott ehren. Seine Abstinenzbereitschaft und -fähigkeit sollte vor allem Frucht einer veränderten Gottesbeziehung sein.

Seelsorge hat aber nicht nur eine Zielsetzung, die den Einzelnen betrifft, sondern auch eine, die die Gemeinde Jesu insgesamt angeht. Auch hier geht es um eine Ausgestaltung geistlicher Realitäten. Die Gemeinde ist bereits herrlich und vollkommen; dies soll aber nach außen sichtbar werden. Jesus Christus selbst hat vor allem ein Ziel mit seiner Gemeinde, nämlich «dass er sie sich selbst darstellte als eine Gemeinde, die herrlich sei, die nicht habe einen Flecken oder Runzel oder etwas dergleichen, sondern dass sie heilig sei und unsträflich» (Eph. 5,27).

Als Seelsorger macht er uns zu Werkzeugen, die er gebraucht, um dieses Ziel zu erreichen. Daher sollten wir niemals nur das Individuum im Auge haben, sondern immer gleichzeitig auch die Gemeinde. Die psychische Not des einzelnen Gliedes geht alle Glieder an: «Wenn ein Glied leidet, so leiden alle Glieder mit, und wenn ein Glied wird herrlich gehalten, so freuen sich alle Glieder mit» (1. Kor. 12,26).

Zusammenfassend lässt sich sagen: Psychotherapie ist auf vergängliche Werte ausgerichtet, Seelsorge dagegen primär auf unvergängliche, ewige Werte. Wenn die Wirkungen unseres seelsorgerlichen Handelns an der Schwelle des Todes ihre Bedeutung verlieren, dann ist unsere Seelsorge zu kurz gegriffen. Wenn sie keine Werte zu schaffen vermag, die dieses irdische Leben überdauern, dann hat sie im Grunde ihr Ziel verfehlt.

Kapitel 3

Ist ein Brückenschlag möglich?

Oft begegnet einem in pietistisch-evangelikalen Kreisen eine massive Abwehrhaltung gegenüber allem, was das Wörtchen «psycho» einschließt. Durch einen kategorischen Rundumschlag wird von solchen Brüdern und Schwestern alles weggefegt, was irgendwie mit Psychologie zu tun haben könnte. Wenn man sie nach sachlichen Gründen für die Ablehnung fragt, stellt man häufig fest, dass sie von völlig falschen Vorstellungen darüber ausgehen, was Psychologie ist und will. Meist wird sie schlicht mit der Freudschen Psychoanalyse gleichgesetzt.

Auf der andern Seite – in neuevangelikalen und liberalen Kreisen – finden wir einen Psycho-Enthusiasmus, der geradezu peinlich anmutet. In der Übernahme und Propagierung psychologischer Methoden, vor allem humanistischer Therapieformen und gruppendynamischer Trainings, ist man dort nicht selten unkritischer als sogar weltliche Fachleute. Zwischen diesen beiden Extremen gibt es die verschiedensten Abstufungen und nicht zuletzt eben auch jene, die meinen, eine neutrale Position einnehmen zu können. Neutralität mag zwar eine bequeme Haltung sein, ist aber der Problematik in keiner Weise angemessen.

Die Auseinandersetzung muss stattfinden; sie sollte im Blick auf die biblische Wahrheit kompromisslos geführt werden, aber auch in fairer Weise und gegründet auf Sachkenntnis. Wohl ist eine unqualifizierte Ablehnung hinsichtlich der Folgen für den Einzelnen weniger gefährlich als eine unkritische Annahme. Trotzdem wird der Klärungsprozess durch ausschließlich emotionale Stellungnahmen nur erschwert, da sie es der Gegenposition leicht machen, ihre bisherige Meinung beizubehalten.

Im Folgenden wollen wir in sehr kurzer Form aufzeigen, wie eine differenziertere Stellungnahme aussehen könnte, indem wir auf die Psychologie als Wissenschaftsdisziplin eingehen und indem wir zeigen, dass psychologische Diagnostik etwas anders zu bewerten ist als Psychotherapie.

Psychologie – eine realistische Beurteilung

Die *Psychologie* hat als Wissenschaft vom Erleben und Verhalten des Menschen wie jede andere Wissenschaft eine grundsätzliche Berechtigung, die man ihr auch aus christlicher Sicht kaum absprechen kann. Warum sollte auch das durchaus schöpfungsgemäße Erkenntnisinteresse des Menschen gerade dort Halt machen, wo es um seine seelischen Funktionen geht? Forschungsergebnisse der Psychologie helfen heute unter anderem dazu, die Lebenswelt des modernen Menschen humaner und sicherer zu gestalten, so etwa in den Bereichen «Arbeit», «Verkehr» und «Umwelt». Um das Spektrum des Studienfaches «Psychologie» aufzuzeigen, wollen wir nur die Prüfungsfächer anführen: Allgemeine Psychologie, Psychologische Methodenlehre, Entwicklungspsychologie, Differentielle Psychologie und Persönlichkeitspsychologie, Biologie, Physiologie, Soziologie (oder Philosophie), Sozialpsychologie, Psychologische Diagnostik und Ausdruckspsychologie, Pädagogische Psychologie, Arbeits- und Wirtschaftspsychologie, Klinische Psychologie, Psychopathologie.

Als Begründer der akademischen Psychologie gilt nicht etwa *Freud,* sondern *Wilhelm Wundt.* Er versuchte, dieses bisher mehr philosophisch orientierte Fachgebiet nach dem Modell der Naturwissenschaft aufzubauen. Psychologische Forschung sollte sich auf Experiment und Beobachtung gründen. Dieser Richtungswechsel verschaffte der

Psychologie einen enormen Impuls, der sich in einem gewaltigen Zuwachs an Wissen niederschlug.

Leider hat sich die Psychologie in ihrem Bestreben, als «harte» Wissenschaft im Sinne der Naturwissenschaften anerkannt zu werden, schließlich mehr und mehr einem extremen Methoden-Fetischismus verschrieben. Man versuchte, in Laborexperimenten alle wirksamen Variablen unter Kontrolle zu bekommen, hat aber dabei nur einen Berg von Pseudowissen angehäuft. Die Exaktheit der Forschungsmethoden steht nun mal eben in umgekehrtem Verhältnis zur Relevanz der Forschungsthematik. Die Aussagen werden immer spezifischer und bedeutungsloser und stehen weitgehend unverbunden nebeneinander, d. h. es fehlt an integrativen Theorien. Wo solche Theorien aufgestellt wurden, mussten sie nach Überprüfung ihrer Hypothesen meist wieder aufgegeben werden.

Sigmund Koch, der Herausgeber des größten und wichtigsten Standardwerkes zur Psychologie, sagt es so: «Die Vorstellung, dass Psychologie genau wie die Naturwissenschaften, nach deren Modell sie geschaffen wurde, eine kumulative und progressive Disziplin ist, wird durch ihre eigene Geschichte nicht bestätigt. In der Tat hat das erarbeitete Wissen jeweils einer Forschergeneration die ganzen theoretischen Fiktionen der vorangegangenen entkräftet. Die großen Generalisierungen der Psychologie sind durch Zeit und Mühen nicht verfeinert oder spezifiziert worden. Sie sind immer wieder durch neue ersetzt worden.»[44]

Der Ruf nach einer Neubesinnung ist längst laut geworden. Er wird aber ungehört verhallen, da der Forschungsbetrieb einer Eigengesetzlichkeit folgt, die durch Publizitäts- und Karrieresucht der Forscher bestimmt wird und zur Aufrechterhaltung bisheriger Methodik drängt.

Fragwürdig ist Psychologie auch dort, wo sie versucht, die Persönlichkeit des Menschen mit Hilfe von Theorien und theoretischen Konstrukten zu erklären und zu analysieren. Hier verlässt sie notwendigerweise den Boden der Wertneutralität, weil sie ohne (letztlich ideologische) Axiome nicht auskommt. Zudem leiden sämtliche bestehenden Persönlichkeitsmodelle unter der Schwäche, dass sie viel zu einseitig sind, um der Komplexität des Menschen gerecht zu werden.

Es steht zweifellos eine gewisse Naivität hinter der Vorstellung, man könne den Menschen als Ganzes erfassen und beschreiben. Es ist anzunehmen, dass das Seelenleben des Menschen noch weit komplexer ist als sein physisches Leben. In der Erforschung körperlicher Funktionen ist man schon recht weit gekommen, und dennoch gilt: In dem Maße, wie das Wissen zunahm, wuchs auch die Erkenntnis darüber, wie wenig man weiß. Diese Erfahrung steht den Psychologen noch bevor.

Der Anspruch der Psychologie, eine exakte und ideologiefreie Wissenschaft zu sein, ist also wegen ihres komplexen Forschungsgegenstandes (die menschliche Seele) nicht einlösbar. Dennoch ist ihre Leistung insgesamt beachtlich und anerkennenswert.

Es ist der Psychologie im Laufe ihrer etwa hundertjährigen Forschungsgeschichte gelungen, eine Reihe interessanter und auch lebensrelevanter Zusammenhänge aufzuzeigen, die experimentell nachprüfbar sind und zum Verständnis der charakterlichen Entwicklung, der persönlichen und sozialen Konflikte und der individuellen Lebensgestaltung des Einzelnen beitragen.

Das, was bisher als gesichertes Wissen über das Erleben und Verhalten des Menschen gewonnen wurde, Wissen nämlich, das aus Experiment und Beobachtung stammt, steht interessanterweise nie im Gegensatz zu Aussagen der Bibel. (Und sollte es doch einmal vorkommen, so können wir geduldig warten, bis diese Hypothese irgendwann empirisch widerlegt wird.) Solange sich Psychologie auf deskriptiver Ebene bewegt, sind ihre Aussagen also weithin unproblematisch.

Das sog. «Black-Box-Modell» macht den Unterschied zwischen reinen «Wenn-dann-Aussagen» und Theorien deutlich.

Das Black-Box-Modell

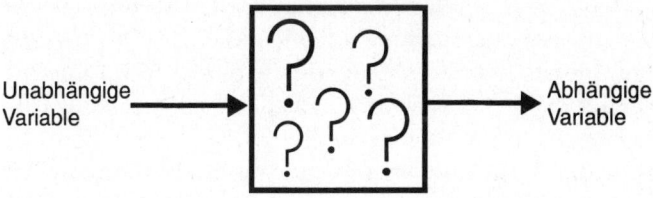

Nehmen wir als Beispiel die Hypothese: «Wenn ein Mensch Frustration erfährt, reagiert er aggressiv». Was versteht der Psychologe unter «Frustration»? Lassen Sie es mich mit einer Geschichte illustrieren: Herr Müller ist auf Parkplatzsuche und fährt bereits zehn Minuten erfolglos in der Innenstadt herum. Endlich entdeckt er, wie ein Auto aus einem Parkplatz herausfährt. Doch während das Auto sein Fahrzeug blockiert, fährt ein anderes Fahrzeug in die Parklücke. Frustration ist also folgendermaßen definiert: Jemand strebt ein Ziel an und bevor er es erreicht, wird er durch ein Hindernis in der Zielerreichung blockiert. Kommen wir zurück zu unserer Hypothese. Die unabhängige Variable wäre die «Frustration», die abhängige Variable die «Aggression». Eine Situation der Frustration lässt sich im Experiment herstellen und die Reaktion der Versuchspersonen lässt sich beobachten und sogar messen (z. B. physiologische Messwerte wie Blutdruck, Herzvolumenleistung, Pulsfrequenz, psychogalvanischer Hautwiderstand usw.). Dann kann man die Messwerte zueinander in Bezug setzen und den statistischen Zusammenhang (Korrelation) feststellen.

Solche «Wenn-dann-Aussagen» werden durch empirische Forschung hervorgebracht. Und solange diese Hypothesen nicht widerlegt wurden, sieht man sie als gültig an. Mit obiger Hypothese ist aber noch nichts darüber ausgesagt, warum ein Mensch in frustrierenden Situationen aggressiv reagiert. Zur Beantwortung der «Warum-Frage» wird eine Theorie formuliert. Theorien sind also das, was in den schwarzen Kasten hineingesteckt wird. Man spricht auch von der «intervenierenden Variable». Diese Variablen sind nie direkt beobachtbar wie die unabhängige und die abhängige Variable. Sie sind lediglich Gedankenkonstrukte, die eine Verbindung schaffen sollen zwischen den unabhängigen und den abhängigen Variablen. Während wir also bei den «Wenn-dann-Aussagen» kaum Probleme damit haben, dass wir in Widerspruch zu den Aussagen der Bibel geraten, ist das bei den Theorien sehr häufig der Fall. Am meisten natürlich dort, wo es um Theorien über die Persönlichkeit des Menschen geht. Allein die Komplexität der menschlichen Persönlichkeit bringt es schon mit sich, dass solche Theorien immer grobe Vereinfachungen darstellen. Doch weit problematischer ist die Tatsache, dass sie auf implizit vorgegebenen Menschenbildern aufbauen, die immer in deutlichem Konflikt mit der Wahrheit der Schrift stehen.

Die Ablehnung jeglicher Psychologie für die Seelsorge geht insofern an der Sache vorbei, als sie die Tatsache übersieht, dass wir im Umgang mit andern Menschen immer von einer gewissen Psychologie ausgehen. Es ist eine sog. «naive Psychologie», die sich aus allen Kenntnissen oder Annahmen darüber zusammensetzt, wie und warum Menschen in einer gewissen Weise agieren und reagieren. Dazu gehören alle erlernten Urteile und Vorurteile, unser Erfahrungswissen und unsere Menschenkenntnis. Die Frage ist also nicht, *ob* wir Psychologie einbeziehen, sondern *auf welche* Psychologie wir unser seelsorgerliches Tun gründen. Da wir also sowieso nicht unabhängig von einer gewissen Psychologie Seelsorge treiben können, plädiere ich dafür, dass man dann seine Psychologie reflektieren und biblisch absichern sollte. Wir machen es uns absolut zu leicht, wenn wir einfach die akademische Psychologie zur Grundlage unserer Seelsorge erheben. Wir machen es uns aber ebenfalls zu leicht, wenn wir von unreflektierten psychologisch-anthropologischen Konzepten ausgehen. Deshalb trete ich dafür ein, dass wir versuchen sollten, eine biblische Psychologie zu formulieren, in die sich dann durchaus auch empirisch-psychologische Erkenntnisse einfügen lassen.

Auf der Ebene der Wenn-dann-Aussagen gibt es eine Reihe psychologischer Erkenntnisse, die auch für die Seelsorge durchaus hilfreich sein können, Aussagen etwa über soziale Wahrnehmung, verbale und nonverbale Kommunikation, über die kindliche Entwicklung usw. Voraussetzung ist allerdings, dass wir ein biblisches Grundmodell vom Menschen haben, in das wir dann die deskriptiven Ergebnisse (keine Theorien!) psychologischer Forschung einordnen können. Das heißt, die Theoriebildung muss auf biblische Grundkonzepte aufgebaut werden. Nur von einem solchen Fundament her lässt es sich entscheiden, ob eine psychologische Aussage akzeptabel ist oder nicht. Zunächst brauchen wir also ein biblisches Modell vom Menschen, eine «biblische Psychologie» gewissermaßen. Besondere Bedeutung für eine solche biblische Psychologie hätte die biblische Lehre vom Menschen (Anthropologie), die Lehre von der Sünde (Hamartiologie), die Lehre vom Heil und von der Heiligung (Soteriologie) und auch die Lehre von der Gemeinde (Ecclesiologie). Dieses biblische Modell vom Menschen kann dann durch verhaltenswissenschaftliche Erkenntnisse zu einem Seelsorge-Modell erweitert werden.

Wenn man die Mühe scheut, eine biblische Psychologie zu entwickeln, sollte man auch die Finger von der wissenschaftlichen Psychologie lassen. Andernfalls wird unversehens die Psychologie zur Grundlage der Seelsorge und es geschieht das, was auch in der Biologie geschehen ist: Man interpretiert die Schrift um, um sie an angeblich wissenschaftlich gesicherte Erkenntnisse anzupassen. Ein Beispiel dafür wäre etwa die häretische Lehre von der «theistischen Evolution», wonach sich Gott der Evolution als Schöpfungsmethode bedient haben soll. Wenn man anderseits das biblische Schöpfungsmodell zur Grundlage macht, können die meisten Forschungsergebnisse von Geologie und Biologie in dieses Modell eingeordnet werden. Das führt allerdings dann zu einer differierenden Theoriebildung und teilweise andern Schlußfolgerungen.

Ähnlich wird es uns gehen, wenn wir versuchen, psychologisch gesicherte Erkenntnisse in die biblischen Aussagen zum Menschenbild und zur Psyche des Menschen einzubetten. Auch hier kommt es zu andern Antworten auf die Frage, warum ein Mensch so und nicht anders denkt, fühlt und handelt. Wir werden also teils zu andern Diagnosen kommen und damit auch zu andern therapeutischen Strategien. *Eine biblische Psychologie hätte den Vorteil, dass sie die psychische Störung des Ratsuchenden nicht nur psychologisch einordnet, sondern immer in einen Bezug bringt zu seiner Gottesbeziehung.*

Weil die sogenannte «naive Psychologie» keine angemessene Grundlage für die Seelsorge darstellen kann, ist es für den gläubigen Psychologen wie auch für jeden andern Seelsorger wichtig, alle psychologischen Kenntnisse, alle sogenannte «Menschenkenntnis» und alles Erfahrungswissen durch das «Wasserbad im Wort» von den Schlacken menschlicher Weisheit und Philosophie reinigen zu lassen (Eph. 5,26). Die Bibel muss immer letztgültiger Maßstab bleiben. Aber auch unser Bibelwissen gilt es zu prüfen. Auch das ist ja nicht a priori biblisch, sondern bedarf nicht selten der Korrektur.

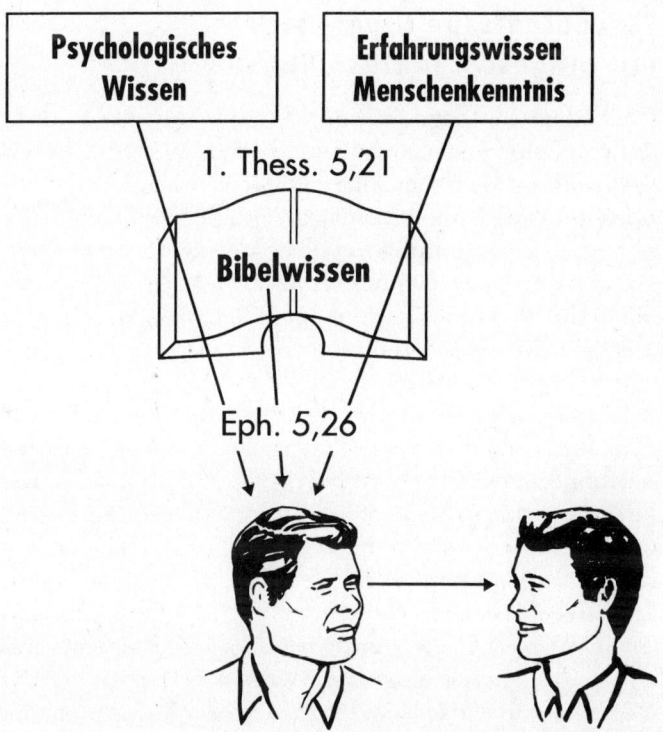

Und noch eins ist wichtig: Auch wenn wir viel psychologisches Wissen und profunde Bibelkenntnis zur Verfügung haben, bleiben wir doch letztlich abhängig von der Leitung durch den Geist Gottes. Er allein weiß völlig und unfehlbar, was im Menschen ist. Wenn es in der Seelsorge darum geht, die Problematik unseres Gegenübers recht zu verstehen, sollten wir in Abwandlung von Psalm 139,23 beten: «Erforsche du ihn, Gott, und erkenne sein Herz; prüfe ihn und erkenne, wie er's meint.» Er kann uns dann durch Seinen Geist das Verständnis aufschließen, so dass wir die Zusammenhänge recht zu erkennen vermögen. «Der geistliche Mensch aber ergründet alles und wird doch selbst von niemand ergründet» (1. Kor. 2,15).

Psychologische Diagnostik – ein eingeschränktes «Ja»

Psychologische Diagnostik ist wahrscheinlich der Bereich der Psychologie, der mehr als alle anderen in das Leben des heutigen Menschen eingreift. Sie hat nicht nur im klinischen Umfeld, sondern auch etwa in der beruflichen Beratung, der Personalpolitik großer Unternehmen, bei den Technischen Überwachungsvereinen und der Bundeswehr ein breites Anwendungsgebiet gefunden. Es gibt sehr verschiedenartige Testverfahren, z. B. Leistungstests, Intelligenztests, Persönlichkeitstests, Entwicklungstests, soziale Beziehungstests usw. Die wissenschaftliche und auch ethische Problematik der Psychodiagnostik (implizites Menschenbild, unklarer Normbegriff, Etikettierung, häufig unzureichende Reliabilität und Validität usw.) braucht hier nicht diskutiert zu werden. Ohne Zweifel wäre hier manches kritisch anzumerken. Undiskutabel erscheinen mir z. B. projektive Testverfahren wie der Rorschachtest, der Thematische Apperzeptionstest (TAT) u. ä., die sich meist auf die tiefenpsychologische Theorie gründen und viel Raum für subjektive Deutung und Spekulation lassen. Bei diesen Verfahren ist weder eine ausreichende Auswertungs- noch Interpretationsobjektivität gegeben. Besser sieht es bei Intelligenz- oder Leistungstests aus. Wenn man Intelligenz nicht als absolute Größe versteht, sondern als Konstrukt, das durch den Test definiert wird, können die Ergebnisse eines solchen Tests durchaus aussagekräftig sein. Sie bieten jedenfalls die Möglichkeit, die Leistung des Einzelnen in Bezug zu einer Vergleichspopulation zu setzen und entsprechend zu bewerten.

Haben psychodiagnostische Verfahren überhaupt einen Platz in der Seelsorge? Die Frage stellt sich für die wenigsten Seelsorger, einfach deshalb, weil sie gar keinen Zugang zu solchen Tests haben. Tests gehören in die Hand des Fachmanns, vor allem des Psychologen, der etwas weiß über die Konstruktion, Durchführung, Auswertung und Interpretation, vor allem über ihre Grenzen. Manche Tests können, vor allem bei Kindern, eine sinnvolle Verwendung finden. Wenn es etwa darum geht zu klären, ob das Kind, das in der Schule Probleme macht und schlechte Leistungen bringt, von seiner Begabungsstruktur her einfach überfordert ist, ob es seine Fähigkeit aus emotionalen Gründen nicht aktualisieren kann, oder ob gar ein MCD-Syndrom vorliegt (eine «Minimale cerebrale Dysfunktion»). Es handelt sich hier um eine geringfügige frühkindliche Hirnschädigung, die während der Schwangerschaft entstehen kann, durch eine Infektionskrankheit der Mutter etwa oder toxische Einwirkungen (Alkohol). Sie kann auch ihre Ursache in Geburtsschwierigkeiten haben. Wenn ein Kind z. B. mit der Nabelschnur um den Hals geboren wird und blau ist (sog. blaue Asphyxie), kann man annehmen, dass es zu einem Sauerstoffmangel gekommen ist. Dies kann eine geringgradige diffuse Schädigung des zentralen Nervensystems zur Folge haben, was sich später evtl. in motorischer Unruhe, Unkonzentriertheit, oft auch in konkreten Leistungsschwächen äußert. Wenn die Ursache durch einen Test rechtzeitig erkannt wird, kann viel besser geholfen und eine psychische Fehlentwicklung als Folge unangebrachter Erziehungsmaßnahmen vermieden werden. Ist ein Seelsorger diesbezüglich informiert und hat er einen Verdacht auf eine solche Schädigung, kann er den Eltern zu einer diagnostischen Abklärung durch medizinische und psychologische Tests raten.

Wir können also zur psychologischen Diagnostik ein eingeschränktes «Ja» sagen. Das gilt vor allem für Testverfahren, die sich auf empirische Erkenntnisse stützen und es aufgrund ihrer Standardisierung erlauben, den Testbefund zu einer Vergleichspopulation in Beziehung zu setzen. Wir werden solche Tests in der Seelsorge aber nur selten beanspruchen müssen.

Psychotherapie – ein uneingeschränktes «Nein»

Völlig entschieden und kompromisslos muss unsere Haltung allerdings da sein, wo es darum geht, Menschen in ihrer Not zu helfen. Was wir zu diesem Zweck in ihr Leben hineinsagen, muss grundsätzlich und ausschließlich vom Wort Gottes her autorisiert sein. Dass dies bei den gängigen psychotherapeutischen Methoden nicht der Fall ist, haben wir bereits gezeigt. Weil es hier letztlich um die Gestaltung der unsichtbaren und ewigen Existenz dieser Menschen geht, *plädieren wir dafür, auf jegliche Anwendung außerbiblischer Methoden in der Seelsorge zu verzichten!*

Dem Kaiser, was des Kaisers ist!
Dieses Plädoyer richtet sich natürlich nicht an irgendwelche Helfer, denen der Bezug zum christlichen Glauben fehlt. Es geht uns nicht darum, die Berechtigung von Psychotherapie als Hilfsinstrument für denjenigen in Frage zu stellen, der das Leben aus Gott nicht hat und somit das Wort und die Kraft Gottes nicht kennt. Dass der ungläubige Helfer meist ein «hilfloser Helfer» ist, wurde schon von andern sehr eindrücklich aufgezeigt.[45] Gewiss wird durch Psychotherapie mancher Leidensdruck gemindert, manches Symptom beseitigt, doch kann sie nie in die Tiefe der menschlichen Problematik vordringen, auch dann nicht, wenn sie sich «Tiefenpsychologie» nennt.

Wer von den Berufshelfern selbstkritisch genug ist, wird das erkennen und es sich selbst und den andern eingestehen. Einer von diesen ist *Karl Herbert Mandel,* der in Fachkreisen bekannte Begründer der Kommunikationstherapie. In einem Aufsatz mit der Überschrift «Von der Ohnmacht psychotherapeutischen Handelns» nennt er es den «am schwersten aufzugebenden Irrtum, weil wissenschaftlich erhärtet, also sogar experimentell geprüft: sein Psycho-Glück selber machen zu können».[46] Für solche, die an diesem Wunschbild festhalten wollen, hat er nur die Antwort:

> «Bitte, dann machen Sie doch sich selbst glücklich, wenigstens Sie sich selbst. Jeder täte es, wenn er es nur könnte. Jeder.»[47]

Trotz nachprüfbarer Wirksamkeit von Psychotherapie kratze sie letztlich eben doch nur an der Oberfläche der menschlichen Natur:

> «Da haben wir alles analysiert: intuitiv, intelligent, konsequent. Mit Engelszungen und unter psychisch kräftiger Unterstützung des Partners, der Familienmitglieder haben wir jemandem Alternativen schmackhaft gemacht, die er selbst kreativ gefunden hat, haben sie behutsam eingeübt im Schonklima des Trockentrainings. Unser Klient überträgt seine neuen Erfahrungen erleichtert und hoffnungsvoll auf die Wirklichkeit dort draußen in der Familie, im Betrieb, bei den Freunden und Verwandten. Und die Umwelt reagiert sogar in der erwarteten Richtung, spielt mit. Gute Modelle werden erfahren, regen zur Nachahmung an, Lernschritte werden verzeichnet. Behandlungsprogramme erfolgreich abgewickelt. Gute Einfälle bei auftauchenden Widerständen gehabt. Das Zusammenspiel gelingt, unser Muster-Klient spielt immer schöner. Wir vernehmen den äußeren Wohlklang. Fühlen uns als Therapeuten bestätigt. Ein gutgegangener Fall. Obendrein untermauert mit schönen Tiefeneinblicken. Eigene Einfälle des Patienten zu seinen Träumen. Gestalttherapeutisch bearbeitet. Nimmt seinen Schatten an. Bewegende, mutige Selbstaussagen, Annahme peinlicher Gefühlsregungen und Phantasien.
> Und da sagt er uns eines Tages doch wieder, dass er sich wertlos fühlt. In mühsamer Analyse der Blick dahinter: *dass er nicht im Innersten und dauerhaft verzeihen kann,* dass er gegenüber einem bestimmten Menschen, trotz aller inzwischen wohlgelungenen Konfliktlösungsgespräche, einfach immer wieder schlechte Gefühle wie Missgunst oder gar Hass empfinde. Hier nun beginnt sich Psychotherapie ohnmächtig im Kreis zu drehen. *Sie kann nicht den inneren Frieden und damit letztlich auch nicht den äußeren machen.*»[48]

Dieser erstaunlichen Einsicht eines weltlichen Therapeuten ist von christlicher Seite nichts hinzuzufügen.

Unser Plädoyer richtet sich also nicht an solche, die gar keine andere, bessere Möglichkeit haben, Menschen in ihrer seelischen Not zu helfen. Es ist nur natürlich, dass sie anwenden, was auf dem Psychomarkt an Hilfsmitteln feil ist. Unser Plädoyer richtet sich vielmehr an Christen, die seelsorgerlich oder beratend tätig sind, sei es im Rahmen einer Gemeinde, sei es beruflich als Psychiater oder Psychologe, als Psychotherapeut oder Psychagoge, als Sozialtherapeut oder Sozialpädagoge. Wir richten uns an solche, die eine echte Alternative zur Psychotherapie haben, eine Alternative, die den Schaden an der Wurzel angreift: eine wirklich und wahrhaft *biblische Seelsorge* und Beratung.

«Gebet dem Kaiser, was des Kaisers ist, und Gott, was Gottes ist!» (Matth. 22,21b). Dieser Ausspruch Jesu kann uns auch in der vorliegenden Frage eine Leitplanke sein. Lassen wir doch der Welt ihre Psychotherapie. Sie hat sie entwickelt, um die Folgen der Sünde – eigener oder fremder – abzumildern. Natürliche (d. h. von Gott losgelöste) Menschen haben an andern natürlichen Menschen Zusammenhänge entdeckt, die sie nun fruchtbar machen, um wiederum natürliche Menschen aus dem Sumpf ihres Lebens herauszuholen. Es ist zwar jedem einsichtig, dass dies nur dem möglich ist, der selbst auf festem Boden steht. Fatalerweise stecken aber eben diese Helfer im gleichen Sumpf. Nun behaupten sie aber, wenn die andern sich nur auf ihre Schultern stellen, dann werde es ihnen gewiss gelingen, sich wie Münchhausen am eigenen Schopf aus dem Sumpf herauszuziehen.

Dieses Bild ist eine Karikatur, eine Karikatur der verzweifelten Versuche des Menschen, in der Autonomie von Gott zu verharren und mit Unterstützung anderer unerlöster Menschen sich selbst zu erlösen.[49] Für Christen, die den Auftrag Jesu ernst nehmen, ist das weniger ein Grund zum Schmunzeln oder gar zur Überheblichkeit, als ein Anlass, mit umso mehr Eifer ihren Mitmenschen, seien es Therapeuten oder Patienten, das Evangelium Christi nahe zu bringen. Es ist uns nicht aufgetragen, ungläubige Helfer von der Unwirksamkeit ihres Tuns zu überzeugen, aber es ist uns aufgetragen, ihnen die in uns wirksam gewordene Liebe Gottes vorzuleben. Sie könnten unseren Argumentationen ohnehin nicht folgen, denn «der natürliche Mensch vernimmt nichts vom Geist Gottes; es ist ihm eine Torheit, und er kann es nicht erkennen; denn es muss geistlich verstanden sein» (1. Kor. 2,14).

Anderseits gilt aber auch: «Gebet Gott, was Gottes ist!» Tun wir doch den Willen Gottes in der Seelsorge, indem wir die göttlichen Ziele mit göttlichen Mitteln unter Anwendung der uns von Gott gegebenen Gaben anstreben. Ebenso wenig, wie wir menschliche Ziele mit göttlichen Mitteln erreichen können, weil Gott sich nicht für unsere Zwecke verfügbar machen lässt, ebenso wenig hat es Sinn, göttliche Ziele mit menschlichen Mitteln anzustreben. Alles was aus dem Menschen selbst kommt, steht unter dem Fluch, den Gott im Garten Eden über diese gefallene Schöpfung ausgesprochen hatte.

Ein anderes Evangelium
Wie schon einmal angedeutet wurde, hat jede Psychotherapie einen mehr oder weniger deutlichen Heilsanspruch. Man möchte ja immer das, was die Bibel letztlich Sünde nennt oder auch deren Folgen beseitigen. Damit tritt Psychotherapie aber in deutliche Konkurrenz zum christlichen Heilsgedanken.

Besonders stark tritt der soteriologische Anspruch bei der Humanistischen Psychologie in Erscheinung. In einer «Einführung in die humanistische Psychologie» von *Charlotte Bühler* und *Melanie Allen* ist von der Forderung nach «echten, ehrlichen, menschlichen und menschenwürdigen Lebensmöglichkeiten» die Rede, und dann heißt es:

«Die humanistische Psychologie unterstützt diese Forderung in ihren philosophischen, psychologischen und ethischen Grundsätzen. Sie hofft, auf seiten derer eine Rolle zu spielen, die die für das Überleben des Menschen notwendigen Metamorphosen zuwege bringen.»[50]

Des Weiteren wird über die Humanistische Psychologie gesagt:

«... sie konzentriert sich auf die Entdeckung von Prinzipien, die sich als konstruktiv erwiesen haben bei der Bemühung, *ein erfülltes Leben zu leben* und aufrechtzuerhalten, und sie ermöglicht es jedem einzelnen Menschen, diese Prinzipien zu begreifen und Fähigkeiten zu entfalten, die ihm bei der *Neugestaltung seines Lebens* nützen können. Dies ist es wohl, was die meisten von uns gesucht haben: wenn nicht 'eine ganze neue Philosophie', so doch einige allgemeine Prinzipien, die uns helfen, unter Berücksichtigung unserer persönlichen Ansprüche und Bedürfnisse *in unserem Leben einen Sinn zu finden,* und dies trotz der Tatsache, dass die letzte Bedeutung des Lebens selbst uns entgeht.»[51]

Wie es bei Ideologien bzw. Pseudoreligionen nicht anders sein kann, versucht jede der drei besprochenen psychologischen Schulrichtungen ihren Absolutheitsanspruch durchzusetzen. Einig sind sie sich letztlich nur in ihrem gemeinsamen Kampf gegen die christliche Glaubenslehre.

Schon *Freud* hat sich ja redlich bemüht, jeden Glauben an einen persönlichen Gott als letztlich neurotische Lebensäußerung zu verunglimpfen: Er sei nichts anderes, als ein infantiler Versuch, den Ödipuskomplex zu überwinden.[52] Das religiöse Erleben des Menschen wollte er auf innerpsychische Vorgänge reduzieren, als bloße Illusionen einordnen.[53]

Nun wird aber diese Zielrichtung von den humanistischen Psychologen noch konsequenter verfolgt. *Jacob Moreno,* zusammen mit *Lewin* einer der Väter der Gruppendynamik und Begründer des Psychodramas, meint unter Hinweis auf *Freud* und *Metzsche:*

> «Beide waren sich nicht bewusst, dass sie sich auf einer Nebenlinie eben dieser christlichen Doktrin fortbewegten, die sie zu überwinden suchten. Die wahre Überwindung der christlichen Sublimation kann nämlich nicht aus einer Analyse resultieren, sondern nur aus dem Fortschritt zu einem umfassenderen Prinzip, dem Prinzip der Spontaneität.»[54]

Diesem Prinzip der Spontaneität liegt *Morenos* Methode des Psychodramas zugrunde. In seiner Einleitung zu dem Buch «Gruppenpsychotherapie und Psychodrama» schreibt er:

> «Ich habe immer die Idee gehabt, dass die schicksalsvolle Welt, in der wir geboren sind, eine Welttherapie braucht – und dass ich mit meiner eigenen Person etwas dazu tun muss, um diese Therapie zu schaffen und zu verarbeiten – ich war von Kräften getrieben, die über mein persönliches Wohlergehen hinauszielten.»[55]

Welche Art Kräfte das wohl waren? Wir haben guten Grund anzunehmen, dass es sich hier um Kräfte handelt, die ihm von unten zugeflossen sind, denn nur solche Kräfte haben die Eigenschaft, Menschen unter einen Zwang zu bringen.

Diese Zitate könnten noch um viele ähnliche ergänzt werden. Es dürfte jedoch klar geworden sein, dass die verschiedenen Psychotherapien letztlich ein Gegenangebot zum Evangelium Gottes darstellen, ein «anderes Evangelium». Der Apostel Paulus hatte dazu ein klares Wort: «Aber wenn auch wir oder ein Engel vom Himmel euch würden das Evangelium anders predigen, als wir euch gepredigt haben, der sei verflucht» (Gal. 1,8). Haben wir dann das Recht, die Latte niedriger zu hängen?

Das Gift der alten Schlange

Die Humanistische Psychologie hat sich in der Produktion psychotherapeutischer Verfahren als besonders «fruchtbar» erwiesen. Schon im Jahre 1978 gab es nach einer amerikanischen Statistik ca. 4000 Psychotherapien, von denen der größte Teil der Humanistischen Psychologie zugerechnet werden kann. Der Psycho-Boom hält immer noch an, wenn er auch mittlerweile etwas abgeflacht ist. Bemerkenswert ist dabei für den Christen die Beobachtung, dass eine zunehmende Vermischung von Psychotherapie mit fernöstlicher Mystik und okkulter Thematik erfolgt. Gruppendynamische Veranstaltungen werden in den USA unter Titeln angeboten wie «Übersinnliche Phänomene», «Jeder kann übersinnliche Wahrnehmung lernen», «Treffen Sie eine praktizierende Hexe» usw.

Diese Entwicklung lässt sich auch an den Themen der Jahreskongresse der Humanistischen Psychologie ablesen: Körperorientierte Methoden wie die «Bioenergetic» sind zunehmend gefragt, meditative Methoden wie Yoga, Zen, Tai-Chi, Tao sowie kreativ-expressive Ansätze (Theater, Tanz und Pantomime) werden im Programmheft angeboten. Man befasst sich mit Transpersonaler Psychologie, mit Sterbeerlebnissen, angeblichen Nachweisen der Reinkarnation durch Hypnose bis hin zu alternativen Formen der Zukunftsbewältigung. Soziale Minoritätengruppen wie Lesben und Homosexuelle finden starke Beachtung, und den Männern wird empfohlen, durch bewusstseinserweiternde Methoden («consciousness-raising») einen Zugang zu ihren weiblichen Aspekten zu suchen. Zugegeben, diese Auswahl ist einseitig, aber trotzdem nur ein kleiner Teil fragwürdiger Themen eines einzigen Kongresses.[56]

Diese Entwicklung kann niemanden überraschen, der weiß, aus welchen Quellen die ganze humanistische Bewegung gespeist wird. Es ist die Quelle, die im Garten Eden ihren Ursprung hat und über Babylon bis in unsere heutige Zeit hineinströmt. Diese Quelle enthält das Gift der alten Schlange und kann somit nichts Gutes in sich bergen. Jakobus drückt es sehr bildhaft und eindrücklich aus: «Lässt denn die Quelle aus einem Loch Süßes und Bitteres fließen? Kann auch, liebe Brüder, ein Feigenbaum Ölbeeren oder ein Weinstock Feigen tragen? So kann auch eine salzige Quelle nicht süßes Wasser geben» (Jak. 3,11.12). In einem Gespräch mit *Freud* sagte *Moreno* einmal:

«Ich lehre die Menschen, Gott zu spielen.»[57]

Das versuchte er ganz konkret in seinem religiösen Psychodrama und im Bibliodrama zu realisieren. Dahinter steht die Vorstellung, dass sich einerseits der Sinn Gottes im Menschen erfüllt, in der Menschwerdung, und andererseits der Sinn des Menschen darin liegt, dass er Gott wird. *Morenos* theologische Überzeugung ist, dass er selbst, ja dass jeder Mensch Gott *ist*. Es gehe darum, dass der Mensch sich dessen *bewusst* werden muss.

Dave Hunt hat sehr überzeugend herausgearbeitet, dass sich dieser Gedanke von der Gottheit des Menschen wie ein roter Faden durch alle Religionen, Kulte und christlichen Häresien hindurchzieht, angefangen von der beschwörenden Verheißung der Schlange im Garten Eden, («Ihr werdet sein wie Gott ...») bis hin zu modernen Meditations- und Psychokulten (TM, Bhagwan) mit hinduistischem Background. Dieser immer wiederkehrende Grundgedanke weise überzeugend auf eine einheitliche Inspirationsquelle hin, eben auf «die alte Schlange, das ist der Teufel und Satan» (Offb. 20,2).[58]

Ist es möglich, Methoden wie das Psychodrama von dem darin enthaltenen Gift zu befreien und fruchtbringend für die Sache Gottes einzusetzen? Wir sind überzeugt, dass das nicht möglich ist. Der giftige Schimmelpilz befindet sich gewöhnlich nicht nur an der Oberfläche, wo man ihn entfernen könnte, sondern sein Mycel durchdringt die ganze Speise. Der von unten inspirierte Geist eines *Moreno (Freud, Jung, Rogers* etc.) durchdringt die ganze Methode und macht sie für den Christen unbrauchbar.

Keine Jochgemeinschaft möglich

Eine weit verbreitete Meinung unter Christen ist die, dass Psychotherapie, wenn sie von Christen betrieben wird, doch ganz nützlich sein kann. Warum sollte der christliche Fachmann nicht das, was er gelernt hat, auch zum Wohl der Christen einsetzen? Warum sollte er nicht die Psychotherapie für seine seelsorgerlichen Zwecke einspannen? Warum Polarisierung, warum nicht Zusammenwirken?

Gottes Wort warnt uns vor solcher Jochgemeinschaft: «Du sollst nicht ackern zugleich mit einem Rind und einem Esel» (5. Mose 22,10). Rind und Esel sind einfach zu verschieden, als dass sie an einem Joch ziehend halbwegs gerade Ackerfurchen zustande brächten. Der wiedergeborene Christ und der Ungläubige können nicht gemeinsam am Tempel Gottes bauen, und jede Seelsorge ist ja letztlich Tempelbau. Hier heißt es warnend: «Wenn jemand den Tempel Gottes verdirbt, den wird Gott verderben, denn der Tempel Gottes ist heilig; der seid ihr» (1. Kor. 3,17).

Zusammenwirken mit dem Unglauben – und sei es auch nur durch Übernahme seiner Methoden – wird vom Wort Gottes ganz entschieden abgelehnt: «Ziehet nicht am fremden Joch mit den Ungläubigen. Denn was hat die Gerechtigkeit zu schaffen mit der Ungerechtigkeit? Was hat das Licht für Gemeinschaft mit der Finsternis?» (2. Kor. 6,14).

Die Ägypter berauben?
Lawrence J. Crabb zeigt vier Möglichkeiten auf, wie das Verhältnis zwischen Seelsorge und Psychotherapie prinzipiell gefasst werden kann.[59] Bei der ersten Möglichkeit werden sie voneinander getrennt, aber gleichwertig gesehen. Die

Bibel gebe nur Auskunft auf theologische Fragen, wenn es dagegen um psychische Probleme gehe, sei der Fachmann zuständig. Diese Vorstellung lehnt Crabb ab, weil die Bibel über psychische Zusammenhänge sehr viel zu sagen habe.

Die zweite Möglichkeit, bei der Psychotherapie und Seelsorge gänzlich unreflektiert vermischt werden, nennt er «Eintopf». Als Beispiel dafür würden wir die mit großer Vehemenz und Überzeugung vertretene Praxis der sogenannten «Neuen Seelsorgebewegung»[60] anführen. *Crabb* sieht hier die Gefahr, dass der Berater seine christliche Basis verlieren könnte.

Die dritte Möglichkeit ist die, dass Seelsorge und Psychotherapie streng separiert werden, der «Keine Kompromisse»-Ansatz. Diesen Weg kritisiert *Crabb* ebenfalls, weil er die hilfreichen Antworten der Verhaltenswissenschaften ignoriere. Seelsorge würde von den Anhängern dieses Modells (z. B. *Adams)* zu sehr simplifiziert, indem man meine, es gehe nur darum, Sünde zu finden und Änderung zu befehlen.

Schließlich schlägt *Crabb* eine vierte, von ihm selbst bevorzugte Möglichkeit vor: «Plünderung der Ägypter». Er bezieht sich dabei auf die Tatsache, dass die Israeliten bei ihrer Befreiung aus der ägyptischen Gefangenschaft sich von den Ägyptern Schmuck und wertvolle Gegenstände mitgeben ließen, was auf Gottes ausdrückliche Anordnung hin geschah. Entsprechend sollten wir als Seelsorger von den säkularen Theorien jeweils das übernehmen, was uns für unsere Ziele brauchbar erscheint.

Ich halte keines der vier genannten Modelle für befriedigend. Keinen Zweifel möchte ich daran lassen, dass es bezüglich der in der Hl. Schrift geoffenbarten Wahrheit keinen Kompromiss geben darf. Eine kompromisslose Schriftgebundenheit bedeutet aber – wie oben bereits ausgeführt – keineswegs, dass die «hilfreichen Antworten der Verhaltenswissenschaften» ignoriert werden müssen, sofern eine biblische Basis vorhanden ist.

Tatsächlich kann man *Jay Adams* vorwerfen, dass er – obwohl er sich vehement gegen die Vermischung mit psychologischen Konzepten ausspricht – eben doch Kompromisse eingegangen ist. Adams stand zweifellos unter dem Einfluss von Verhaltenspsychologen wie *O.H. Mowrer* und *William Glasser*. Seine Seelsorge spiegelt unverkennbar deren behavioristischen Ansatz wieder. Wenn Adams z. B. die biblischen Begriffe «Ablegen» und «Anziehen» (Eph. 4,25ff.) gleichsetzt mit Gewohnheiten abbauen bzw. aufbauen, ist er einer psychologischen Interpretation theologischer Begrifflichkeit aufgesessen. Zudem unterliegt er einem gesetzlichen Missverständnis von Heiligung.

Nicht dass es falsch wäre für einen Christen, seine Gewohnheiten zu verändern. Gute Gewohnheiten (die Bibel nennt sie «Tugenden») sind hilfreich und können Heiligung unterstützen, doch sie dürfen nicht mit Heiligung gleichgesetzt werden. Gewohnheiten verändern kann auch der natürliche Mensch. Wenn jemand einen klaren Willen dazu hat, mag es ihm gelingen. «Ablegen» und «Anziehen» im Sinne der Schrift kann der natürliche Mensch allerdings nicht. Das ist nur da möglich, wo der «alte Mensch» in der Wiedergeburt abgelegt und der «neue Mensch» angezogen worden ist (Eph. 4,20–24). Der Weg des «Ablegens» und «Anziehens» ist in Röm. 6,11 gezeigt: «So auch ihr: Haltet euch der Sünde für tot, Gott aber lebend in Christus Jesus!»

Dennoch möchte ich das Verdienst von *Jay Adams* für eine biblische Seelsorge nicht schmälern. Auch wenn man Vorbehalte bezüglich mancher theologischen Schieflage (Fehlen jeglicher Dämonologie, Postmillenialismus, sein Verständnis von Vergebung) vorbringen mag, wird man seine Bücher dennoch mit Gewinn lesen. Sie haben vor über zwei Jahrzehnten eine ganze Theologengeneration zum Nachdenken gebracht.

Obwohl ich in Bezug auf die psychologische Diagnostik ein eingeschränktes «Ja» formuliert habe (siehe S. 158) und auch die Integration empirischer Erkenntnisse aus der Psychologie in ein biblisches Modell nicht ausschließe, möchte ich der Integration bestehender psychotherapeutischer Methoden in die Seelsorge noch einmal eine klare Absage erteilen.

Warum die strikte Haltung hinsichtlich der Therapie, wo wir als Seelsorger doch oft genug vor Problemen stehen, denen gegenüber wir uns unfähig und machtlos fühlen? Warum nicht die bewährten psychotherapeutischen Methoden für Gottes Sache gebrauchen? Gibt es nicht gute Gründe für einen Kompromiss? Hier kommen wir nicht umhin, den heute sehr populär gewordenen Versuch, beide Hilfeformen zu vereinigen, gründlich zu diskutieren. Diesen Versuch meine ich, wenn ich im Folgenden den Begriff «Integrationsmodell» verwende. Integrationsmodell deshalb, weil versucht wird, das Beste aus der Psychotherapie in die Seelsorge zu integrieren.

Kapitel 4

Seelsorge – biblisch-therapeutisch oder biblisch?

Wie in den USA schon seit längerer Zeit hat sich im Laufe des letzten Jahrzehnts auch im deutschsprachigen Raum der Gedanke der Integration von Seelsorge und Psychotherapie verbreitet. Vor zwei Jahrzehnten gab es zumindest unter den evangelikalen Christen in unserm Land noch einen gewissen Konsens darüber, dass Seelsorge von der Hl. Schrift her getan werden muss und dass die Psychotherapie für unsere Ziele schädlich wäre.

Mittlerweile hat sich der Wind gewendet. Er bläst jetzt eher dem ins Gesicht, der es wagt, den Wert der psychotherapeutischen Zugänge zur Lebens- und Glaubenshilfe für Christen in Frage zu stellen. Entweder also waren wir Christen früher im Irrtum, weil wir die Segnungen der Psychotherapie noch nicht erkannt haben, oder wir befinden uns heute im Irrtum. Was zur Zeit des ersten Erscheinens dieses Buchs schon ansatzweise zu erkennen war, ist mittlerweile fast zur Norm geworden. Waren früher Begriffe wie «biblisch» und «therapeutisch» ein Gegensatzpaar, kann man heute von «biblisch-therapeutischer Seelsorge» sprechen. Weil viele Christen längst nicht mehr wissen, was Seelsorge im Sinne der Schrift ist und weil sie möglicherweise nie gewusst haben, was Psychotherapie darstellt, sondern eher eine vage Vorstellung davon haben, sehen sie kein Problem darin, beides zu koppeln. Man erlebte einerseits die eigene Hilflosigkeit angesichts der Zunahme seelischer Erkrankungen bei Christen, vermutete anderseits bei den Psychotherapeuten hilfreiche Kompetenz. Und so öffnete man sich immer mehr dem Gedanken, dass man die «Segnungen» der Psychotherapie den Christen nicht länger vorenthalten sollte.

Bahnbrechend im Sinne der integrativen Seelsorge war die «Deutsche Gesellschaft für biblisch-therapeutische Seelsorge» (DGBTS), die von Prof. Dr. Michael Dieterich gegründet und geleitet wurde. Die DGBTS wurde 1987 gegründet und hatte während der 13 Jahre ihres Bestehens im deutschsprachigen Raum mit ihrem weitgespannten Angebot an Seelsorgeschulungen einen großen Einfluss gewonnen, insbesondere in pietistisch-evangelikalen Kreisen. In der nachfolgenden Diskussion beziehe ich mich weitgehend auf Veröffentlichungen und Verlautbarungen der Vertreter dieses christlichen Werkes, da sie das Selbstverständnis des integrativen Seelsorge-Ansatzes am klarsten formuliert haben. Zwar besteht das Werk der BTS in seiner bisherigen Form nicht mehr[61], doch gilt meine Kritik an diesem Seelsorgekonzept für alle Werke, Institutionen und Einzelpersonen, die den integrativen Ansatz vertreten und praktizieren.

Der integrative Ansatz biblisch-therapeutischer Seelsorge wird ansonsten von einer Reihe weiterer Werke und Institutionen vertreten, so etwa von Reinhold Ruthe[62] mit seinem «Magnus Felsenstein-Institut für angewandte therapeutische und beratende Seelsorge»[63], oder von dem Verein «Biblische Seelsorge und Lebensberatung» am Flensunger Hof, von dem «Verein für Seelsorge und Lebensberatung» in Wiesbaden, der «Arbeitsgemeinschaft therapeutische Seelsorge im Bund freier evangelischer Gemeinden» in Waldbröl oder von dem «Deutschen EC-Verband» in Kassel, um nur einige zu nennen. Daneben gibt es mittlerweile eine Vielzahl von Beratungsstellen und niedergelassenen Einzelpersonen, die auf dieser Basis arbeiten. Wenn also im Folgenden von «biblisch-therapeutischer Seelsorge» die Rede ist, dann sollte dieser Begriff allgemein verstanden werden im Sinne der Integration von Seelsorge und Psychotherapie. Der Bezug auf Aussagen der BTS und die Auseinandersetzung mit ihnen hat durch die Auflösung der Organisation gleichen Namens keineswegs ihre Aktualität eingebüßt, zumal der integrative Ansatz durch die Nachfolgeorganisationen unverändert weiter verfolgt wird.

Methodenpluralismus oder Dilettantismus?

Das Konzept der «Biblisch-therapeutischen Seelsorge» (BTS) gründet sich auf die bewusste Integration psychotherapeutischer Methoden in die Seelsorge.[64] Viele Christen, aber auch ganze christliche Werke sind mittlerweile auf diese Linie eingeschwenkt und haben alle früheren Vorbehalte über Bord geworfen. Schon 1988 verwies Ulrich Thomas in einer Buchbesprechung darauf, dass sich Christen im pietistischen Umfeld zu wenig Mühe machen, theologische Aussagen kritisch zu prüfen:

> «Längere Zeit schien es so, als sei die Denkfeindlichkeit des Neupietismus folgenlos. Sie wird sich noch als folgenschwer entpuppen, wenn nicht alsbald erkannt wird, was biblische Seelsorge und Therapie unterscheidet. Biblisch-therapeutische Seelsorge durch Laien, so ist zu befürchten, wird den ernsthaft Erkrankten nicht heilen können, denn dazu fehlt ihr Professionalität. Stattdessen werden Laien dilettantisch mit therapeutischen Theorien und Praktiken hantieren. BTS wird vielleicht Niedergeschlagenen aufhelfen, denen biblische Seelsorge auch geholfen hätte. Schließlich könnte sie viele Christen theologisch verwirren, ihr Ringen um biblische Lehre erschweren und ihr Vertrauen in Seelsorge beeinträchtigen. Das wäre schade.»[65]

Den schwerwiegenden Vorwurf des Dilettantismus möchte ich aufgreifen und bekräftigen. Wenn man weiß, welch umfassende Ausbildung bei den verschiedenen Psychotherapien normalerweise erforderlich ist, muss man davon ausgehen, dass bei der BTS-Ausbildung zu den diversen Psychotherapieformen (Psychoanalyse, Gesprächspsychotherapie, Verhaltenstherapie) nichts anderes als eine Pseudokompetenz vermittelt wird. Hierbei ist noch zu bedenken, dass die BTS ein eklektisches Vorgehen befürwortet. «Eklektisch» heißt, man hält sich nicht streng an eine bestimmte psychologische Schule, sondern nimmt sich aus verschiedenen Ansätzen jeweils das heraus, was einem brauchbar erscheint. Am besten macht es vielleicht ein Zitat von *Minirth & Meier* deutlich, die in den USA als christliche Psychotherapeuten eine bedeutende Rolle spielen:

> «Zusätzlich zu der grundlegenden Erkenntnis, dass der Mensch von ganzheitlicher Natur ist, muss der christliche Berater sowohl ein breites Wissen von der großen Vielfalt der (psychotherapeutischen) Zugänge haben, die uns zur Verfügung stehen, als auch eine Sensibilität dafür, welcher Zugang für den jeweiligen Menschen, den er berät, am besten passt ... Wir suchen uns das Beste aus jeder der wichtigsten Ausprägungen der Psychotherapie heraus.»[66]

Ähnlich äußert sich *Dieterich* in seinen Büchern. Die großen Schulen der Psychotherapie sind für ihn so etwas wie ein Steinbruch, aus dem man sich die schönsten und brauchbarsten Stücke herausbricht. Methodenpluralität ist für ihn die unverzichtbare Grundlage einer wirksamen Seelsorge. Bei der Auswahl der diversen psychotherapeutischen Methoden, die für ihn so etwas wie «Handwerkszeug» darstellen und bei der Entscheidung, wann die Bibel zum Einsatz kommen soll, kommt schließlich der Hl. Geist ins Spiel:

> «So wie zur angemessenen Wahrheitsfindung aus der Bibel die Leitung des Heiligen Geistes hinzugehört, benötigt der Biblisch-therapeutische Seelsorger diese Leitung bei der Auswahl des für den jeweiligen Seelsorgefall entsprechenden therapeutischen Handwerkszeugs.»[67]

Und an anderer Stelle:

«*Die* Methode in der BTS gibt es also nicht – häufig wechseln sogar die Vorgehensweisen innerhalb weniger Minuten. Und wie schon weiter oben ausgeführt, es ist der Hl. Geist, der um permanente Leitung zur Auswahl und Änderung der Methoden (die der Seelsorger natürlich erlernt haben muss) gebeten wird.»[68]

Einen solch flexiben Einsatz von Versatzstücken aus allesamt sehr umfassenden Psychotherapie-Methoden würde eine große Kompetenz in der Anwendung eben dieser Methoden erfordern. Das eklektische Vorgehen wird in der weltlichen Psychotherapie speziell von empirisch ausgerichteten Psychologen längst gefordert und auch praktiziert, teils aber auch kritisiert. Allgemein aber setzt man hier voraus, dass der Therapeut, um so vorgehen zu können, eine fundierte Ausbildung in den diversen Therapien haben müsste.[69] Das Streben nach Methodenpluralität in der Seelsorge hat somit zwangsläufig eine Pseudokompetenz zur Folge.

Ein psychologisches Fundament

Ist biblisch-therapeutische Seelsorge wirklich biblisch? Welche Prüfkriterien wären anzusetzen, um klären zu können, ob ein seelsorgerlicher Ansatz «biblisch» genannt werden kann? Ich möchte vier Fragen nennen, die wir an den jeweiligen Seelsorgeansatz herantragen sollten: *1. Bildet die Schrift die Grundlage der Seelsorge?* Wurde das, was empfohlen wird, aus der Bibel heraus entwickelt? Oder ist die Seelsorge auf psychologischem Fundament entwickelt worden und Schriftworte werden nach Bedarf lediglich zum Beleg vorgefasster Auffassungen hinzugezogen? *2. Hält der Seelsorgeansatz der Prüfung anhand der Schrift wirklich stand?* Das würde heißen, dass die Diagnostik, also wie menschliches Verhalten erklärt wird und die Therapie, also in welche Richtung man den Ratsuchenden beeinflusst, der Bibel nicht widerspricht. Die Seelsorge darf weder im Widerspruch zu einzelnen Aussagen der Bibel stehen, noch zu ihrem Gesamtzeugnis. *3. Wird die Schrift korrekt ausgelegt?* Deckt sich die Auslegung mit der Absicht des Schreibers? Ist die Auslegung so, dass sie keine Widersprüche aufbaut bzw. respektiert sie das Axiom der Irrtumslosigkeit der Schrift? Und werden Schriftstellen ohne Verdrehung in ihrem ursprünglichen Sinn angeführt? *4. Steht und fällt die Seelsorge mit ihrer biblischen Substanz?* Was würde geschehen, wenn man auf alle Aussagen, die ausschließlich aus der Schrift abgeleitet sind, verzichtete? Hätte die Seelsorgemethode auch dann noch Bestand? Wenn ja, dann ist sie nicht schriftgemäß.

Nun ist es aber unverkennbar, dass die Vertreter des integrativen Ansatzes primär von den Erkenntnissen der Psychologie ausgehen und biblische Aussagen und Beispiele zur Untermauerung und Illustration ihres psychologischen Ansatzes einfügen.[70] Sehr deutlich wird das bei dem «Handbuch Psychologie und Seelsorge» von *M. Dieterich.* Dieses Buch, das doch als Handreichung für Seelsorger gemeint ist, könnte zu 95% als ganz normales Lehrbuch der Psychologie durchgehen. Es ist nur ganz dünn angereichert mit etwas Theologie, die vermutlich nachträglich eingearbeitet wurde. Gleichfalls charakteristisch ist es, dass in der BTS-Schulung die theologische Grundlagenklärung erst in den Aufbau- und Vertiefungskursen erfolgt.[71]

Ich mache der BTS-Arbeit deshalb den Vorwurf, dass sie ein psychologisches Fundament hat, in das biblische Aussagen integriert wurden. Nun sehe ich allerdings einen grundsätzlichen Unterschied darin, ob ich psychologische Erkenntnisse in ein biblisches Modell einbaue, oder ob ich biblische Aussagen in ein psychologisches Modell einfüge. Im zweiten Fall ist kaum zu erwarten, dass das Ergebnis eine biblische Seelsorge sein wird. Eine biblische Seelsorge muss zur Grundlage die Bibel haben, bzw. eine biblische Psychologie.

Eine unbiblische Anthropologie

Die Anthropologie der Integrationisten befindet sich ganz auf der Linie dessen, was heute überwiegend gelehrt wird. Heute ist vor allem die *trichotome Vorstellung* sehr verbreitet. Man geht davon aus, dass der Mensch gewissermaßen aus drei Teilen besteht, aus dem stofflichen Leib, der nichtstofflichen und unsterblichen Seele und dem Geist. Diese Vorstellung wurde bereits auf der Synode von Konstantinopel (381 n. Chr.) durch Athanasius verworfen. Sie hat ihren Ursprung im griechischen Denken. Ende des letzten Jahrhunderts wurde sie von deutschen Theologen und später auch vor allem von *Watchman Nee* mit dem Buch «Der geistliche Christ» wiederbelebt. Sein Einfluss wurde vor allem im deutschen Pietismus, aber auch in der angelsächsischen Christenheit wirksam.

Bei der trichotomen Sicht des Menschen ist es üblicherweise so, dass man sich den Geist als das reine, von Sünde und Befleckung nicht betroffene Reservat vorstellt, das Organ, das Gott als seine Wohnstätte wählt. Die Schrift macht aber unmissverständlich klar, dass im Menschen nichts Gutes wohnt, dass der ganze Mensch durch den Fall betroffen ist. Paulus schreibt an die Korinther, dass sie sich *«von aller Befleckung des Fleisches und des Geistes reinigen»* sollen (2. Kor. 7,1).

Der bekannte Theologe *Wilhelm Schlatter* schrieb:

> «Wer vom Geist wahr denken und reden will, muss sich durch das Wort Gottes sagen lassen: Menschengeist ist nicht der Heilige Geist. Er ist nicht Gott, sondern in den Menschen hinein geschaffen, also geschaffener Geist. Als solcher konnte auch er sich der Sünde nicht erwehren, sondern ist selbst in ihre Gewalt und dadurch in Not und Erlösungsbedürftigkeit geraten. Mit diesem Bekenntnis der Wahrheit, dass auch der Geist im Menschen unter der Sünde steht, ist eingeräumt, dass das gesamte natürliche Menschenwesen bis in den Grund, den Geist, widergöttlich entartet ist und Errettung nötig hat.»[72]

Jede Vorstellung, die beim natürlichen Menschen ein unversehrtes, von der Sünde verschontes Reservat vermutet, ist entschieden falsch. Der Mensch ist nicht ein Sünder, weil er sündigt, sondern er sündigt, weil er ein Sünder ist. Sünde entspricht seiner gefallenen Natur. In Spr. 22,15 heißt es, dass Torheit dem Knaben im Herzen steckt. Noch nie musste einem Kind beigebracht werden zu sündigen. Das ganze Menschenwesen ist von Geburt an durchdrungen von der Sünde.

Man sagt, der Geist des Menschen vor der Bekehrung war tot und ist nun durch die Wiedergeburt lebendig gemacht worden. Das ist wohl richtig, doch verbindet man damit gleichzeitig die Vorstellung, dass der Geist des Menschen durch die Wiedergeburt von allem Sündhaften befreit wurde und nun die reine Wohnstätte Gottes darstellt. Dabei verkennt man eben die Ganzheitlichkeit des Menschen, die die Vorstellung verbietet, es könnte einen Teil geben, der dem Einfluss der innewohnenden Sünde enthoben wäre.

In manchen christlichen Büchern wird die Sünde bzw. das Fleisch ausschließlich mit der Seele identifiziert. Der Unterschied zwischen dem Heiligen Geist und dem Menschengeist wird oft gar nicht mehr gemacht. Und so redet man vom Geist des Menschen in einer Weise, wie sie nur wahr wäre, wenn man dasselbe vom Heiligen Geist sagen würde. Der Geist entspricht dann gewissermaßen dem göttlichen Funken in uns. Diese Vorstellung liegt ja auch der Selbstverwirklichungslehre zugrunde: Das Gute liegt in uns, es gilt lediglich, dieses Gute zu verwirklichen. Auch die Mystiker aller Zeiten waren von dieser Vorstellung ausgegangen. Durch Versenkung in sich selbst hinein wollten sie Gott begegnen.

Heute hat die Mystik in vielfältiger Weise wieder Einzug gehalten. Einerseits haben wir ein ungeheures Angebot an meditativ-religiösen Praktiken fernöstlicher Herkunft, anderseits wird unser Büchermarkt überschwemmt von esoterisch-okkulter Literatur. Im christlichen Feld haben wir die charismatische Bewegung, die in ihrem tiefsten Grund eine mystische Bewegung ist. In der Welt ist es die New-Age-Bewegung, die die Menschen für Übersinnliches öffnet. Immer geht es um besondere Geisteserfahrungen, die zum eigentlichen Ziel religiösen Strebens gemacht werden. Da man das Böse der Seele zugeordnet hat, kann man jetzt ein grenzenloses Vertrauen zu allem haben, was über den Geist vermittelt wird. So ist der Verführung durch Satan Tür und Tor geöffnet.

Ich bin der Meinung, dass es für die gläubigen Christen von großer Wichtigkeit ist, sich in dieser Frage zu besinnen und gewohnte Sichtweisen biblisch zu hinterfragen. Das dichotome Menschenbild hat weit reichende Konsequenzen für unser Thema. Wenn der Mensch nur aus zwei voneinander unabhängigen Teilen besteht, können Störungen in seinen Lebensbezügen nur zwei Quellen haben: Sie können entweder im Leib liegen oder im Geist. Im ersten Fall wäre primär der Mediziner gefragt, im zweiten der Seelsorger. Natürlich sind körperliche Krankheiten und Persönlichkeitsstörungen nicht exakt voneinander abzugrenzen, weil der Mensch eine Ganzheit ist und enge Wechselwirkungen bestehen.

Zum bessern Verständnis dieser Argumentation möchte ich ein Bild gebrauchen. Es ist das eines Mannes, der an einem Piano sitzt und spielt. Nehmen wir an, wir befinden uns vor dem Piano und können den Mann selbst nicht sehen. Was wir aber wahrnehmen, ist ein Piano, das Musik von sich gibt. Das entspräche einem lebenden Menschen, dem was die Bibel mit «Seele» meint. Nehmen wir an, die Musik klingt disharmonisch. Was könnte der Grund dafür sein? Es gibt im Prinzip zwei Möglichkeiten: Entweder spielt der Mann falsch oder das Piano ist defekt. In beiden Fällen kann das Resultat völlig gleich aussehen.

Modellvorstellung zum Verständnis psychischer Störungen

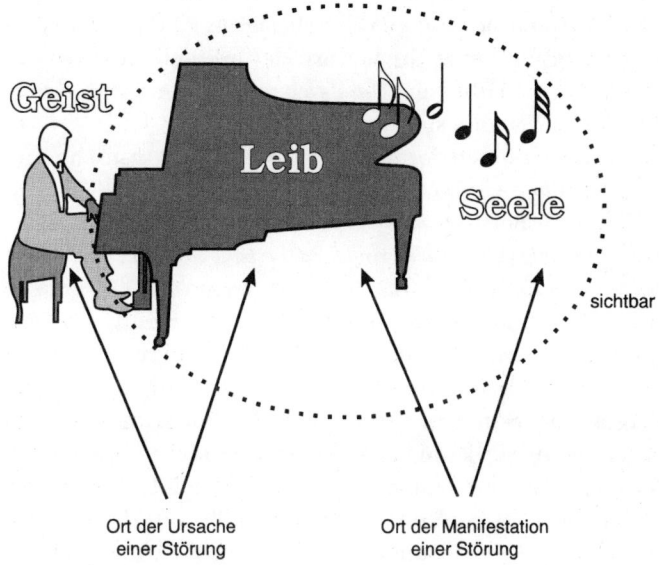

Ort der Ursache einer Störung

Ort der Manifestation einer Störung

Wenn das Nervensystem eines Menschen geschädigt oder beeinträchtigt ist (durch unmittelbare Schädigungen des Gehirns, durch raumverdrängende Prozesse wie Tumore oder durch mittelbare Einflüsse wie Vergiftungen, Drogen etc.), wenn es in seiner Funktion gestört ist durch Stoffwechselstörungen (zu viele oder zu wenige Neurotransmitter oder hormonelle Störungen), dann kann der Geist seine Impulse nicht mehr angemessen vermitteln, was sich vermutlich als psychische Störung äußert (z. B. als endogene Depression, Psychose, Schizophrenie, Alzheimer, usw.). Wenn dagegen der Geist in seiner Funktion gestört ist (das heißt, wenn die Gottesbeziehung gestört ist), dann kann das bei gesundem Nervensystem ebenfalls zu psychischen Störungen führen (z. B. neurotische Verhaltensstörungen, Angst- und Zwangserscheinungen, Suchtkrankheiten, neurotische und reaktive Depressionen).

Somit können wir sagen, dass nicht eigentlich die Psyche des Menschen krank ist, sondern dass entweder sein Körper krank oder seine Gottesbeziehung gestört ist oder beides. Somit muss auch dort der wesentliche Ansatzpunkt für die Hilfe sein. Die Psyche ist nur der Ort, wo sich die Störung manifestiert.

Ähnlich hat sich der schon erwähnte amerikanische Autor Lawrence Crabb in einem Interview mit «Christianity today» geäußert: *«Theologisch ist mir die zweigeteilte Position, dass der Mensch aus Geist und Leib besteht, lieber als eine Dreiteilung. Ich ziehe nämlich die Schlussfolgerung, dass das, was wir psychologische Probleme nennen, in Wirklichkeit geistlich/theologische Probleme sind.»* Die zwangsläufige Folgerung aus dieser Erkenntnis ist, dass Psychotherapeuten säkulare Seelsorger sind. Somit ist Psychotherapie im Grunde fehl am Platz. Denn sie kann das Wesentliche nicht leisten: den Menschen in eine gesunde Gottesbeziehung führen.

Für den christlichen Seelsorger heißt das, dass bei allem, was sich als Störung in der Psyche äußert und nicht in den Zuständigkeitsbereich der Medizin fällt, die Gottesbeziehung geklärt werden muss. Die Psyche sollte nicht der eigentliche Ansatzpunkt der Seelsorge sein. Eine Veränderung von Gewohnheiten und Verhaltensstilen wird – wie schon erwähnt – oft noch dazukommen müssen. Doch hat sie nur unterstützende und begleitende Bedeutung. Die eigentliche Veränderung muss am «inneren Menschen» geschehen. Es kann und darf ja nicht einfach darum gehen, den Christen in seinem autonomen und fleischlichen Wandel funktionsfähiger zu machen, funktionsfähiger für eine von gottlosen Normen und Werten geprägte Gesellschaft. Letztes und eigentliches Ziel muss es doch immer sein, dass der Ratsuchende im Wachstum des Glaubens und in der Heilung vorankommt, damit er etwas sei «zum Lobe seiner Herrlichkeit» (Eph. 1,12).

Zwar wird bei den Vertretern des integrationistischen Ansatzes viel von der Ganzheitlichkeit des Menschen gesprochen, doch ist unverkennbar, dass sie keine ganzheitliche Sicht vom Menschen haben. Deutlich wird unterschieden zwischen dem natürlichen und dem geistlichen Bereich des Menschen. Als «geistlich» wird alles das bezeichnet, was mit der Ausübung des Glaubens zu tun hat. Aber weder Beten, noch Bibellesen, noch Gottesdienstbesuche sind in sich selbst geistlich. Alles das lässt sich auch ohne Gott tun. Ob es geistlich ist oder nicht, entscheidet sich an der Frage, ob der Antrieb zum Tun im Menschen selbst oder eben in Gottes Geist liegt. De facto lässt sich «natürlich» und «geistlich» gar nicht auseinanderhalten, weil immer der ganze Mensch von seinen natürlichen Möglichkeiten her lebt oder vom Geist Gottes bewegt wird. Es wird gesagt, der angestammte Platz der Seelsorge sei das Geistliche. Daneben gebe es aber auch psychische Probleme und für die sei eben die Psychotherapie zuständig. Eine solche Aussage offenbart aber nur, dass man keine ganzheitliche Sicht vom Menschen hat.

Unhaltbare Argumente

Die Argumente, die die Integrationisten für ihre Vermischung von Psychotherapie und Seelsorge ins Feld führen, sind bei genauerer Betrachtung nicht stichhaltig. Das gilt sowohl für die Begründungen derer, die wie die «Biblisch-therapeutische Seelsorge» (BTS) methodenplural arbeiten, als auch für diejenigen, die sich wie *Reinhold Ruthe* nur einer Methode (der Individualpsychologie *Alfred Adlers*) verschrieben haben. Einige dieser Argumente sollen im Folgenden kritisch reflektiert werden.

1. Argument: Psychotherapeutische Methoden sind wissenschaftlich begründet (weisheitlicher Ansatz)

Heute wird der Begriff «Psychotherapie» oft sehr beliebig verwendet und so werden die Grenzen zur Seelsorge verwischt. Aber nicht jedes Gespräch, das zu dem Zweck geführt wird, einem Menschen in seelischen Problemen zu helfen, kann man «Psychotherapie» nennen. Erst folgende drei Bestimmungsstücke machen nach *Bastine* eine Behandlung mittels Gespräch zu einer Psychotherapie: 1. Die Veränderungsmittel müssen in einem klaren Bezug stehen zum psychologischen Grundlagenwissen; 2. Der Einsatz der Mittel erfolgt durch wissenschaftlich ausgebildetes Personal, das seine Tätigkeit wissenschaftlich begründet; 3. Es werden psychisch beeinträchtigte Personen behandelt.

Wie wissenschaftlich ist die Psychotherapie?
Wenn wir von dieser Definition ausgehen und sie als Prüfkriterium an die diversen Psychotherapien anlegen, kommen wir zu einem vernichtenden Ergebnis. Denn nur ein ganz geringer Teil dessen, was unter der Bezeichnung «Psychotherapie» läuft, ist Anwendung wissenschaftlich abgesicherter Ergebnisse. Von allen Psychotherapieformen kann eigentlich nur der Verhaltenstherapie zugesprochen werden, dass sie direkt auf psychologisches Grundlagenwissen zurückgeht. Hier wurden tatsächlich psychologische Forschungsergebnisse über die verschiedenen Formen der Konditionierung und über den Ablauf von Lernvorgängen konsequent in therapeutische Methoden umgesetzt. Darin liegt auch die Überlegenheit der Verhaltenstherapie gegenüber andern Methoden begründet.

Alle andern Therapieformen sind mehr oder weniger Erfindungen, die in den Köpfen ihrer Begründer entstanden sind und mehr ideologisch begründet sind als wissenschaftlich. Ähnlich hat es der heute populärste Psychotherapie-Begründer *Albert Ellis* gesagt. *Ellis* wird heute etwa dieselbe Bedeutung zugeschrieben wie seinerzeit *Sigmund Freud* und *Carl Rogers*. Er hat eine kognitive Verhaltenstherapie, die sog. «Rational-emotive Therapie», entwickelt. Ich zitiere aus einem Interview, das er anlässlich eines Psychotherapie-Kongresses gab und in dem er kein Blatt vor den Mund nahm:

> «Fast alle Therapien tun das Gleiche. Sie haben nicht die leiseste Ahnung über die tatsächliche Störung der Menschen, geschweige denn, wie sie diese beseitigen sollen. Dafür halten sie sich an den absoluten Blödsinn über das Unbewusste.» ... «Freud war ein großer Erfinder, Erickson ebenfalls und Fritz Perls war auch ein großer Erfinder. Aber sie hatten alle nicht den blassesten Schimmer, warum Menschen wirklich gestört sind und wie diese Störungen aufzuheben sind. Sie taten einfach zufällig Dinge, die teilweise funktionierten.» ... «Sie könnten genauso gut das ganze Freud'sche Wissen nehmen und es in den Müll kippen.»[73]

Anzumerken wäre, dass *Ellis* von den Vertretern des Integrationsansatzes besonders favorisiert wird, weil es ja auch in der Seelsorge um eine Veränderung des Denkens geht.[74]

In einem von der Bundesregierung in Auftrag gegebenen Gutachten zur Wirksamkeit der Psychotherapien durch die Psychologen *Hans Grawe* und *Hans H. Strupp* kamen diese zu einem vernichtenden Ergebnis: Von den mittlerweile mehreren hundert Psychotherapien sind es nur drei(!), deren Wirksamkeit überhaupt schon wissenschaftlich untersucht wurde: die Psychoanalyse, die Verhaltenstherapie (einschließlich der kognitiven Ansätze wie z. B. die Rational-emotive Therapie von *Ellis)* und die Nondirektive Gesprächspsychotherapie. Bei der Psychoanalyse konnte bisher überhaupt keine spezifische Wirksamkeit nachgewiesen werden. Etwas besser steht es bei der Gesprächspsychotherapie und am besten ist die Wirksamkeit der verhaltenstherapeutischen Methoden belegt.[75]

Sind wir wissenschaftsgläubig? – Notwendiger wissenschaftstheoretischer Exkurs
An dieser Stelle möchte ich einen kurzen wissenschafts-

theoretischen Exkurs einfügen. Damit soll einer naiven Wissenschaftsgläubigkeit entgegengewirkt werden.

Als Begründung und Rechtfertigung der Integration von Seelsorge und Psychotherapie dient ja sehr oft der Verweis auf die Wissenschaft. Man spricht diesbezüglich auch von einem «weisheitlichen Ansatz». *Wilfried Veeser* schreibt dazu:

> «Die Bibel macht klar, dass sich die ganze Welt mit aller Gesetzmäßigkeit dem einen Schöpfer verdankt, der durch Jesus Christus alles gemacht hat (vgl. Kol. 1,16; Hebr. 1,2). So werden seit alters jene, die diese Gesetzmäßigkeit entdecken und fruchtbar machen, zu den Weisen gezählt (vgl. 1. Mose 4,20–23). Heute nennen wir sie 'Wissenschaftler'. Auch Salomon war ein Wissenschaftler von hohem Rang, der offenbar international anerkannt war und regen wissenschaftlichen Austausch mit anderen Ländern pflegte. Unter ihm erfuhr Jerusalem eine wissenschaftliche Blüte (vgl. 1. Kön. 10,1ff; Sirach 34,9f). Die Bibel fordert jeden Christen mit wachem Verstand auf, solche Gesetzmäßigkeit in der Natur und dem Zusammenleben von Menschen zu entdecken (vgl. Ps. 119,27; Spr. 1,1–7; Spr. 24,3; Weish. 8,8). ... *Die psychotherapeutischen Methoden, die wir in der BTS einsetzen, haben wir geprüft. Sie sind wissenschaftlich anerkannt und spiegeln die Gesetzmäßigkeit der Schöpfung Gottes im Zusammenleben von Menschen wider. Ihre Wirkungen sind belegt. Deshalb meinen wir: Wer solche therapeutischen Methoden ablehnt, missachtet auch die Ordnung des Verhaltens und Erlebens, die Jesus selbst geschaffen hat.* Auch wenn sie nicht unmittelbar in der Bibel stehen, sind sie doch ein Teil der Schöpfung, die sich dem Wort Jesu verdankt (vgl. Ps. 8,4; Ps. 33,4, Hebr. 1,1–3).»[76]

Veeser suggeriert in diesem Text, dass wir durch die Wissenschaft mehr über Gott erfahren können, als Er uns in Seinem Wort ohnehin schon geoffenbart hat (natürliche Offenbarung). Außerdem nimmt er ganz selbstverständlich an, dass Zusammenhänge über menschliches Verhalten, die durch wissenschaftliche Forschung «entdeckt» wurden, unbedingt auch nutzbar gemacht werden müssen. Wer sich dieser Nutzung verschließt, missachtet

Gottes Ordnung! Ähnlich apodiktisch hat es *Dieterich* formuliert:

> «Wer Christen moderne psychologische oder psychotherapeutische Hilfen vorenthält, macht sich an ihnen schuldig. Und zwar genauso, wie wenn man aus 'Glaubensgründen' vor der Einnahme von notwendiger Medizin warnen würde. Solche Ratschläge verleugnen die Schöpfungsordnungen Gottes.»[77]

Die Möglichkeit, dass man auch vor einem Medikament warnen müsste, dessen Wirksamkeit wissenschaftlich nachgewiesen ist, wird gar nicht eingeräumt. Als müsste nicht jeder, der ein Medikament nimmt, gründlich prüfen, ob er bereit ist, die z. T. gravierenden Nebenwirkungen um einer zumindest fraglichen Wirkung willen in Kauf zu nehmen. Immer wieder klingt durch, dass eine ethische Prüfung und Entscheidung «im Angesicht Gottes» dann nicht mehr erforderlich ist, wenn die Sache nur wissenschaftlich begründet ist. Hinter solchen Aussagen steht m. E. eine für Christen unangebrachte Wissenschaftsgläubigkeit.

Objektivität und Wertfreiheit in der Wissenschaft – eine Fiktion
Der Verweis auf die Wissenschaftlichkeit psychotherapeutischer Methoden suggeriert, dass diese schon allein deshalb sowohl objektiv als auch ideologiefrei sein müssten. Denn empirische Wissenschaft könne ja immer nur zutage fördern, was bereits da sei. Aber: Wissenschaft ist niemals absolut zu sehen. Gerade empirische Wissenschaft hat gar nicht den Anspruch, endgültige Wahrheiten zu beschreiben. Sie bildet Theorien aus «noch nicht widerlegten Hypothesen», ist von daher ständig im Fluss, abgesehen davon, dass sie ohnehin immer nur Wahrscheinlichkeitsaussagen machen kann.

Die Vorstellung, Wissenschaft sei etwas Objektives, offenbart eine sehr unkritische Sicht. Jede wissenschaftliche Aussage steht doch in einem ideologisch begründeten Kontext. Dieser Kontext ist gegeben von der Gesellschaft, in der geforscht wird, von den Zwängen des Wissenschaftsbetriebs, von dem individuellen Gewissen des Forschers und von dem Forschungsgegenstand selbst, der gerade bei der Psychologie ein äußerst sperriger ist. Der Mensch lässt sich nicht so beliebig manipulieren wie etwa eine chemische Substanz. Der jeweilige wissenschaftliche Standort einer Disziplin wird durch vielfältige Interessen und Machtkonstellationen innerhalb und außerhalb der Wissenschaft bestimmt; diese haben Einfluss auf die Auswahl des Forschungsgegenstandes. Gerade gängige Theorien sind oft Ausdruck der Grundvorstellungen der jeweils herrschenden Interessengruppe. Der Wissenschaftler ist als Mensch in seinem Forschen grundsätzlich von bestimmten Interessen sowie von seinen eigenen Wertvorstellungen geleitet, die sämtlich außerhalb des wissenschaftlichen Systems liegen. Er handelt im Sinne spezifischer Wert- und Normvorstellungen und strebt bestimmte Ziele an. Objektivität ist in der Wissenschaft zwar anzustreben, wird aber nie im Vollsinn möglich sein.

Unbeeindruckt von dieser Tatsache beruft sich *Dieterich* immer wieder auf die Objektivität und Wertfreiheit der Wissenschaft:

«Ernst zu nehmende, empirisch arbeitende Anthropologen, Psychologen und Sozialwissenschaftler können – auch wenn sie Agnostiker sind – bei der Beobachtung des menschlichen Verhaltens nichts anderes entdecken als das, was Gott bei der Erschaffung des Menschen vorgesehen hatte ...»[78]

An anderer Stelle schreibt er:

«Es wird durch saubere Quellenforschung möglich sein ... zu zeigen, dass die Techniken vieler psychotherapeutischer Schulen auch ohne ihre Ideologie fruchtbar sind bzw. anders gewendet, dass Gott diese Therapiemöglichkeiten dem Menschen bereits bei der Schöpfung mitgegeben hat.»[79]

Hier möchte ich aber doch zu bedenken geben: Man wird bei empirischer Wissenschaft keineswegs nur zutage fördern, was Gott dem Menschen «beigelegt» hat, denn wir haben es ja doch mit dem gefallenen Menschen zu tun. Der gefallene Mensch wird mit Sicherheit anders funktionieren und reagieren als Adam vor dem Fall.

Und im Übrigen: Selbst da, wo die Psychologie Zusammenhänge über das menschliche Erleben und Verhalten offenlegt, deren Kenntnis eine Einflussnahme auf den Menschen ermöglichen, heißt das noch lange nicht, dass eine solche Einflussnahme auch ethisch vertretbar oder gar von Gott sanktioniert wäre. Die Möglichkeit der Genmanipulation liegt auch in der Schöpfung drin – aber ist sie deswegen schon gut? Dasselbe gilt für die Atomspaltung. Auch sie beruht auf schöpfungsmäßig vorgegebenen physikalischen Zusammenhängen, und doch wären wir ja heilfroh, wenn der Mensch dabei geblieben wäre, Holz zu spalten! Wissenschaft und Ethik stehen nun mal in einem untrennbaren Zusammenhang. Die ethische Entscheidung kann mir aber durch die Wissenschaft nie abgenommen werden.

Erfahrungswissenschaft hat Grenzen!
Die Grenzen der empirischen Forschung lassen sich in folgenden vier Punkten zusammenfassen: 1. Sie geht von Axiomen aus; 2. sie ist auf Sinneswahrnehmung angewiesen; 3. sie muss vorher wissen, was sie finden will und 4. sie kann kein Werturteil fällen.

1. Sie geht von Axiomen aus. Jede Erfahrungswissenschaft beruht auf einer Form der Erkenntnisgewinnung, die von bestimmten Vorannahmen, von sogenannten «Axiomen» ausgeht, die selbst nicht beweisbar sind, sondern auf einem allgemeinen Konsens beruhen. Voraussetzung für jegliches wissenschaftliche Arbeiten sind etwa folgende Axiome:

a) Es gibt eine reale Wirklichkeit. Die Annahme des Hinduismus etwa, dass alles Sichtbare nur «maya» sei, also

Ausfluss unseres Denkens und nicht reale Wirklichkeit, macht empirische Forschung unmöglich. b) Die Wirklichkeit ist objektiv messbar. Ein Satz wie «Gott ist Schöpfer der Welt» ist nicht unwissenschaftlich und daher falsch, sondern außerwissenschaftlich und daher empirisch nicht überprüfbar. Denn wenn ein persönlicher Gott diese Welt erschaffen hat, dann bestimmt Er, welche Erfahrungen wir mit ihm machen, und nicht umgekehrt. Dasselbe gilt für materialistische Ansätze: Dass es nichts gibt als Materie und deren Verknüpfungen und keine übernatürliche Realität existiert, lässt sich empirisch ebensowenig beweisen wie die Existenz Gottes. Die Antworten auf solche Fragen kommen nicht aus der Forschung, sondern sie bilden den Rahmen, in dem sich alle Forschung abspielen muß. Sie sind Axiome, von denen ausgegangen wird. c) Die Wirklichkeit ist methodisch geordnet und gleichbleibend. Es wäre nicht sinnvoll, den Versuch zu unternehmen, in der sichtbaren Welt Gesetzmäßigkeiten festzustellen, wenn es solche gar nicht gäbe, wenn alles Willkür und Zufall wäre. Wir nehmen an, dass unsere Welt grundsätzlich Logos ist und nicht Chaos.

2. Sie ist auf Sinneswahrnehmung angewiesen. Die Empirie oder Erfahrungswissenschaft hat einen eingeschränkten Untersuchungsbereich: Sie beschäftigt sich nur mit dem, was im Bereich der Sinneswahrnehmung liegt bzw. mittels Messmethoden der Wahrnehmung zugänglich gemacht werden kann. Sie ist von daher auf die Authentizität menschlicher Sinneswahrnehmung angewiesen; diese ist aber nicht immer garantiert (z. B. optische Täuschungen).

3. Sie muss vorher wissen, was sie finden will. Der «wissenschaftliche Beweis» enthält Schwachstellen: Eine Voraussetzung für jede empirische Forschung ist das Vorhandensein einer Hypothese; man muss schon wissen, wonach man sucht. Die Forscher sind motiviert, je nach Fragestellung ihre Hypothese bestätigen oder widerlegen zu können. Von daher tendieren sie dazu, das der Hypothese zuträgliche Beweismaterial zu sammeln und anderes zu übersehen (interessengeleitete Wahrnehmung).

4. Sie kann kein Werturteil fällen. Die Wissenschaft kann nur beschreiben, wie und warum etwas funktioniert. Sie kann aber nicht sagen, wie etwas funktionieren soll. Es gibt in der Psychologie z. B. die wissenschaftlich begründete Aussage: «Frühe Förderung hilft bei der Intelligenzentwicklung.» Wenn nun jemand meint, die «Wissenschaft» sage, dass man Kinder früh fördern muss, damit sie ihre Intelligenz voll ausbilden, dann vollzieht er den klassischen Fehlschluss vom Sein zum Sollen. In Wirklichkeit sagt ein bestimmtes Ethos, dass jeder Mensch ein Recht auf die Entwicklung seiner Begabungen haben solle – und erst von daher wird dieser wissenschaftliche Satz zur Norm, zum «du sollst» einer ethischen Regel.

Gibt es eine allgemeine Offenbarung durch die Natur?
Douglas Bookman weist darauf hin, dass in der Frage nach der Integration von Theologie und Psychologie drei Fragestellungen zu klären wären: 1. Kann Theologie und Psychologie integriert werden? 2. Soll Theologie und Psychologie integriert werden? 3. Wie kann eine Integration am besten geschehen? Er kritisiert, dass die Fragen 1 und 2 von den Integrationisten meist vorausgesetzt und daher gar nicht erst gestellt werden. Sie werden deshalb nicht gestellt, weil man ganz selbstverständlich davon ausgeht, dass empirisch gefundene und von Gott geoffenbarte Wahrheit auf gleicher Ebene angesiedelt ist. Damit ist für sie die erste Frage schon geklärt: Wenn es sich um Wahrheit gleicher Grundqualität handelt, ist eine Integration beider Wahrheiten grundsätzlich möglich. Da empirisch gefundene Wahrheit somit die geoffenbarte Wahrheit nur erweitert und ergänzt, kann auch die Antwort auf die zweite Frage nur positiv sein. Somit brauchen wir uns nur noch mit der Frage beschäftigen, wie eine solche Integration am besten geschehen kann. Doch dieses Denken geht

von einer falschen Prämisse aus: die Gleichsetzung von empirisch gefundener und geoffenbarter Wahrheit. Die falsche Vorstellung, die hinter dieser Prämisse steht, ist die einer allgemeinen natürlichen Offenbarung.[80]

Die Aussage Dieterichs, bei der Beobachtung des menschlichen Verhaltens könne man nichts anderes entdecken als das, was Gott bei der Erschaffung des Menschen vorgesehen hatte, drückt diese Auffassung aus, auch wenn sie möglicherweise nie in diesem Kontext reflektiert wurde. Sicher ist es so, wie es im Römerbrief heißt, dass der Mensch in der Natur erkennen kann, dass es einen allmächtigen und weisen Schöpfer gibt. Aber einen Offenbarungscharakter kann man der Schöpfung trotzdem nicht zusprechen. Die Aussage: «Jede Wahrheit ist Gottes Wahrheit», die letztlich hinter der Rede vom «weisheitlichen Ansatz» steht, ist so nicht akzeptabel.[81]

Wenn man meint, dass Wissenschaft uns Kenntnisse vermitteln kann, die eine über die Aussagen der Bibel hinausgehende Offenbarung Gottes darstellen, dann unterliegt man offensichtlich einem Missverständnis darüber, was Offenbarung ist. In biblischer Sicht ist Offenbarung per definitionem der menschlichen Untersuchung oder Erkenntnis unzugänglich. Offenbarung liegt nur da vor, wo Gott von sich aus dem Menschen ein Wissen zugänglich macht, das ihm sonst verschlossen und mit Hilfe seiner Möglichkeiten auch nicht zu erlangen wäre.

Es soll aber keineswegs in Frage gestellt werden, dass durch wissenschaftliche Forschung Einsichten und Erkenntnisse gewonnen werden, die fruchtbar gemacht werden können, um Menschen in verschiedener Weise zu helfen. Das ist z. B. bei medizinischer Forschung offensichtlich. Doch auch da, wo aufgrund solcher Forschung neue Wirkstoffe zur Heilung von Krankheiten entdeckt werden, müssen diese Wirkstoffe gründlich geprüft werden, bevor sie zum Einsatz kommen. Es muss der Nachweis erbracht werden, dass sie tatsächlich die postulierte spezifische Wirkung aufweisen und es muss gezeigt werden, dass unerwünschte Wirkungen (sog. Nebenwirkungen) in ethisch vertretbarem Ausmaß auftreten.

Auf die fehlenden Wirksamkeitsnachweise bei den vielen Psychotherapieformen möchte ich hier nicht weiter eingehen. Dazu gibt es genügend Literatur.[82] Doch selbst wenn die Wirksamkeit der Psychotherapie bestens nachgewiesen wäre, hätten wir als Christen immer noch zu klären, ob wir diese Wirkungen überhaupt anstreben sollten. Die Entscheidung darüber, ob eine Methode wirksam ist, entscheidet sich ja daran, welches Ziel man mit der Methode anstrebt. Da jedoch die Zielsetzung der Psychotherapie und die der Seelsorge völlig konträr sind (siehe Kapitel 6), hätte ein Wirksamkeitsnachweis der Psychotherapie für uns als Christen wenig Bedeutung. Das Motto «Hauptsache, es hilft» kann nicht das Motto eines Christen sein, der ernsthaft zur Ehre Gottes leben möchte.

2. Argument: Psychotherapeutische Methoden sind wertneutral und können problemlos von ihrem Überbau abgelöst werden.

Michael Dieterich schreibt:

«Ich bin der Meinung, dass die Begründer der verschiedenen psychotherapeutischen Schulen häufig zu der Zeit, in der sie ihre Methoden erstmalig anwandten, noch gar keinen eindeutigen theoretischen Hintergrund, keinesfalls aber eine Ideologie parat hatten. Sie haben auf den Menschen prinzipiell wirksame Mechanismen entdeckt, die von der Anlage des Menschen her vorgegeben waren. Erst im Nachhinein (also häufig in den 'Spätwerken') tritt ein ideologischer Überbau auf, der aber m. E. nicht zwingend ist. ... Mit diesem Hintergrund brauchen dann die Techniken etwa der Verhaltensmodifikation, der Gesprächspsychotherapie usw. nicht als 'unbiblisch' bekämpft zu werden, sondern können auch für Christen ohne Gewissensbelastung eingesetzt werden. Wichtig ist dabei immer wieder, zwischen Ideologie und Technik sauber zu trennen, *was zugegebenermaßen nicht immer ganz leicht fällt.*»[83]

Und an anderer Stelle lesen wir:

> «Mit 'therapeutisch' ist aber auch gemeint, dass Arbeitsmittel im Sinne eines handwerklichen Instrumentariums benötigt werden, die, wie vorne beschrieben, zum Großteil *ohne Schwierigkeiten* vom ideologischen Überbau aus den säkularen Therapieformen getrennt werden können und die selbstverständlich biblisch legitimiert sein müssen.»[84]

In einem Interview mit «idea magazin» sagte er es noch pointierter:

> «Wir können deutlich nachweisen, dass dies sozusagen Methoden sind, die man vom ideologischen Überbau trennen kann.»[85]

Dieses vollmundige Versprechen einzulösen ist *Dieterich* bis heute schuldig geblieben. In keiner Veröffentlichung von ihm selbst oder andern BTS-Mitarbeitern habe ich bis heute einen solchen Nachweis gefunden. Dabei ist es doch eine sehr wichtige Frage, ob die psychotherapeutischen Methoden wirklich wertfrei sind und unabhängig von der zugrundeliegenden Lehre angewandt werden können, sozusagen mit biblischem «Überbau», den man ihnen einfach nachträglich überstülpt, nachdem man den ideologischen Überbau beseitigt hat.

Ich glaube, dass die These, der Überbau lasse sich problemlos von der Methode ablösen, falsch ist. Ja es ist bereits schon sehr fragwürdig, ob es sich bei der Ideologie, die hinter der Methode steht, überhaupt um einen «Überbau» handelt oder nicht doch um die Grundlage, das Fundament. Vom «Überbau» zu reden, halte ich für verfehlt (abgesehen davon, dass es sich hier um einen marxistischen Terminus handelt, der innerhalb des historischen Materialismus eine spezifische Bedeutung hat).[86] Die Rede vom Überbau soll suggerieren, als handle es sich um so etwas wie ein später aufgesetztes Dach, das man leicht wieder entfernen und durch ein anderes Dach ersetzen könnte.

Die bereits vorne beschriebene Methode der Gesprächspsychotherapie zeigt aber meiner Meinung nach deutlich auf, wie eng die Philosophie des Begründers *Rogers* mit seiner Methode verwoben ist (S. 122–125). Ohne die Vorstellung, dass der Mensch das Gute in sich selbst trägt und unter günstigen Bedingungen fruchtbar machen kann, würde man auf diese Methode kaum kommen. Es mag ja sein, dass *Rogers* seine Persönlichkeitstheorie erst nach seiner Methode kreiert hat, doch ist sein humanistisches Menschenbild schon vorher in seinem Kopf gewesen und hat mit Sicherheit bereits bei der Entwicklung der Methode Pate gestanden. Er hat selbst auf den Einfluss seiner Biografie verwiesen und gemeint, dass seine Therapie nicht unabhängig von seiner humanistischen Weltanschauung gesehen werden könne.[87]

Hinter dieser Therapieform steht ja ganz eindeutig das humanistische Grundpostulat: «Der Mensch ist von Natur aus gut!» Es kennzeichnet das im Gegensatz zu *Freud* sehr optimistische Menschenbild von *Rogers*. Nicht selbstsüchtige Motive treiben den Menschen an, sondern der angeborene Drang zur Selbstverwirklichung oder die Tendenz, seine inhärenten (angeborenen) Möglichkeiten zu aktualisieren («self-actualization tendency»). Der Mensch wird mit einem «blue-print» geboren, d. h. mit einer inneren Skizze oder einem Schema, das nichts in sich birgt, was notwendigerweise zum Konflikt mit der Umwelt führen müsste. Zur neurotischen Entwicklung kommt es deshalb, weil dem Menschen nicht ausreichend «positive Wertschätzung» vermittelt wird und weil die Umwelt der Verwirklichung seiner Möglichkeiten Widerstände entgegensetzt.

Aus dieser Persönlichkeitstheorie erklärt sich die Forderung an den Therapeuten, auf jegliche Direktiven (Vorschläge, Ratschläge) in der Therapie zu verzichten, da jedes Individuum die beste Lösung für seine Probleme in sich selbst finden könne. Auch das Gewicht, das der Vermittlung von positiver Wertschätzung und einer möglichst entspannten und angstfreien Atmosphäre gegeben wird, lässt sich hier einordnen.

Das therapeutische Vorgehen der Gesprächspsychotherapie bekommt also nur Sinn, wenn man ihre anthropologischen Voraussetzungen miteinbezieht. Kein Mensch käme doch sonst auf die völlig abwegige Idee, man dürfe einem Menschen, der durch seinen sündigen Lebensstil sein eigenes Leben und das anderer zerstört, keine Richtung weisen. Wir sehen also, dass die humanistische Weltanschauung eines *Rogers* nicht nachträglich übergestülpt wurde, sondern in die Entwicklung dieser Therapie eingegangen ist und sie durchdringt. Wollte man diese Therapie von ihren widerbiblischen Inhalten reinigen, müsste man zuerst auf die Verbalisierungstechnik verzichten, durch die der Ratsuchende massiv manipuliert wird.

Im Weiteren müsste man «Positive Wertschätzung» neu definieren, etwa im Sinne von Röm. 15,7: «Darum nehmt einander an, wie Christus euch angenommen hat zu Gottes Lob.» Oder im Sinne der wahren «Agape»-Liebe: «Ein neues Gebot gebe ich euch, dass ihr euch untereinander liebt, wie ich euch geliebt habe, damit auch ihr einander lieb habt» (Joh. 13,34). Auch die «Echtheit» dürfte nicht länger als eine lernbare Therapeutenvariable definiert werden, sondern müsste als Wahrhaftigkeit verstanden werden, zu der nur der kommt, der seine Bedeutung in Christus gefunden hat: «Wer aus sich selbst redet, sucht seine eigene Ehre; wer aber die Ehre dessen sucht, der ihn gesandt hat, der ist wahrhaftig, und Ungerechtigkeit ist nicht in ihm» (Joh. 7,18).

Wollte man also die Gesprächspsychotherapie von ihrem humanistischen Geist säubern, bliebe von der eigentlichen Methode nicht mehr Brauchbares übrig, als das, was der biblisch orientierte Seelsorger ohnehin täte und was er zudem nicht aus seinem natürlichen Wesen, sondern nur in Christus verwirklichen könnte.

Dasselbe ließe sich ohne Mühe auch für die andern Psychotherapieverfahren zeigen. Psychotherapie ist nun mal eben etwas anderes als ein «Handwerkszeug». Sie geschieht mit Worten, ist Kommunikation, Pädagogik, Beeinflussung. Es geht hier primär um etwas Geistiges. Hiob stellte seinem Freund Bildad interessante Fragen: «Wie hast du den beraten, der keine Weisheit hat und Gelingen in Fülle geoffenbart! Wem hast du denn deine Worte mitgeteilt, und *wessen Geist* ist von dir ausgegangen?» (Hiob 26,3–4). Ich bin somit der Meinung, dass die Behauptung der Wertneutralität psychotherapeutischer Methoden auf tönernen Füßen steht.

3. Argument: Psychotherapie agiert auf der horizontalen Ebene (Mensch-Mensch-Beziehung), während Seelsorge sich der vertikalen (Mensch-Gott-Beziehung) annimmt.

In der geometrischen Darstellung einer vertikalen und horizontalen Lebensebene liegt die Gefahr, dass man diese beiden Erfahrungsrealitäten des Menschen zu sehr separiert und damit deren Berührungsmöglichkeit einschränkt. So lesen wir bei *E. Scharrer:*

> «In der Begegnung dieser beiden Ebenen, der horizontalen und der vertikalen, treffen sich Psychotherapie und Seelsorge, oder anders formuliert, treffen sich Lebenshilfe und Glaubenshilfe.»[88]

Eine solche Trennung von Lebenshilfe und Glaubenshilfe ist künstlich, ja sie geht geradezu von einer Art «existentiellem Dualismus» aus. Wie anders klingt doch hier das Psalmwort: «Ich hebe meine Augen auf zu den Bergen. Woher kommt mir Hilfe? Meine Hilfe kommt vom Herrn, der Himmel und Erde gemacht hat!» (Ps. 121,1.2).

Für einen Christen ist doch jede wirkliche Lebenshilfe in einer Glaubenshilfe begründet. Für ihn darf es keine Trennung von horizontaler und vertikaler Ebene geben.[89] Seine zwischenmenschlichen Beziehungen sollten ihre Prägung aus der Beziehung zu dem lebendigen Gott erhalten.

Geistesfrucht, die sozial bedeutsam wird (nämlich Liebe, Geduld, Freundlichkeit, Gütigkeit, Sanftmut und Demut), ist nur dem verheißen, der in Christus bleibt wie die Rebe am Weinstock (Joh. 15,5). Somit muss der Ansatzpunkt beim Christen immer die Beziehung zu Christus sein – wenn diese Beziehung in Ordnung kommt, dann klären sich menschliche Beziehungen, dann ergibt sich auch so etwas wie «soziale Kompetenz». Das ist eine immer wiederkehrende Erfahrung biblischer Seelsorge.

4. Argument: Psychotherapie beseitigt Barrieren, die den Hl. Geist hindern, zum Durchbruch zu kommen.
Diese Aussage klingt zunächst sehr bestechend. Bei näherer Überlegung jedoch erweist sie sich als Fehlschluss. Man muss sich ja fragen, was das für Barrieren sein können, die den Hl. Geist in seinem Wirken einschränken.[90]

Rudolf Affemann, ein christlicher Psychoanalytiker, nennt sie «neurotische Entfremdung»: In einem Aufsatz über die «Möglichkeiten und Grenzen der Psychotherapie» erkennt er zunächst an, dass die Psychotherapie unfähig ist, «den Menschen von dem Übel zu erlösen und ihm über Heilung hinaus Seelenheil zu verschaffen», und er fährt fort:

> «Soll das nun heißen: 'Ja, wenn das so ist, dann brauchen wir auch keine Psychotherapie mehr?' Weit gefehlt! Selbst wenn der Mensch durch die Verkündigung zutiefst in eine neue Lebensrichtung versetzt wird, bleiben dennoch Folgen der alten Ausrichtung und die Spuren neurotischer Entfremdung bestehen. Hinwendung zu einem personalen christlichen Glauben schafft eine neue Lebensbewegung, sie macht den Menschen

jedoch nicht total neu ... Aufgabe der Psychotherapie ist es also, Störungen zu beseitigen, die längst Eigengesetzlichkeit erhielten. *Psychotherapie und Seelsorge schließen sich somit nicht aus, sondern ein.*»[91]

Affemann hat darin Recht, dass dem bekehrten Christen noch vieles aus seinem alten Leben anhaftet. Die Bibel nennt das «Fleisch» und «altes Wesen», das es immer mehr abzulegen gilt. Wieder offenbart sich, dass durch Psychotherapie letztlich Heilung intendiert wird. Heiligung kann aber nicht durch menschliche Methoden gemacht werden, sondern wird ausschließlich durch den Geist Gottes gewirkt.

5. Argument: Psychotherapie hat die Aufgabe, auch die Heilung des Unbewußten zu ermöglichen.

Eine «rechte, dem Menschen *angemessen* zugewandte Seelsorge» ist für *E. Scharrer* nur eine solche, «die auch das *Unbewusste* des Menschseins mitberücksichtigt». Er ist fest davon überzeugt, «dass *Seelsorge, wenn sie heilsam und effektiv sein soll,* auch die unbewussten Bereiche der Tiefenperson, der Geschöpflichkeit miterfassen sollte».[92]

Hier müssen wir ein großes Fragezeichen anbringen: Ist es wirklich unser Auftrag, im Unterbewusstsein des andern herumzuwühlen und ans Licht zu zerren, was dort bisher verborgen war? Sagt die Bibel nicht ausdrücklich, dass Gott die Herzen prüft (Ps. 17,3), und spricht sie nicht von einem Tag, «... da Gott das Verborgene des Menschen durch Jesus Christus richten wird» (Röm. 2,16)? Warnt uns nicht auch Paulus davor, zu richten, was in den Tiefenschichten der Seele angesiedelt ist? «Darum richtet nicht vor der Zeit, bis der Herr kommt, welcher wird ans Licht bringen, auch was im Finstern verborgen ist, und wird das Trachten der Herzen offenbar machen» (1. Kor. 4,5).

Es geht Scharrer darum, «dass die Inhalte und Wahrnehmungen einer biografischen Analyse, das Wahrnehmen und Rekonstruieren der frühen Vergangenheit in die Gegenwart unter Verwendung von Einfällen, Träumen und andern Zugangswegen in das Unbewusste, welche die Psychotherapie lehrhaft zu vermitteln versucht, in Beziehung gebracht werden auf eine Entscheidung hin: auf Entscheidung für die Offenbarung».[93]

Affemann sagt es ähnlich:

> «Offenheit zum Transrationalen kann aber nur wachsen, wenn wir uns dem viel näher liegenden Irrationalen in den Tiefen des eigenen Unbewussten öffnen.»[94]

Im Klartext: Eine rechte Gottesbeziehung kann also nur zustandekommen, wenn das Unbewusste psychoanalytisch aufgedeckt und bearbeitet wird! Damit kommt der Psychoanalyse eine immense Bedeutung in der Glaubens- und Heiligungslehre zu, und man wundert sich, wie gesagt, nur, dass Gott diese Weisheit nicht schon dem Paulus geoffenbart hat, damit auch die vielen Generationen vor *Freud* davon hätten profitieren können. Zwar verschweigt die Bibel nicht die Existenz des Unbewussten, doch nirgends spricht sie davon, dass es ins Bewusstsein kommen muss. Der Psalmist betet: «Wer kann merken, wie oft er fehlet? Verzeihe mir die verborgenen Sünden!» (Ps. 19,13). Wir dürfen uns ihm anschließen und vertrauen, dass Gott das Unbewusste auch so heilen kann.

Jesus sagt: «Wenn euch nun der Sohn frei macht, so seid ihr *recht* frei!» (Joh. 8,36). Wer Jesus in seinem Leben Raum gibt, der wird diese Freiheit erfahren: die Freiheit von den Zwängen auferlegter Rollenschemata, die Freiheit von der Gebundenheit an die «Lüste und Begierden» des Fleisches, die Freiheit von der Sucht nach Anerkennung und Bestätigung, nach Zuwendung und Annahme vonseiten der Mitmenschen, die Freiheit von Minderwertigkeitsgefühlen und Selbstverwerfung, ja schließlich auch die Freiheit von der Versklavung an das eigene Ich.

Wer diese Freiheit erlangt hat, kann mit Paulus sagen: «... ich habe gelernt, mir genügen zu lassen, wie ich's finde. Ich kann niedrig sein und kann hoch sein; mir ist alles und jedes vertraut; ich kann beides: satt sein und hungern, beides: übrig haben und Mangel leiden. Ich vermag alles durch den, der mich mächtig macht, Christus» (Phil. 4,11–13). Wir können uns nicht vorstellen, dass ein Mensch, der so sprechen kann, noch alles mögliche Unbewusste aufzuarbeiten hat, das ihm natürlich nur mit tiefenpsychologischer Hilfe offenbart werden kann!

Schließlich meinen wir, dass es auch so etwas wie eine «heilige Zurückhaltung» des Seelsorgers vor dem geben sollte, was der Ratsuchende ihm nicht offenbaren möchte oder kann. Wir haben kein Recht, in diesen Bereich durch Hintertüren (freie Assoziation, Träume etc.) einzudringen.

Wir haben nun gezeigt, dass die Argumente, die von christlichen Psychotherapeuten für die Anwendung psychotherapeutischer Methoden in der Seelsorge ins Feld geführt werden, biblisch nicht haltbar sind. Sie stellen menschliche Konstruktionen dar, die zwar einleuchtend klingen mögen, aber mit dem göttlichen Weg zur Heilung nichts gemein haben.

Fatale Auswirkungen

Psychologisierung der Gemeinde

Wir haben heute, um mit *Martin Gross* zu sprechen, nicht nur eine «Psychologische Gesellschaft», sondern auch eine «Psychologische Gemeinde». Die Gemeinde Jesu spiegelt ja in dem Maß, wie sie verweltlicht ist, auch immer einen guten Teil dieser Welt und des Zeitgeistes wider. Der Einfluss der Psychologie auf das Denken der Menschen in unserer Gesellschaft allgemein aber auch das der Christen kann kaum überschätzt werden. Dieser Einfluss geschieht weniger wellenartig, wie das etwa bei der charismatischen

Bewegung der Fall ist.[95] Der Einfluss der Psychologie ist eher mit einem untermeerischen Strom wie z. B. dem Golfstrom zu vergleichen. Völlig unbeeindruckt vom Wellengang an der Oberfläche und auch unbemerkt fließt der Golfstrom in der Meerestiefe und erwärmt die Landstriche, in deren Nähe er kommt. Genauso unbemerkt und subtil sind die Auswirkungen der Psychologie auf Denken und Praxis der Christen.

Robertson McQuilkin hinterfragte bereits 1977 die Bereitschaft der Evangelikalen, ihre verhaltenswissenschaftlichen Einsichten unter die Autorität der Schrift zu stellen. Wenn dazu keine sichere Antwort möglich sei, meint er, bestehe «wegen der überzeugenden Kraft des humanistischen Denkens in unserer Gesellschaft und wegen der Subtilität, mit der es die Autorität der Schrift aushöhlt, eine große Gefahr». Und er schrieb weiter:

> «Meine These besteht darin, dass die größte Bedrohung für die Autorität der Bibel in den nächsten beiden Jahrzehnten in dem Verhaltenswissenschaftler besteht, der mit völlig gutem Gewissen Barrikaden aufbaut und den Haupteingang gegen jeden Theologen verteidigt, der die Inspiration und Autorität der Schrift angreift, während er selbst die ganze Zeit über den Inhalt der Schrift durch kulturelle und psychologische Interpretation aus dem Hintereingang herausschmuggelt.»[96]

Die beiden Jahrzehnte sind mittlerweile vergangen und die Befürchtung von McQuilkin hat sich weitgehend bestätigt.

Die Konsequenz einer unreflektierten Vermittlung psychologischer Konzepte für die Seelsorge ist also vor allem eine weitere Psychologisierung der Gemeinde Jesu. Diese zeigt sich vor allem in einem Denken, das vom Humanismus geprägt ist, in einer verstärkten Neigung, sich selbst und andere zu Opfern zu erklären (Victimisierung) sowie in einem magischen Denken.

Humanistisches Denken
Die Psychologisierung der Gemeinde zeigt sich z. B. darin, dass man grundlegende humanistische Aussagen von christlichen Positionen kaum noch unterscheiden kann. Ich denke da etwa an die Lehre von der Selbstliebe, an emanzipatorische Auffassungen über Fragen der Autorität oder der Stellung der Frau in Gesellschaft, Familie und Gemeinde, an Überzeugungen bezüglich der rechten Art der Kindererziehung, an die Übernahme bestimmter Aussagen über Themen wie «Sexualität», «Homosexualität» oder «Rechtsprechung». Zum Thema «Selbstliebe» gibt es dankenswerter Weise mittlerweile einiges an guter biblischer Literatur, die diese Irrlehre zurechtrückt.[97]

Robert Schuller, charismatischer Fernsehprediger in den USA, hat dieses andere Evangelium besonders deutlich formuliert:

> «Die Liebe zu sich selbst ist die Krönung des Selbstwertgefühls. Sie ist eine erhebende Empfindung der Selbstachtung ... ein bleibender Glaube an sich selbst, die aufrichtige Überzeugung vom eigenen Wert. Sie entsteht durch die Selbstentdeckung, die Selbstdisziplin, die Vergebung sich selbst gegenüber und die Annahme des eigenen Ichs. Und sie bringt Selbstvertrauen und eine innere Sicherheit hervor, die uns eine tiefe Ruhe gibt.»[98]

Ich halte dagegen: Zu einer wahren christlichen Selbstannahme und Selbstachtung werde ich nur kommen, wenn ich vor Gott kapituliert und mich mit Christus identifiziert habe und mit Paulus sagen kann: «Christus ist mein Leben».

Psychotherapeutische Methoden können heute nur deshalb solchen Anklang finden, weil viele Christen es nie gelernt haben, biblisch zu denken, Zeitgeist von biblischer Wahrheit zu unterscheiden. Dieses unbiblische, von antichristlicher Philosophie geprägte Denken wird durch die Öffnung für die Psychotherapie natürlicherweise verstärkt. Es führt zu einer Seelsorge ohne Kreuz. Anstatt zur Kreuzigung des autonomen Selbstlebens zu führen, wird das Ego des Menschen, wie bei jeder Form der Psychotherapie, noch aufgebaut und gestärkt.

Victimisierungsdenken
Besonders auffällig ist die Victimisierung des christlichen Denkens.[99] Was ist damit gemeint? «Victim» heißt «Opfer». Victimisierung heißt also, dass wir – wie die Welt ohnehin – uns immer und in allem, was in unserm Leben nicht funktioniert, als Opfer sehen. Schon Adam sah sich als Opfer dessen, dass Gott ihm diese Eva gegeben hatte und natürlich war er schließlich das Opfer der Überredungskunst seiner Frau. Eva hingegen war Opfer der Verführungskraft der Schlange. Seither hat sich diese Sicht der Dinge fortgesetzt, nur die Begründungen sind viel klüger und raffinierter geworden.

Gerade die Psychologie tiefenpsychologischer Prägung hat hier Erstaunliches geleistet. Seit *Freud* diese Lehre entwickelt hat, wissen wir endlich, dass wir Opfer unserer frühkindlichen Erfahrungen sind, Opfer unserer unschuldig-erotischen Wünsche dem andersgeschlechtlichen Elternteil gegenüber (Ödipus-Konflikt), Opfer frühkindlicher Fixierungen, Opfer unserer Psychodynamik, des fortwährenden Kampfes unseres Über-Ichs gegen die unverhüllten Triebwünsche unseres Es, usw. Der Behaviorismus hat uns zusätzlich klar gemacht, dass wir Opfer unserer Konditionierungen und Lernerfahrungen sind.

Die humanistische Psychologie sagt, wir seien Opfer einer lieblosen, von Unverständnis und mangelnder Akzeptanz geprägten Umwelt. Wäre die Umwelt anders gewesen, hätte sich unsere von Grund auf gute Natur entsprechend entfalten können. Von Sünde spricht die Psychologie ohnehin nicht. Als Zielverfehlung (und das bedeutet das Wort «hamarthia» ja eigentlich) wird bestenfalls das Verfehlen der Selbstverwirklichung angesehen. Die Christen haben zusätzlich noch den Teufel, den man für alles verantwortlich machen kann, oder die Sünden der Vorväter.

Hier möchte ich gern einen Pflock einschlagen und unmissverständlich sagen: *Nichts und niemand kann einen Christen daran hindern, das zu leben und zu verwirklichen, was Gott ihm zugedacht hat, als nur er selbst!* Niemand kann sich darauf berufen, dass er eine schwere Kindheit hatte und deshalb nicht die geistliche Erfüllung findet. In Christus sind wir eine «neue Schöpfung», und wir sind dazu aufgefordert, nun «in Neuheit des Lebens» zu wandeln (2. Kor. 5,17; Röm. 6,4). Und wir können es, sonst hätte uns Gott nicht dazu aufgefordert.

Man hört es immer wieder von Christen, dass sie sagen: Ein Mensch mit Minderwertigkeitsgefühlen muss erst zur Selbstannahme und zur Ichstärke finden, bevor er sich selbst hingeben und verleugnen kann. Das halte ich für eine der subtilsten und daher verfänglichsten humanistischen Lügen, die ich kenne.[100] Wenn das stimmt, dass man erst in sich selbst stark sein muss, muss man doch fragen: Warum bekehren sich dann so wenige Erfolgsmenschen?

Der Apostel Paulus gibt die Antwort: «Denn seht, eure Berufung, Brüder, dass es nicht viele Weise nach dem Fleisch, nicht viele Mächtige, nicht viele Edle sind; sondern das Törichte der Welt hat Gott auserwählt, damit er die Weisen zuschanden mache; und das Schwache der Welt hat Gott auserwählt, damit er das Starke zuschanden mache. Und das Unedle der Welt und das Verachtete hat Gott auserwählt, das, was nicht ist, damit er das, was ist, zunichte mache, dass sich vor Gott kein Fleisch rühme» (1. Kor. 1,26–29).

Wenn wir an der Verantwortlichkeit des Menschen festhalten, heißt das deswegen nicht, ihm mit Härte und pharisäischem Unverständnis zu begegnen. Wenn ich mit Paulus verstanden habe, *«dass in mir, das ist in meinem Fleische, nichts Gutes wohnt»,* dann werde ich keinen Grund haben, über das Fleisch eines andern entrüstet zu sein. Dann werde ich viel Verständnis für den aufbringen, der es vielleicht nicht so gut hinkriegt, seine fleischlichen Lüste und Begierden in sozial akzeptabler Weise auszuleben. Trotzdem möchte ich ihm nicht die Verantwortung absprechen, denn wenn ich das tue, dann nehme ich ihm auch die Hoffnung auf Veränderung. Nur wer verantwortlich ist, kann auch hoffen. Wenn ich Opfer irgendwelcher von mir nicht zu verantwortender (und daher auch nicht beeinflussbarer) Umstände bin, ist Veränderung kaum möglich.

Magisches Denken
Durch die verhängnisvolle Psychologisierung der Gemeinde Jesu breitet sich auch zunehmend magisches Denken unter Christen aus. Dadurch wird es zu einer weiteren Öffnung für bibelfremde Praktiken kommen und die Christen werden vom biblischen Evangelium immer weiter weggezogen. Zu erwähnen wäre auch ein magisches Glaubensverständnis, als wäre Glaube so etwas wie eine uns innewohnende Kraft, mittels derer wir unsern Willen realisieren können. In der Psychotechnik des «Positiven Denkens» ist dieses Glaubensverständnis besonders ausgeprägt. Sie hat in etwas abgewandelter Form gerade in charismatischen Kreisen Raum gewonnen («possibility thinking», Positives Bekennen). Aber auch in der Methode der sog. «Inneren Heilung» finden wir viele magische Praktiken und Denkweisen. Hier wäre vor allem die Visualisierung zu nennen. Es ist bekannt, dass Visualisierung eine alte schamanistische Technik ist, mittels derer diese Medizinmänner mit ihren Kontrollgeistern in Verbindung treten, um deren Kraft in Dienst nehmen zu können. Sie hat ihre Grundlage im Hinduismus, wo gelehrt wird, die äußere Wirklichkeit sei eigentlich nur ein Traum (maya), Ergebnis unseres Denkens. Somit kann man durch Änderung des Denkens und bloße Vorstellungskraft diese Wirklichkeit verändern. Diese Idee liegt sowohl der Technik des Positiven Denkens wie auch der Visualisierung zugrunde. In

beiden Fällen überschreitet man die Grenze zur Zauberei. Dass das in der Welt geschieht, muss uns nicht verwundern. Dass es aber auch in der Gemeinde Jesu praktiziert wird, zeigt an, wie weit wir in Bezug auf den großen Abfall vom Glauben schon fortgeschritten sind.

Wenn es nun aber so ist, dass die Psychotherapie diese Dinge fördert und befördert, dann wird man vor einer weiteren Psychologisierung der Gemeinde Jesu ernstlich warnen müssen. Das fordert gerade die Liebe zu den Glaubensgeschwistern und zur Gemeinde Jesu. Wir müssen wieder dahin kommen, die Allgenügsamkeit des Heils in Christus anzuerkennen und jedes Angebot, das zu Christus hinzugetan wird, abzuweisen. Paulus sagt in Kol. 2,9–10: «Denn in ihm wohnt die ganze Fülle der Gottheit leibhaftig; und ihr seid in ihm zur Fülle gebracht. Er ist das Haupt jeder Gewalt und jeder Macht.» Wenn wir in Christus zur Fülle der Gottheit gebracht sind, dann käme es doch in erster Linie darauf an, uns selbst und dem Ratsuchenden diese Fülle zugänglich zu machen. Wenn wir das einmal verstanden haben, dass uns in Christus schon alles gegeben ist, was wir zu einem Gott wohlgefälligen Wandel brauchen, dass wir gesegnet sind «mit jeder geistlichen Segnung in der Himmelswelt in Christus» (Eph. 1,3), dann wird weder die Psychologie noch der Schwarmgeist für uns eine Gefahr sein können.

Schwächung der Gemeinde Jesu durch Professionalisierung der Seelsorge
Manche Absolventen der BTS-Kurse machen sich als «Biblisch-therapeutische Seelsorger» selbständig und finden darin nicht nur eine existenzsichernde Betätigung, sondern auch ihre gesellschaftliche Bedeutung. Durch die bewusst geförderte Professionalisierung der Seelsorge wird diese mehr und mehr aus der Gemeinde herausverlagert in die Praxen selbständig arbeitender Seelsorger. Man fragt sich, wie sich so etwas biblisch begründen lässt. Le-

benshilfe, die doch im christlichen Kontext immer Glaubenshilfe sein muss, wird für gutes Geld verkauft. Das fördert darüber hinaus eine Entwicklung, wie sie im Bereich der Außenmission ähnlich abgelaufen und mittlerweile abgeschlossen ist: Durch Schaffung von Ersatzinstitutionen wird das Defizit der Gemeinden in Sachen Seelsorge noch vertieft und zementiert.

Anderseits müssen wir zugeben, dass falsche Einflüsse und Entwicklungen in der Gemeinde Jesu immer nur da eine Chance haben, wo zuvor ein Vakuum geduldet wurde. Tatsächlich wurde die Seelsorge trotz starker Zunahme an seelischen Problemen unter Christen zu lange Zeit vernachlässigt. Ähnlich formuliert es *Wilfried Plock:*

> «Ich persönlich bin der Auffassung, dass die Gemeinde Jesu Grund hat, sich in diesem Zusammenhang vor dem Herrn zu beugen. In unserer Wissenschafts- und Ideologieanfälligkeit haben wir der Psychologie und Psychotherapie allzu leichtfertig die Türen geöffnet. Gleichzeitig haben wir versäumt, in schlichtem Vertrauen und Gehorsam biblische Seelsorge zu üben. In der gemeindeinternen Ausbildung und Zurüstung von Seelsorgern haben wir ebenfalls größtenteils versagt. Nur so ist es zu erklären, dass sich heute selbsternannte Fachleute aufschwingen, um den Leib Christi in einer Art von 'Psycho-Klerus' zu therapieren. Klerus meint hier eine elitäre Schicht, die eine andere Schicht kraft ihrer Überlegenheit an Wissen und Macht beherrscht.»[101]

Die Schrift zeigt uns das allgemeine Priestertum der Gläubigen. Wir brauchen keine hauptamtlichen Seelsorger, sondern seelsorgerliche Menschen in unsern Gemeinden, die praktizieren, wozu wir in Gal. 6,2 aufgefordert werden: «Einer trage des anderen Lasten, und so werdet ihr das Gesetz des Christus erfüllen.» Wir müssen wieder neues Vertrauen gewinnen in die Ressourcen, die uns von unserm Herrn mit Seinem Wort gegeben sind. Und wir müssen wieder zurückfinden zu der ganz normalen (und wirksamen) Gemeindeseelsorge, zu der nicht so sehr ein sozialwissenschaftliches Studium befähigt, sondern ein an Christus hingegebenes, im Wort Gottes gefestigtes und im Dienst bewährtes Leben.

Kapitel 5
Dürfen verantwortliche Seelsorger es so machen?

In diesem Kapitel[102] wollen wir noch zwei weitere Seelsorgekonzepte kritisch betrachten, die im deutschsprachigen Raum erhebliche Bedeutung gewonnen haben: die Seelsorgepraxis von *Reinhold Ruthe* und die Seelsorge in der charismatischen Bewegung am Beispiel von IGNIS (Deutsche Gesellschaft für christliche Psychologie).

Reinhold Ruthes Seelsorgepraxis

Reinhold Ruthe, Autor von über 50 Büchern, Berater (v. a. Familientherapie, Kinder- und Jugendtherapie) und langjähriger Ausbildungsleiter (bis vor kurzem: Magnus Felsenstein Institut, jetzt neue Einrichtung), vertritt eine Form der Beratung, in der die durch den Freud-Dissidenten *Alfred Adler* begründete Schule der Individualpsychologie im Zentrum steht. Mit einbezogen sind weitgehend verwandte Richtungen. Erwähnt werden bei Ruthe ausdrücklich *Viktor Frankl* (Logotherapie, eine eigene Schule, die auf Adler aufbaut), *Carl Rogers* (Gesprächspsychotherapie) und die von *Albert Ellis* begründete Schule (Rational-Emotive Therapie «RET»).[103] *Ruthe* meint, er würde «... für Seelsorge und Beratung nur solche Hilfen verwenden, die der biblischen Botschaft nicht widersprechen».[104] Um diese Aussage zu qualifizieren, müsste *Ruthe* genau Rechenschaft über seinen eingeschlagenen Weg geben. Wenn wir dies bei ihm vermissen, so ist es umso wichtiger, die Denkvoraussetzungen und Konsequenzen dieses Weges zu verstehen. *Ruthe* lässt, zumindest in seinen Büchern und allgemeinverständlichen Vorträgen, sein Publikum in dem Glauben, dass alles, was er sagt, aus christlicher Überzeugung kommt. Diese könnte dann unbeschadet durch scheinbar gesicherte und überprüfbare fachliche Methoden ergänzt werden, um eine aus seiner Sicht qualifizierte Pädagogik, Therapie und beratende Seelsorge zu betreiben. Dies versuchen wir im Folgenden zu erhellen.

Das Menschenbild im Sinne der von Adler entwickelten Individualpsychologie
Kern des Menschenbildes, auf dem nach Adler alles menschliche Miteinander sowie alle Erklärungen von Beziehungs- und psychischen Störungen ruhen, ist das sogenannte Gemeinschaftsgefühl. «Ziel der individualpsychologischen Partnertherapie ist es, ein besseres Gemeinschaftsgefühl und damit eine zufriedenstellendere Beziehung zu erreichen.»[105]

«Was wir Gerechtigkeit nennen, was wir als die Lichtseite des menschlichen Charakters betrachten, ist im Wesentlichen nichts anderes als Erfüllung von Forderungen, die aus dem gemeinsamen Leben der Menschen erflossen sind. Sie sind es, die das seelische Organ geformt haben. So kommt es, dass Verlässlichkeit, Treue, Offenheit, Wahrheitsliebe u. dgl. eigentlich Forderungen sind, die durch ein allgemein gültiges Prinzip der Gemeinschaft aufgestellt und gehalten werden. Was wir einen guten oder schlechten Charakter nennen, kann nur vom Standpunkt der Gemeinschaft aus beurteilt werden.»[106] Auch *Rudolf Dreikurs,* ein Schüler *Adlers,* der v. a. im Bereich der Pädagogik gearbeitet hat, unterstreicht die zentrale Bedeutung dieses Begriffs: «Gemeinschaftsgefühl ist die wesentlichste menschliche Eigenschaft».[107]

Wir haben es bei dem Begriff des Gemeinschaftsgefühls also primär mit einer Ethik zu tun. «Adler verwischt bewusst die Grenzen von Psychologie und Ethik. Kooperation und gemeinschaftsfreundliches Verhalten sind für ihn 'gut', dissoziale und gemeinschaftsfeindliche Verhaltensmuster sind 'böse'. Es besteht für mich als Seelsorger keine Schwierigkeit, im Lichte biblischer Maßstäbe diese Deutung nachzuvollziehen.»[108]

Es ist somit eine Täuschung, wenn Ruthe behauptet, es ginge ganz einfach um die Aufnahme sachlich-wissenschaftlicher Tatsachen. Wie *Mackenthun*[109] herausstellt, war Adler von der Idee geleitet, dass der Mensch in einem «Bezugssystem Mensch-Kosmos» seine Bestimmung finden würde. «Kants Lehre von einer ethischen Ordnung, in der jeder Mensch sittliche Verpflichtungen zu übernehmen habe, kehrt in Adlers Formulierungen vom Gemeinschaftsgefühl wieder.»[110] Nach *Hermann Hellgard* sind die «tiefenpsychologischen Bedingungen der Wachstumsmöglichkeit des Gemeinschaftsgefühls ... daher der zentrale Gegenstand der individualpsychologischen Forschung und Therapie.»[111] Dieses Verständnis des Gemeinschaftsgefühls geht auf den Philosophen der Aufklärung *Immanuel Kant* und dessen Begriff der «Totalität» zurück, der bei *Adler* noch erweitert wird. Damit verbunden stand die von *Kant* gedachte Hoffnung auf einen «ewigen Frieden» als ethisches Endziel *Adler* Pate. «Dieser Glaube an die Evolution als Hoffnungsträgerin, als Lenkerin der Welt zum Guten und als ethischer Maßstab hat den Charakter einer säkularisierten Religion, in deren Diensten sich die Individualpsychologie anbietet.»[112]

Das Menschenbild im individualpsychologischen Sinn ist also ein Versuch, den Menschen als eine Totalität, ein einheitliches Individuum im kosmischen Kontext zu sehen, dessen Streben nach umfassender Einheit in den Begriff des Gemeinschaftsgefühls mündet. Damit wird klar, dass es sich bei diesem individualpsychologischen Ansatz, auf den *Ruthe* kritiklos aufbaut, um eine philosophisch-ethische Konstruktion handelt, die aufgrund eines biblischen Menschenbildes kritisch hinterfragt werden muss. Inhaltliche Konsequenzen werden im Folgenden weiter ausgeführt.

Folge der Anlehnung an die Individualpsychologie: biblische Kerngedanken müssen umgedeutet werden

Es kann zunächst eindeutig festgehalten werden, dass zentrale biblische Inhalte wie Sünde, Buße und die aus Glauben gelebte Beziehung zu Gott von den oben genannten Leitideen her eine andere Bedeutung bekommen, wenn man sie trotzdem beibehalten will.

Anstelle der Sünde als Grundübel menschlicher Verhältnisbestimmung steht eine individualpsychologische Erklärung zu den Störfaktoren des Lebens. Stark verkürzt soll das Adlersche Modell hier wiedergegeben werden: die Basis aller Störung ist das Minderwertigkeitsgefühl.[113] Entsprechend versucht der Mensch durch Macht- oder Geltungsstreben zielgerichtet zu einem Ausgleich zu kommen. Dieses finale Machtstreben wird ausschließlich durch eine «private Logik» (ebenfalls zentraler Begriff bei *Adler* und seinem Schüler *Dreikurs)* geleitet, die sich in der frühen Kindheit manifestiert. Das Individuelle an dieser Logik erklärt übrigens die Bezeichnung «Individualpsychologie», die ja ansonsten eher den sozialen Aspekt im Blick hat. Der Mensch möchte überlegen sein, erstrebt etwas, was nun sein ganzes Denken und Handeln motiviert. Grundannahme ist also, dass der Mensch an einer «Minderwertigkeit» leidet und sie zu überwinden sucht. Das Misslingen der Anstrengungen führt zu neurotischen Störungen.

Minderwertigkeit ist Mangel an «Gemeinschaftsgefühl», bzw. das subjektive Empfinden einer geringeren Wertigkeit hinsichtlich der Gemeinschaft mit der Folge einer privaten Interpretation. Der Mensch erlebt sich als soziales Wesen, er fühlt sich gegenüber anderen – als Mensch gegenüber dem Tier, als Kind gegenüber dem Erwachsenen, als Familienmitglied gegenüber den älteren Geschwistern, als Frau gegenüber dem Mann, als Arbeitgeber gegenüber dem Chef etc. – benachteiligt. Die zu beobachtende Folge: Der eine erwartet Erfolg und erzielt ihn auch. Der andere erwartet Misserfolg und bleibt somit der ständige Pechvogel. «Die Menschen werden nicht durch Dinge beunruhigt, sondern durch die Ansichten, die sie darüber haben».[114] Dies ist auch der Leitgedanke von *Albert Ellis*[115] unter Berufung auf die Stoiker. Ebenso wie die Idee des «Gemeinschaftsgefühls» geht auch dieser Gedanke wiederum auf Kant bzw. den Neukantianer Vaihinger zurück, auf den sich *Adler* ausdrücklich beruft. Es komme auf die innere Anschauung und Interpretation des Menschen entscheidend an und nicht auf die äußere Welt der Wirklichkeit.

Die Konsequenz: alles, was das Gemeinschaftsgefühl stört, muss erhellt werden. Bei Ruthe geht es dann z. B. darum, ein Gottesbild zu korrigieren, das der menschlichen Vorstellung entstammt. Solange das nicht geschehen ist, kann sich letztlich auch Gott durch sein Wort nur missverständlich Gehör verschaffen. «Neurotiker und Psychotiker können nicht hören.»[116] Ohne therapeutische Korrektur gibt es also kein wirksames Wort! Nicht das Leben muss zuerst mit Gott versöhnt werden, sondern das falsche, verinnerlichte Gottesbild muss korrigiert werden. Wir meinen, dass damit der Vorrang geistlicher Lebensausrichtung fallen gelassen wird. Statt der biblischen Forderung nach Abwendung von meiner Sünde nachzukommen und eine Veränderung des Lebens durch Heiligung anzustreben, wird das Hauptaugenmerk auf Einsicht in die Fehlhaltung meiner «privaten Logik» gerichtet. *Ruthe* folgert: «Nicht die Tatsachen bestimmen unser Leben, sondern wie wir darüber denken. Meine Wahrnehmungen, meine verinnerlichten Überzeugungen bestimmen darüber, wie wir Erlebnisse bewerten und wie wir über Gott denken. Weil das so ist, können wir Überzeugungen, die mit dem Worte Gottes nicht übereinstimmen, ablegen.»[117] Es entsteht der Eindruck, als wäre hier einfach nur eine innergedankliche Störung zu beseitigen und nicht eine prinzipielle Haltung des Menschen gegenüber Gottes Willen im Vordergrund.

Diese Vorstellung kann aus biblischer Sicht nicht geteilt werden.

Somit ist Verantwortlichkeit nach *Ruthe* primär eine innerseelische Angelegenheit, dann erst kommt das Verhältnis zu Gott in Betracht. Wir betonen, dass es zwar im Rahmen eines seelsorgerlichen Gesprächs methodisch richtig ist, über die persönlichen Motive und Denkvoraussetzungen zu sprechen. Dieser Weg darf aber nicht zur heilsentscheidenden Voraussetzung erklärt werden. Dann ist in letzter Konsequenz kein Kreuz, kein versöhnendes Blut, kein göttliches Sühneopfer nötig, um den Menschen von seiner Verstrickung zu befreien. Nicht Gottes gnädiges Handeln durch Christus wird in den Mittelpunkt gestellt, sondern es ist «normalerweise ... ein langer Prozess, bis das biblische Vaterbild Gottes von einem Menschen gedanklich und gefühlsmäßig verinnerlicht werden kann.»[118]

Entsprechend wird auch das, was die Bibel Sinnesänderung, Buße nennt, neu interpretiert: *Ruthe* reduziert den Gedanken der Buße auf Erhellung der Motive und die Neugestaltung meiner Überzeugungen im Verhältnis zu Ehepartner, Kindern, Eltern und Gott. Damit wird der Mensch und sein Inneres gegenüber einer Methode verfügbar. Genau dort, wo Gottes souveräne Autorität anerkannt werden soll tritt eine menschlich machbare Interaktion zwischen Therapeut und Ratsuchendem! Denn: Buße im biblischen Sinn ist ein Umdenken, das in erster Linie auf mein Gottesverhältnis und den moralischen Anspruch Gottes bezogen ist und nicht zuerst auf meine «private Logik» als einer gemeinschaftsstörenden Problematik: «Tut Buße, denn das Himmelreich ist nahe herbeigekommen!» (Mt. 3,2).

Der Mensch, als Therapeut, «Seelsorger» und auch als Ratsuchender, bleibt mit dem neuen Bußbegriff der Immanenz verhaftet und autonom, d. h. dem unmittelbaren Eigentumsrecht Gottes entzogen, wenn das «Gemeinschaftsgefühl» zur letzten Instanz erhoben wird. Der (individualpsychologisch-)therapeutisch ausgerichtete Berater braucht in erster Linie den «Schlüssel» zur Kernmotivation, zur jeweiligen individuellen Logik, dann kann er dazu beitragen, den Menschen neu auszurichten. Die geistliche Qualifikation spielt dabei noch keine Rolle.

Dabei löst Ruthe seinen und den von der Individualpsychologie vorgegebenen Anspruch auf, es immer mit dem ganzen Menschen zu tun zu haben, wenn er sagt: «Psychotherapie und Seelsorge sind verschiedene Dinge. ... Dem Seelsorger geht es um geistliches Leben, dem Therapeuten geht es in erster Linie um seelisches Leben.»[119] Mit der Individualpsychologie begegnet uns ein mehr oder weniger geschlossenes System, das sich einer bestimmten rationalistisch-humanistischen Interpretation bedient. Die Folge ist, dass jede davon abgeleitete Methode lediglich durch biblische Bezüge angereichert werden kann, sie kann nicht wirklich aus der Bibel bezogen werden. Als Weg, den von Gott gewiesenen Auftrag, sein Wort an den Menschen heranzutragen, ihn zur Umkehr zu rufen und ihn in die durch den Mittler Jesus Christus geschenkte Beziehung zu seinem Schöpfer zu stellen, taugt sie nicht. Dies räumt *Ruthe* durchaus ein. Er verkennt aber die Konkurrenzsituation der beiden Modelle: die Weltanschauung *Adlers* überragt die biblischen Inhalte. Es gibt hier keine harmonische Ergänzung, da unterschiedliche Menschenbilder im Hintergrund stehen. Die Bibel wird dann folgerichtig im Sinne der Adlerschen Grundthesen eher Verwirrung stiftend und ohne ihren Gesamtkontext zitiert. Anstatt von einer gesamtbiblischen Heilslehre auszugehen, wird eine kosmische Ganzheitslehre, die den Menschen als gemeinschaftsfähig und von Grund auf gut beschreibt, zum Maßstab erhoben. Wenn dann gesagt wird, dass das biblische Heil nicht durch Therapie erlangt werden kann, wird mehr Verwirrung gestiftet, als dass der angerichtete Schaden begrenzt würde. Buße als ein Bruch mit Sünde, ein Sich-Abwenden von Fehlwegen, als Antwort auf die Berufung von der «Finsternis zum Licht» (1. Petr. 2,9), das alles wird letztendlich überflüssig oder als Marginalie bei christlicher Orientierung des Ratsuchenden noch beibehalten. Der Mensch kann mit Hilfe der therapeutischen Beratung womöglich seinen «Lebensstil» ändern, wenn er nur seine «Hauptprobleme ... Verhaltensmuster, seine Stärken und Schwächen ..., seine psychischen Störungen ..., seine psychosomatischen Krankheiten, seine Fehlverhaltensmuster und seine Sünden» dank einer Lebensstilanalyse recht verstehen kann.[120]

Die Beratungsarbeit und Seelsorge wird einer humanistischen Lehre untergeordnet. Das biblische Wort wird seiner Autorität beraubt.
Wir wollen in diesem Abschnitt noch der Frage nachgehen, inwieweit der Leitgedanke der Individualpsychologie, das «Gemeinschaftsgefühl», auch zum Leitgedanken der Beratungstechnik Ruthes wird. Ein Zitat mag hier *Ruthes* Sicht belegen: «‚Mit den Augen eines anderen sehen, mit den Ohren eines anderen hören, mit dem Herzen eines anderen fühlen.' Das scheint mir eine vorläufig zuverlässige Definition von dem zu sein, was wir Gemeinschaftsgefühl nennen.»[121] Die Frage ist, ob dann noch ein bewusstes Hören auf Gottes Wahrheit möglich ist, wenn eine derartige Methodengefangenheit vorliegt.

Wir stellen dabei nicht in Abrede, dass ein intensives Kennen lebensgeschichtlicher Zusammenhänge, gründliche Erfahrung des Seelsorgers und auch medizinisch legitimiertes Fachwissen zum Umgang mit ratsuchenden Personen eine wichtige Hilfe und bisweilen zwingend notwendig sind. Weiterhin sehen bibelorientierte Seelsorger durchaus die Herausforderung, das Wort des Zuspruchs, der Ermahnung, der Zurechtweisung etc. in verstehendem, abwägendem Nachdenken und unter Einbeziehung vorhandener Kenntnisse menschlichen Fehlempfindens, -denkens und -verhaltens auszurichten. Biblisches Weisheitsverständnis beinhaltet all diese Aspekte. Es geht nicht darum, die Kompetenz des Seelsorgers zu vereinfachen. Wir stellen aber in Frage, dass die Begründung für die Legitimität therapeutischer Beratung, wie Ruthe sie darstellt, ohne Schaden zu nehmen, hingenommen werden darf.

Ruthe versucht diesem grundlegenden Dilemma zu entkommen, indem er zwischen sich als Therapeut und seiner Funktion als Seelsorger oder Christ unterscheidet: «Ist der Psychotherapeut Christ, dann kann er sich in seiner Existenz nicht zerschneiden, aber er kann in der Arbeit unterscheiden ... Die Technik der Therapie ist zunächst eine gott-lose *(sic!)* Methode. Sie sollte es auch bleiben.»[122] Mit dieser Haltung wird aber der Autorität des biblischen Wortes letztlich der Boden in der Seelsorge entzogen. Ruthe trennt einerseits funktional zwischen der Therapiemethode und der Seelsorge und betont andererseits die «Ganzheitlichkeit» des Menschen, die er aber im Begriff des Adlerschen Gemeinschaftsgefühls begründet sieht.

Eine praktische Folge dieses Weges ist die von der Bibel her unhaltbare Forderung ethisch-moralischer Neutralität des Therapeuten: «Der Therapeut drängt und überredet nicht. 'Ich stimme immer mit dem Klienten überein', war Adlers Therapiegrundsatz. Er bejaht das Nichthandeln, Nichtwollen und Nichtkönnen. Die Klienten entscheiden, was sie ändern wollen und ob sie sich verändern wollen. Therapeuten, die diese Grundhaltung überzeugend demonstrieren, stimulieren veränderungsbereite Partner damit am meisten.»[123]

Wir fragen: Wird nicht das Wort aus Röm. 1,16 («Denn ich schäme mich des Evangeliums nicht, ist es doch Gottes Kraft zum Heil jedem Glaubenden ...») außer Kraft gesetzt, wenn einer Technik der Vorrang vor dem Wort gegeben wird und «zwischen diesseitigem Heil des menschlichen Lebens und dem «Heil der Seele aus der Kraft des Evangeliums» unterschieden wird?[124] Wo macht die Bibel diesen Unterschied? Ist das nicht die Preisgabe des «Erstgeburtsrechts» biblisch ausgerichteter Wortverkündigung? Werden nicht ethische Orientierungspunkte der Heiligen Schrift relativiert, wenn ein solches Konzept, wie Ruthe es vertritt, in den Vordergrund rückt? Letztlich wird durch diesen Spagat sowohl dem biblischen als auch dem humanistisch-individualpsychologischen Ganzheitlichkeitsverständnis gleicherweise Gewalt angetan, wenn versucht wird, beide Linien parallel zu verfolgen. In diesem Fall spricht das Wort von Paulus deutlich, das die Unveräußerlichkeit der Kernpunkte des biblischen Evangeliums klar macht: «Sehet zu, dass euch niemand beraube durch die Philosophie und leeren Betrug, nach der Überlieferung der Menschen, nach den Grundsätzen der Welt und nicht nach Christus» (Kol. 2,8). «Denn Christus hat mich ... ausgesandt ... das Evangelium zu verkündigen: nicht in Redeweisheit, damit nicht das Kreuz Christi zunichte gemacht werde. Denn das Wort vom Kreuz ist denen, die verlorengehen, Torheit; uns aber, die wir errettet werden, ist es Gottes Kraft» (1. Kor. 1,17.18).

Wir halten zusammenfassend fest, dass sich das Konzept *Reinhold Ruthes* nicht als biblisches Modell einer Seelsorge darstellen lässt, die sich in ihrem Grundverständnis auf die Bibel stützt. Dies heißt nicht, dass einzelne Aussagen und erfahrungsbezogene Hilfestellungen nicht ihre Berechtigung haben. Uns geht es hier um das Kernanliegen und nicht die Beurteilung einzelner Dinge, die ja auch wegen des schöpfungsbezogenen Anteils am menschlichen Leben richtig sein können. *Reinhold Ruthe* soll auch nicht als Person und in seiner Integrität als Christ angegriffen werden. Es geht hier um den methodischen Weg, der nicht einfach nach dem Motto «wenn es hilft, ist es gut» übernommen werden darf. Die Popularität von *Ruthes* Büchern und Seminaren, die Übersichtlichkeit und Eingängigkeit seiner Darstellungen dürfen uns nicht dazu verleiten, das Etikett «christlich» einfach zu akzeptieren. Deshalb ist es so wichtig, nach biblischen Alternativen

Ausschau zu halten und sich mutig der Arbeit biblisch-seelsorgerlicher Hilfestellung auf verschiedenen Ebenen zu öffnen, damit der Vorwurf «Kritik ist leicht, aber was tut ihr angesichts brennender Nöte unter Christen?» nicht erhoben werden kann.

Seelsorge in der charismatischen Bewegung

Während in Bezug auf die evangelikale Christenheit ganz allgemein festgestellt werden muss, dass dort die Seelsorge in den letzten Jahrzehnten sträflich vernachlässigt wurde, muss der charismatischen Bewegung bei aller kritischen Distanz zu ihrer Theologie und Glaubenspraxis zugebilligt werden, dass die Seelsorge in ihr von Anfang an einen hohen Stellenwert hatte. Charakteristisch für die charismatische Seelsorge ist es u. a., dass sie in verschiedensten Zusammenhängen ausgeübt wird: vor allem natürlich in Hauskreisen, aber auch in Gottesdiensten, in Seminaren, ja sogar in Großveranstaltungen wie Evangelisationen oder Kongressen.

Im Gottesdienst einer charismatischen Baptistengemeinde erlebte ich es zum ersten Mal, wie auf dem Podium mehrere Kleingruppen von drei bis vier Leuten beieinander standen, sich leise unterhielten und anschließend miteinander beteten: Seelsorge unter den Augen der Gemeinde! Abgesehen davon, dass solche Praxis problematisch ist, wären in den nichtcharismatischen Gemeinden wohl kaum Geschwister bereit, ihre Hilfsbedürftigkeit solchermaßen zur Schau zu stellen. Nun ist das Verständnis von Seelsorge in der charismatischen Frömmigkeit etwas anders als das, was sonst im evangelischen Umfeld überwiegend anzutreffen ist. Seelsorge ist stärker handlungsorientiert, wobei das «vollmächtige» Handeln oder Beten des Seelsorgers im Vordergrund steht. Das langwierige Eruieren einer Lebensgeschichte, das Konfrontieren mit biblischen Wahrheiten und das Beraten werden weniger stark betont. Das ist nun aber sehr allgemein gesagt und gilt nicht für alle Gruppierungen innerhalb der charismatischen Bewegung, zumal es dort ein sehr breit gestreutes Spektrum gibt. Vor allem gilt es nicht für IGNIS, das Seelsorgewerk, um das es hier insbesondere gehen soll.

Was ist IGNIS? Arbeitszweige von IGNIS
Die «Deutsche Gesellschaft für Christliche Psychologie» oder auch «IGNIS» wurde 1986 gegründet. Der Name IGNIS ist das lat. Wort für Feuer. Feuer gilt in der charismatischen Bewegung als Bild für das machtvolle Wirken Gottes. Das ist zwar biblisch nicht zu belegen, denn faktisch überall, wo das Wort «Feuer» eine bildhafte Bedeutung hat, steht es für Gericht. Doch solches ficht die charismatischen Brüder nicht an. Nach eigener Aussage haben die Gründer dieses Dienstes das Anliegen gehabt, «die heilende und helfende Gegenwart Gottes in den theoretischen wie praktischen Feldern der Psychologie deutlich zu machen». Man wollte eine christliche Therapie entwickeln. Im Jahr 1992 wurde die «IGNIS-Akademie für Christliche Psychologie» gegründet, wo in einem vierjährigen Vollzeitstudium Christliche Psychologie studiert werden kann. Ein Fachbereich der IGNIS-Akademie ist das IGNIS-Therapiezentrum, wo Christen aus der Region Beratung angeboten wird. Schließlich wird dort auch eine «Berufsbegleitende Ausbildung zum Christlichen Berater» angeboten, die zwei bis drei Jahre dauert. Sporadisch werden auch Schulungen für Gemeindemitarbeiter angeboten, Seminare für Kinder- und Jugendseelsorge, Therapeutische Wochenenden, Vertiefungsseminare, eine Sommer-Akademie usw. Einige Jahre lang wurde die Zeitschrift «Befreiende Wahrheit» herausgegeben, die aber jetzt eingestellt worden ist.

1989 wurde die «Fachklinik für christliche Psychiatrie und Psychosomatik» in Egenhausen im Schwarzwald gegründet. 1992 wurde diese Klinik aus der IGNIS-Arbeit herausgelöst und steht heute unter der Leitung von De'IGNIS, einer von IGNIS unabhängigen Organisation. Die Arbeit von De'IGNIS scheint weniger stark an die charismatische Bewegung gebunden zu sein, anderseits aber ist sie offener für psychologisch-psychotherapeutische Methoden. Vermutlich liegt hier auch der Grund, warum es zu einer Trennung von IGNIS gekommen ist.

Insgesamt muss man anerkennen, dass IGNIS eine erstaunliche Aktivität und ein sehr vielseitiges Angebot entwickelt hat. Sie haben es verstanden, viele psychologisch und sozialpädagogisch ausgebildete Christen zu gewinnen und diese in ihre Arbeit einzubinden. Hierbei kommt ihnen natürlich entgegen, dass sie undogmatisch und ökumenisch offen sind. Obwohl sehr viel von der Bibel gesprochen wird und man sich darauf beruft, biblisch zu arbeiten, scheint Theologie und biblische Lehre im klassischen Sinn die Arbeit nur wenig zu prägen. So werden auch die spezifisch charismatischen Lehren kaum in Frage gestellt.

Das Anliegen einer christlichen Psychologie bzw. Therapie

Das Anliegen, die Psychologie so umzuformen, dass man sie eine christliche Psychologie nennen kann, war von Anfang an sehr ausgeprägt da und wurde bereits vor über 10 Jahren von Peter Hübner in seiner programmatischen Schrift «Prolegomena zu einer christlichen Psychologie» formuliert.[125] Konsequenterweise versucht man seither auch so etwas wie eine christliche Therapie zu entwickeln. Ich verweise auf das «Basispapier zur wissenschaftlichen Positionierung Christlicher Therapie», womit ein grundlegender Rahmen für ein christliches Therapiekonzept geschaffen werden soll.[126] Natürlich steht und fällt dieser Anspruch damit, ob es überhaupt möglich ist und auch gelingt, eine christliche und dennoch wissenschaftlichem

Anspruch gerecht werdende Psychologie zu entwickeln. Denn Psychotherapie soll ja die konkrete Anwendung von psychologischen Erkenntnissen sein.

Nun behaupte ich, dass es eine falsche und unerreichbare Zielsetzung ist, eine christliche Psychologie zu etablieren. Der Anspruch, mit der christlichen Psychologie so etwas wie eine Alternative zur etablierten Psychologie zu entwickeln, ist m. E. eindeutig zu hoch gegriffen. Meines Wissens geschieht bei IGNIS keine ernst zu nehmende Forschung. Es werden jedenfalls keine empirischen Untersuchungen durchgeführt. Letztlich greift man nur auf die Forschungsergebnisse der akademischen Psychologie zurück und versucht teilweise, diese neu zu interpretieren bzw. in einen christlichen Bezugsrahmen einzubauen. Hübner nannte dieses Vorgehen «Rekonstruktion». Die Ergebnisse dieser «Rekonstruktion» sind allerdings – so scheint es jedenfalls – so etwas wie eine Geheimwissenschaft. Jedenfalls sind sie meines Wissens in keiner Fachzeitschrift publiziert. Abgesehen davon ist man inkonsequent, wenn einerseits die wissenschaftstheoretischen Vorgaben der Erfahrungswissenschaft abgelehnt werden, weil sie den Erfahrungsraum auf die Immanenz reduzieren, anderseits aber die Ergebnisse dieser Wissenschaft zum Ausgangspunkt der «Rekonstruktion» gemacht werden. Im Vergleich dazu ist die christliche Initiative «Wort und Wissen» im Bereich der Evolutionslehre wesentlich nüchterner. Man hat nicht den Anspruch, eine christliche Biologie zu begründen, sondern geht von den wissenschaftlichen Fakten aus und stellt sie in einen biblischen Deutungsrahmen. Und obschon die Mitarbeiter von «Wort und Wissen» im universitären Bereich in Forschung und Lehre tätig sind: Ihre Ansätze werden im Wissenschaftsbetrieb dennoch kaum zur Kenntnis genommen. Wie viel weniger wird das bei der sog. «Christlichen Psychologie» der Fall sein. Hier wäre IGNIS etwas mehr Selbstbescheidung anzuraten.

Für problematisch sehe ich die Tatsache an, dass IGNIS ein vierjähriges Vollzeitstudium in Psychologie anbietet, das zu keinem anerkannten Abschluss führt. Es vermittelt auch keine definierte berufliche Qualifikation. Die Absolventen nennen sich dann Christliche Psychologen und wissen nicht, dass sie damit gegen das Gesetz verstoßen. Es ist daher den Absolventen von IGNIS sehr zu empfehlen, auf die Verwendung der Berufsbezeichnung Psychologe zu verzichten, da sie ebenso wie der Titel Diplompsychologe gesetzlich geschützt ist und nur von akademisch ausgebildeten Psychologen verwendet werden darf. Bei einer Anzeige müssen sie u. U. mit hohen Geldstrafen rechnen. Auch als Christliche Therapeuten dürfen sie nur dann eine Heilbehandlung durchführen, wenn sie zusätzlich eine Heilpraktikerausbildung absolvieren. Auf keinen Fall dürfen sie sich dann aber «Psychotherapeuten» nennen, auch nicht «Christliche Psychotherapeuten».

Problematische bzw. unbiblische Aspekte charismatischer Seelsorge

Im Folgenden möchte ich einige problematischen Methoden und Lehren beleuchten, die in der charismatischen Seelsorge fast durchgängig vorzufinden sind. Da bei IGNIS überwiegend sozialwissenschaftlich ausgebildete Leute tätig sind, ist man dort bemüht, die für Nichtcharismatiker anstößigen Praktiken zumindest in ihren Publikationen weniger zu betonen. Es ist mir aber bekannt, dass sie in der Ausbildung und in der Seelsorgepraxis dennoch vorkommen.

Innere Heilung

Das seelsorgerliche Konzept, das besonders mit der charismatischen Bewegung verbunden ist, ist das der «Inneren Heilung». Es handelt sich hier um einen methodischen Ansatz, der verschiedene Elemente miteinander integriert: psychotherapeutische, mystisch-okkulte, aber auch klassisch-seelsorgerliche Elemente. Der Einfluss der Psychologie, speziell tiefenpsychologischer Prägung, wird von *Betty Tapscott,* einer bekannten Vertreterin dieser Methode, unumwunden eingestanden. Sie definiert sie folgendermaßen: «Innere Heilung ist Psychotherapie plus Gott.»[127] Damit verweist sie ungewollt auf die Tatsache, dass in sehr unkritischer Weise psychoanalytische Konzepte aufgenommen wurden wie z. B. die Traumatheorie, die Lehre vom Unbewussten, auch kollektiven Unbewussten im Sinne von C. G. Jung, die tiefenpsychologische Entwicklungslehre usw.

Die Lehre von der «Inneren Heilung» geht zurück auf *Agnes Sanford,* deren Schriften in manchen christlichen Kreisen einen hohen Stellenwert haben. Dabei sind ihre Lehren so unverhohlen heidnisch, dass man sich nur wundern kann, dass Christen das nicht merken. So sagt *Agnes Sanford* etwa, dass wir ein Teil Gottes seien: «Er ist in der Natur, und er ist selbst die Natur.» Sie nennt Gott die «ursprüngliche Energie» und dass «wir allein durch die Kraft unseres Geistes in andern Menschen gute Eigenschaften erzeugen», Kranke über weite Entfernungen hinweg heilen und andern durch die Visualisierung sogar ihre Sünden vergeben können.[128] *Sanford* lehrte also ein pantheistisches Gottesbild, verstand sich als christliche Mystikerin und war stark von der okkulten Theosophie beeinflusst. Das nur zur Kennzeichnung der Quelle der Methode der «Inneren Heilung». Den Begriff selbst hat die Schwester des früheren US-Präsidenten *Jimmy Carter,* die Charismatikerin *Ruth Carter-Stapleton,* geprägt.

Die Methode besteht darin, dass man sich in frühkindliche Situationen zurückversetzen soll, von denen man glaubt, dass sie etwas mit den gegenwärtigen Problemen zu tun haben. Da wird dann etwa eine Frau dazu angeleitet, sich in einer Vision ein traumatisches Kindheitserlebnis vorzustellen, also sich in die Situation zurückzuversetzen, in der sie als Kind von ihrem Vater sexuell missbraucht worden war. Sie soll sich dieses schlimme Erlebnis so real und lebendig wie möglich vor ihrem geistigen Auge vergegenwärtigen. Dann soll sie sich vorstellen, dass Jesus in dieser Situation zugegen ist und sie durch seine Gegenwart heiligt, verändert, oder die damit verbundene Schuld vergibt. Dadurch soll es dann zur Heilung der seelischen Verwundung kommen. Ein Vertreter dieser Methode schreibt: «Die Vorstellung, die hinter der inneren Heilung steht, ist einfach die, dass wir Jesus Christus bitten können, zu der Zeit zurückzugehen, in der wir verletzt wurden, und uns von den Auswirkungen dieser Wunden, die bis in die Gegenwart hineinreichen, zu befreien...».[129]

Das Thema «Innere Heilung» ist heute sehr populär in der evangelikal-charismatisch geprägten Christenheit. Es ist auch zu Recht sehr umstritten. Zunächst einmal wäre zu dieser Methode zu sagen, dass sie mit der Bibel nicht zu begründen ist. Analog dem Trend unserer Zeit und insbesondere der humanistischen Psychologie spricht man bei der Inneren Heilung fast ausschließlich von Gefühlen. Nicht die Veränderung des Denkens und Verhaltens ist im Fokus, nicht Buße, Vergebung, Gehorsam und Selbstverleugnung, sondern verletzte Gefühle. Fairerhalber muss ich sagen, dass es auch moderate Versionen gibt, etwa die von Wolfram Kopfermann oder David Seamonds, doch ihre Ansätze sind nicht typisch für das, was Charismatiker unter Innerer Heilung verstehen. In den einschlägigen Büchern findet man kaum den ernsthaften Versuch, diese Methode biblisch zu begründen. Bestenfalls werden Bibelzitate als schmückendes Beiwerk angeführt. Die Praxis dagegen impliziert ein erschreckendes Unverständnis des Heilshandelns Gottes. So muss in einem Fallbeispiel von Arline Westmaier eine Ratsuchende erst Jesus visualisieren, dann alle ihre verletzten Gefühle in einen Sack packen, diesen Jesus auf die Schulter laden und zusehen, wie Jesus den Sack dann ans Kreuz trägt.[130] Ich meine, es gehört zum ABC des christlichen Glaubens, dass der Herr

Jesus nicht für unsere Gefühle, sondern für unsere Schuld ans Kreuz gegangen ist. Auch wird er nicht immer neu ans Kreuz gehen, weil wir das so wollen. Er ist ein für allemal für unsere Sünde gestorben.

Besonders erschreckend ist die Tatsache, dass fast immer die Methode der Visualisierung zur Anwendung kommt. Nun ist diese Methode keineswegs neu. Okkultisten haben seit langem die Ansicht vertreten, dass Gedanken durch die Visualisierung materialisiert werden und eine Existenz auf der physischen Ebene annehmen können. Die Visualisierung ist auch die Methode, mit der Schamanen in Kontakt mit Kontroll-Geistern treten, die ihnen dann zu Diensten stehen. Sie nennen die Geister «innere Führer» oder «Führer in der Phantasie». Die Vorstellung, dass durch gedankliche Kraft die äußere Wirklichkeit zu verändern wäre, liegt letztlich jeder Magie zugrunde. Das gilt für die Technik des Positiven Denkens gleichermaßen wie für die Visualisierung. In beiden Fällen überschreitet man die Grenze zur Zauberei. Dass das in der Welt geschieht, muss uns nicht verwundern. Dass es aber auch in der Gemeinde Jesu praktiziert wird, zeigt an, wie weit wir in Bezug auf den großen Abfall vom Glauben schon fortgeschritten sind. Umso mehr muss man vor solchen Irrtümern warnen.

Schon der Gedanke, dass man Jesus einfach so erscheinen lassen kann, wenn man Lust dazu hat, müsste jeden Christen erschrecken. Sollte man den Herrn der Schöpfung einfach per Knopfdruck bzw. per Psychotechnik herbeirufen und in Dienst nehmen können? Ist Jesus so eine Art «Geist aus der Flasche», den wir durch die Kraft unseres Geistes oder unserer Gedanken beschwören können? Doch ganz sicher nicht! Aber wer oder was ist dann diese Gestalt, die visualisierenden Menschen so real wird und den Christen als «Jesus» erscheint? Es ist ja nicht zu leugnen, dass tatsächlich ein Kontakt zu einem Geistwesen hergestellt wird. Die einzige Erklärung ist wohl die, dass es sich um dieselben dämonischen Wesen handelt, die sich den Okkultisten als «Geistführer» darstellen. Wenn nun ein Christ Jesus visualisiert und ihn dann scheinbar leibhaftig vor sich sieht, dann merkt er nicht, dass er damit genauso vorgeht wie die Schamanen, die immer betonen, dass auf diese Weise ein «magisches Tor» im Bewusstsein geöffnet wird, das zu der Welt der Geister führt.

Unbiblische Okkultseelsorge – der sogenannte «Befreiungsdienst»
Dass der sog. «Befreiungsdienst» unbiblisch und geradezu gefährlich ist, habe ich in meinem Buch «Mächte der Bosheit» ausführlich nachgewiesen.[131] In diesem Rahmen werde ich diesem komplexen Thema nicht gerecht werden können. Die Praxis vollzieht sich gewöhnlich im sog. «Binden und Lösen» oder auch im «Gebieten» von unreinen Geistern und Dämonen.

Beim «Binden und Lösen» wird der Satan durch eine bestimmte formelhafte Aussage «im Namen Jesu» gebunden und der Ratsuchende von seinen zuvor aufgelisteten Okkultsünden gelöst. Diese Praxis begründet man in der Regel mit Mt. 18,18: «Wahrlich, ich sage euch: Wenn ihr etwas auf der Erde binden werdet, wird es im Himmel gebunden sein, und wenn ihr etwas auf der Erde lösen werdet, wird es im Himmel gelöst sein.» Dabei wird mit seltsamer Willkür der erste Teil der Aussage auf den Teufel und der zweite auf den Ratsuchenden bezogen, indem der Teufel gebunden und der Ratsuchende gelöst wird. Der Kontext wie auch die Bedeutung der Begriffe «binden» und «lösen» im Judentum machen es völlig klar, dass er hier um Gemeindezucht geht. Doch das wird schlicht ignoriert. Die Jünger Jesu wussten, dass es um den Ausschluss von der Synagogengemeinschaft ging (Binden) bzw. die Wiederaufnahme in dieselbe (Lösen). Es besteht nicht der geringste Anlass, diese Aussage mit Dämonen in Verbindung zu bringen. Ebenso krampfhaft erscheint der Versuch, diese Praxis mit Mt. 12,29 zu belegen. Hier wird eine Bildaussage als Begründung für eine Lehre genommen, die sonst nirgends in der Bibel zu finden ist. Abgesehen davon, dass das unzulässig ist, wird die Abstrusität dieser Lehre durch die daraus abgeleitete Praxis offenkundig: Manche Seelsorger binden den Teufel nämlich mehrmals täglich, nämlich in jeder Seelsorge. Rund um die Erde geschieht das wohl jede Sekunde. Und trotz alledem geht der Teufel völlig unbeeindruckt «umher wie ein brüllender Löwe und sucht, welchen er verschlinge» (1. Petr. 5,8).

Das Gebieten und Austreiben von Dämonen an wiedergeborenen Christen setzt voraus, dass Christen besessen sein können. Für diese Annahme gibt es in der Schrift aber keinen Beleg. Weder finden wir eine Lehraussage noch ein Beispiel dafür. Sie steht vielmehr im krassen Widerspruch zum ganzen Heilsverständnis der Schrift. Die Erlösung ist nicht unvollkommen oder unvollständig, so dass noch ein menschliches Tun hinzukommen müsste. Wenn Jesus sagt: «So euch nun der Sohn frei macht, so seid ihr recht frei» (Joh. 8,36), so spricht das eine geistliche Realität an, die nicht primär auf unsern irdischen Wandel bezogen ist, sondern auf eine durch die Wiedergeburt in Kraft getretene geistliche Realität: Wir sind frei, so wir überhaupt Kinder Gottes sind. Ob wir in dieser Freiheit wandeln, ist eine andere Sache. Das hat aber damit zu tun, ob wir um diese geistliche Realität wissen (biblisch denken) und sie im Glauben in Anspruch nehmen, was natürlich einschließt, dass wir das Bindende loslassen. Ein besonderes (pseudo)priesterliches Handeln ist hierzu nicht nötig, kann vielmehr nur ein falsches Denken begünstigen. Die Aufgabe des Seelsorgers wäre es vielmehr, unbiblisches Denken mit den Wahrheiten der Schrift zu konfrontieren und zu korrigieren sowie zu einem Wandel im Gehorsam des Glaubens zu ermutigen.

Ich möchte nicht den Eindruck erwecken, als werde diese unbiblische Seelsorge ausschließlich bei Charismatikern angewandt. Wir finden sie über alle Denominationen und

Gemeinderichtungen hinweg vor. Allerdings kommt diese Praxis im charismatischen Umfeld durchgängig zur Anwendung, in sicher unterschiedlich extremer Weise. Oft ist sie mit der Methode der «Inneren Heilung» verbunden. *Betty Tapscott* beruft sich auf ein Ehepaar *Hunter*, deren Motto laute: «When in doubt – cast it out!», also «Im Zweifelsfall – immer austreiben!» Auszutreiben sind nach *Tapscott* die Geister der Angst, der Ablehnung, der Depression, der Bitterkeit, der Unversöhnlichkeit, der Traurigkeit, der Nervosität, der unreinen Gedanken, des Vorurteils, des Zorns, des Kummers und des Mordes. Während uns in der Bibel gesagt wird, dass wir die Sünde ablegen und unser Fleisch kreuzigen sollen, wird hier Heiligung zur Aufgabe des Seelsorgers gemacht, der die diversen Geister austreiben muss.

Da bei IGNIS überwiegend sozialwissenschaftlich ausgebildete Leute tätig sind, wird es dort vermutlich nicht zu den extremen Deutungen eines *Wolfhard Margies* kommen, der fast alle seelischen Erkrankungen wie z. B. Schizophrenie, endogene Depressionen und Epilepsie, aber auch manche körperlichen Krankheiten auf Dämonie zurückführt.[132] Exorzismen an solchen Kranken gehören übrigens zu den schwerwiegendsten seelsorgerlichen Fehlern mit teils verheerenden Auswirkungen.

«Ruhen im Geist» als Therapiemethode»
Nun kommen wir zu dem beunruhigendsten Phänomen innerhalb der charismatischen Bewegung, dem sog. «Erschlagen-werden-im-Geist» («slain in the spirit») oder das «Ruhen im Geist», wie es mittlerweile genannt wird, um die Aufmerksamkeit von dem anstößigen Rücklingsstürzen abzulenken und mehr auf die Auswirkung zu richten, die als ein «Ruhen» geschildert wird. Es handelt sich um die Tatsache, dass in charismatischen Versammlungen – und nur dort – immer wieder Menschen wie vom Blitz getroffen rücklings zu Boden stürzen. Dieses Phänomen, das

seit 1994 im Zusammenhang mit dem sog. «Toronto-Segen» vermehrt auftritt, ist keineswegs neu. Es ist schon 1909 zu Beginn der deutschen Pfingstbewegung in Kassel aufgefallen und in der Berliner Erklärung als ein Beispiel für dämonische Wirkungen aufgeführt: «Der Geist dieser Bewegung bringt geistige und körperliche Machtwirkungen hervor; dennoch ist es ein falscher Geist: Er hat sich als solcher entlarvt. Die hässlichen Erscheinungen wie Hinstürzen, Gesichtszuckungen, Zittern, Schreien, widerliches lautes Lachen usw. treten auch diesmal in Versammlungen auf. Wir lassen dahingestellt, wie viel davon dämonisch, wie viel hysterisch oder seelisch ist; – gottgewirkt sind solche Erscheinungen nicht.» Zu dieser Beurteilung kann man auch aus heutiger Sicht nur noch «Amen» sagen. Phänomenologisch gesehen müssen wir zu dem Urteil kommen, dass es sich in Toronto und mittlerweile weltweit um denselben Geist handelt, der schon zu Beginn der Pfingstbewegung wirksam war.

Die Versuche, das «Ruhen im Geist» biblisch zu belegen, sind mühsam und wenig überzeugend. In nahezu allen Schriftstellen, die ein Umfallen erwähnen, wird klar gesagt, dass die Betroffenen auf ihr Angesicht fielen (z. B. Ri. 13,20; Hes. 1,28b–2,2; Dan. 8,18; Mt. 17,6). Das entspricht auch der Ehrfurcht, die ein Mensch in der Gegenwart Gottes hat. Selbst vor irdischen Hoheiten beugt man sich mit dem Gesicht zur Erde.

Nur zwei Bibelstellen sagen es nicht ausdrücklich, wie das Umfallen aussah. Apg. 9,3.4 beschreibt die Bekehrung des Saulus von Tarsus. Es heißt hier nur, dass er auf die Erde fiel, doch ist mit Sicherheit anzunehmen, dass Paulus in der Gegenwart des erhöhten Herrn auf sein Angesicht fiel. Er richtete sich auf und öffnete dann erst die Augen (Vers 8), was man sich eher vorstellen kann, wenn er auf dem Gesicht gelegen hat. Lediglich in Joh. 18,6 scheint ein Fall vorzuliegen, wo Menschen auf den Rücken fielen. Das ist jedenfalls anzunehmen, da die Kriegsknechte vorher nach hinten zurückgewichen waren. Allerdings möchte doch sicher niemand behaupten, dass die Kriegsknechte, die Jesus gefangen nehmen wollten, «im Geist ruhten». Viel eher ist dieses Umfallen schon als Gerichtszeichen zu werten. Dasselbe gilt für die drei einzigen Bibelstellen, in denen tatsächlich von einem Rückwärtsstürzen gesprochen wird. Sie alle sprechen von Gericht: «Dan ist eine Schlange am Weg, eine Hornotter am Pfad, die in die Fersen des Pferdes beißt, und rücklings fällt sein Reiter» (1. Mose 49,17); «Und es geschah, als er die Lade Gottes erwähnte, fiel Eli rücklings vom Stuhl an der Tür und brach das Genick und starb; denn alt war der Mann und schwer» (1. Sam. 4,18); «Und das Wort des HERRN für sie wird sein: zaw la zaw, zaw la zaw, kaw la kaw, kaw la kaw, hier ein wenig, da ein wenig; damit sie hingehen und rückwärts stürzen und zerschmettert werden, sich verstricken lassen und gefangen werden» (Jes. 28,13). Gerade letzteres Wort sollte Charismatikern sehr zu denken geben.

Seltsam mutet es an, wenn katholische Mystiker als Zeugen ins Feld geführt werden wie z. B. Theresia von Avila und Johannes Tauler. Wenn im Dienst dieser sog. «Heiligen» solche Umfall-Phänomene vorgekommen sein sollten, dann könnten sie in der Tat von derselben Quelle stammen wie die Phänomene im charismatischen Umfeld, ist doch der innere Zusammenhang des Pfingstlertums und der mittelalterlichen Mystik unverkennbar. Für einen nüchternen Christen und Kenner der Mystik würde eine solche Parallelität allerdings eher ein Alarmsignal darstellen!

Dieses sog. «Ruhen im Geist» ist nun ebenfalls ein methodisches Element charismatischer Seelsorge und wird auch bei IGNIS eingesetzt. Ich beziehe mich dabei auf einen Artikel von *Werner May*, dem Leiter von IGNIS, und auf ein persönliches Gespräch, das ich mit ihm 1990 zu dieser Thematik hatte. Er schreibt: «Kommen Klienten zu mir, die erregt oder abgespannt sind, biete ich ihnen an, zu Beginn des Gesprächs um ein Ruhen im Geist zu beten.»[133]

Angeblich würden in der Phase des Ruhens des Öfteren verborgene Dinge im Leben des Ratsuchenden aufgedeckt: «Einem Mann in Glaubensschwierigkeiten, Selbstunsicherheit und suizidalen Impulsen zeigte der Heilige Geist während des Ruhens ein Kinderkarussell, und ihm wurde deutlich, dass er sich eigentlich immer nur um sich selbst drehte» (S. 51). *MacNutt* behauptet, dass während des Ruhens auch körperliche Heilung und Befreiung von Dämonen geschieht.[134] *May* bezeichnet das «Ruhen im Geist» als Geistesgabe, obschon er wissen müsste, dass es unter den Charismata, die die Bibel nennt, nicht zu finden ist. Das zeigt einen sehr sorglosen Umgang mit dem Wort Gottes, wie er für Charismatiker kennzeichnend ist. In den IGNIS-Therapiekursen wird das «Ruhen im Geist» explizit gelehrt. Nach Aussage von *Werner May* gab in einer Befragung von 24 Kursteilnehmern nur einer an, bislang noch nicht im Geist geruht zu haben. Zwanzig der Teilnehmer setzen die Methode auch selbst in ihrer Seelsorge ein.[135]

Innere Bilder
Wenn man von einem Proprium charismatischer Seelsorge sprechen kann, dann wäre es wohl die Erwartung, dass Gott direkt und unmittelbar zu dem Seelsorger spricht und ihm mittels innerer Bildvorstellungen eine Weisung für die Seelsorge gibt. In dem Konzept von IGNIS von den sieben Phasen kommt dieser Aspekt in der Phase 3 zur Geltung: «Stille vor Gott».[136] Nach dem Sammeln von Informationen wird bewusst eine Zeit der Stille eingeführt, in der Seelsorger und Ratsuchender auf Gott hören und ihn um Lösungen und Antworten bitten sollen. Grundsätzlich wäre dagegen nichts einzuwenden. Es ist sicher ein Manko in der heutigen Seelsorge, dass man vor lauter Methodengläubigkeit sich kaum noch von Gottes Hilfe abhängig weiß und mit ihr auch nicht mehr konkret rechnet. Während des ganzen Seelsorgeprozesses sollte der Seelsorger auf den Herrn ausgerichtet bleiben. Eine

Zeit der Stille und des Gebets könnte in diesem Sinne hilfreich sein.

Das Problem bei IGNIS liegt also nicht in der Hinwendung zu Gott, sondern in der Erwartung, dass Gott unmittelbar durch innere Bilder in den Seelsorgeprozess eingreift und Weisung erteilt. Solche Bilder und Eindrücke, die mehr oder weniger deutlich vor dem inneren Auge des Seelsorgers entstehen, sind natürlich sehr vieldeutig: «Im Bereich des direkten Hörens auf Gott im Gebet erfolgt der Empfang üblicherweise als innerer Eindruck, der sich nicht auffallend von eigenen Gedanken oder Phantasien unterscheidet. Es sind feine, zum Teil individuell verschiedene Besonderheiten, die mich die ‚Stimme Gottes' identifizieren lassen, manchmal sogar nur die Tatsache, dass ein Gedanke, ein Phantasiebild etc. unmittelbar der Bitte und Erwartung an Gott folgt.»[137]

Die IGNIS-Mitarbeiter sind sich wohl bewusst, dass es hier leicht zu einer Täuschung kommen kann, dass etwa die Stimme des eigenen Herzens mit der Stimme Gottes verwechselt werden kann. Deshalb führen sie insgesamt acht Prüfkriterien an. Es ist allerdings anzunehmen, dass diese Kriterien in der Praxis kaum zum Tragen kommen, zumal einige schwer zu verifizieren sind: Wer kann den Einfluss seiner Vorerfahrungen einschätzen, wer den Stand seiner geistlichen Reife oder das geistliche Umfeld, wer gibt sich ehrlich Rechenschaft über seine natürlichen Neigungen. Auch die Auswirkungen bzw. Früchte solcher Seelsorge sind schwer fassbar, zumal sie – wenn überhaupt – erst in größerem zeitlichem Abstand sichtbar werden. Was aber schwerwiegender ist, ist die Tatsache, dass es für diese Praxis keine biblische Begründung gibt. Man darf ja nicht übersehen, dass solche Bilder den Rang einer Prophetie haben, dass sie als direkt von Gott inspirierte Hinweise absolut ernst zu nehmen sind. Im Grunde handelt es sich bei diesem Warten auf innere Bilder um eine passive Form von Visualisierung, eine mystische Innenschau, die sich in ihrer Grundstruktur nicht unterscheidet von den Praktiken, die Okkultmedien zwecks Tranceinduktion einsetzen.

Darf ich ein Beispiel geben, das meiner Frau von einem leitenden IGNIS-Mitarbeiter erzählt worden ist, als wir im Juni 1998 einen Besuch in Kitzingen machten. Dieser Mitarbeiter sagte, er habe während eines seelsorgerlichen Gesprächs mit einem Mann ein inneres Bild empfangen, das folgendermaßen aussah: Gott habe ihm seine geöffnete Hand hingehalten und darauf habe er eine Leber gesehen. Er habe daraufhin Gott gefragt, was das zu bedeuten habe. Da habe Gott zu ihm gesagt: «Lies doch mal von hinten.» Er habe das getan und es habe sich das Wort «Rebel» ergeben. Darauf habe er den Ratsuchenden gefragt, ob dieser etwas damit anfangen könne. Der habe dann gemeint, das sei sicher ein Hinweis darauf, dass er gegenüber seinem Arbeitgeber rebellisch sei. Somit habe dieses Bild eine wichtige Hilfe für die Seelsorge dargestellt. Abgesehen davon, dass ich Gott bessere Kenntnisse in Orthografie zutrauen würde, möchte ich es gern dem Leser überlassen, dieses Beispiel zu beurteilen.

Nirgendwo sonst tritt der Hang der Charismatiker zur Mystik stärker in Erscheinung als in dieser Versenkung nach innen, um dort eine Begegnung bzw. ein Reden Gottes zu erfahren. Wenn wir erkannt haben, dass die Mystik das einigende Band zwischen allen Religionen ist, dann wissen wir um die Gefahr, die in der Hingabe an mystische Praktiken steckt. Wer heute schon von der Mystik angekränkelt ist, wird der kommenden antichristlichen Weltreligion, die eine zutiefst mystische Religion sein wird, nicht widerstehen können.

Ein unbiblisches Menschenbild
In der charismatischen Literatur und Lehre finden wir durchgängig das trichotome Menschenbild, die Vorstellung also, dass Seele und Geist zwei voneinander

grundsätzlich unabhängig existente Teile der menschlichen Natur sind, die unterschiedliche Funktionen haben. Diese Vorstellung wird – wie ich bereits festgestellt habe[138] – von dem Zeugnis der Heilige Schrift nicht gestützt, sondern hat ihren Ursprung in der griechischen Philosophie. Das Problem bei dieser Sicht, die übrigens allgemein sehr verbreitet ist, liegt darin, dass man meist die Vorstellung damit verbindet, der Geist des wiedergeborenen Menschen sei ein heiliger Ort, der Teil des Menschen, wo Sündlosigkeit herrscht.[139] Von daher wird dann die Vorstellung genährt, dass man durch Versenkung nach innen mit dem Geist in Berührung kommt und in ihm einen zuverlässigen Berater hat. Der Unterschied zwischen menschlichem Geist und Heiligem Geist wird oft nicht mehr deutlich, weil von Ersterem in einer Weise gesprochen wird, wie das eigentlich nur bei Letzterem, dem Heiligen Geist, angemessen wäre. Ich führe beispielhaft *Werner May* an, der in einem Interview mit der Zeitschrift *Pack's* folgendes sagte: «Wir gehen jedenfalls nicht von einem *Leib-Seele*-Modell des Menschen aus, sondern der Mensch ist *Leib, Seele* und *Geist*. D. h., viele Probleme sind nachweislich im geistlichen Bereich verankert, z. B. gibt es unverarbeitete, unvergebene Schuld oder auch ein Nichtvergeben-können anderen gegenüber.» In dieser Aussage wird deutlich, dass *May* das Wort «geistlich» ganz selbstverständlich mit dem menschlichen Geist verknüpft. Die Möglichkeit, dass der ganze Mensch inkl. des Geistes, fleischlich sein kann, wird nicht in Betracht gezogen. Nun fordert uns aber Paulus auf, dass wir uns reinigen von «aller Befleckung des Geistes» (2. Kor. 7,1). Das Wort «geistlich» kann nur dort gebraucht werden, wo der Heilige Geist als Person Gottes die Quelle darstellt. Im Übrigen ist es immer der ganze Mensch, der «geistlich» oder «fleischlich» ist. Die trichotome Sicht führt immer auch zu einem Verlust der ganzheitlichen Sicht vom Menschen. Darüber hinaus begünstigt das trichotome Menschenbild den Hang zur Mystik, ja ist geradezu Voraussetzung dafür.

Ein Missverständnis von Vollmacht
In charismatischer Seelsorge ist oft von «vollmächtigen Seelsorgern» die Rede. Da stellt sich die Frage: Was verstehen wir unter Vollmacht? Bei IGNIS hält man sich an eine Definition von *John Wimber,* der insgesamt acht Voraussetzungen für Vollmacht festlegt. Alle haben es mit dem Seelsorger zu tun. Man sieht Vollmacht in der Glaubenshaltung und Gesinnung des Seelsorgers begründet.[140] Alle genannten Merkmale (z. B. Ablehnung jeglichen Machtstrebens, eine demütige Haltung, ein allgemein gottgefälliger Lebensstil usw.) sind durchaus wünschenswert, gehen aber an der eigentlichen Bedeutung von Vollmacht vorbei. Der griechische Begriff für Vollmacht in der Bibel ist das Wort «exousia», das Autorität bedeutet, vor allem eine übertragene Autorität, wie sie ein Amtsinhaber ausübt. Es entspricht in seiner Bedeutung genau dem, was wir unter einer Bankvollmacht verstehen. Durch eine Bankvollmacht werde ich autorisiert oder bemächtigt, im Namen dessen, der die Vollmacht erteilt hat, auf sein Konto zuzugreifen. Vollmacht ist also nicht primär in mir selbst begründet, sondern in der Tatsache, dass Gott mich zu einem bestimmten Handeln autorisiert hat. Da wo wir in völliger Unterordnung unter Gott und Sein Wort seelsorgerlich handeln, da handeln wir vollmächtig. Das Missverständnis von Vollmacht führt dazu, dass man diese besonders bei Personen vermutet, die «im Namen Jesu» angeblich Dämonen austreiben oder sonst irgendwelche wundersamen und außergewöhnlichen Werke tun. *John Wimber* hatte dafür den Begriff «Powercounseling» geprägt, also «machtvolle Seelsorge». Ein wesentlicher Aspekt dieser Seelsorge ist es, dass der Seelsorger die angeblich vom Heiligen Geist verliehene Fähigkeit besitzt, dem Gegenüber ins Herz zu schauen und so verborgene Sünden aufzudecken.

Und das funktioniert sogar bei Menschen, die man nicht kennt und mit denen man noch kein Wort gesprochen hat. Hier sollte man m. E. eher an Hellseherei denken als an ein Charisma.

Heilungsdienst mit undifferenzierter Praxis der Handauflegung
Charakteristisch für die charismatische Seelsorge ist die undifferenzierte Praxis der Handauflegung. Sie wird eingesetzt zum Zweck der Segnung, der Heilung oder auch zum Vermitteln einer besonderen Salbung (z. B. Ruhen im Geist). Für die Seelsorge typisch ist vor allem die Segnung des andern unter Handauflegung. Der Seelsorger empfängt ein Wort des Segens und gibt es unter Handauflegung an den Ratsuchenden weiter.[141] Bei der Handauflegung hält man sich weithin nicht an den in der Bibel vorgegebenen Rahmen. Im Extrem kommt es zur massenweisen Handauflegung an völlig unbekannten Personen, wie sie *Reinhard Bonnke, Benny Hinn* u. a. praktizieren. Da es hier laut Bibel um einen Akt der Identifikation geht, kann man sich bei ungeklärten Beziehungen durch Handauflegung der Sünde des andern teilhaftig machen. Indem man sich mit ihm identifiziert, macht man sich ja zum Komplizen seiner Sünde (1. Tim. 5,22).

Problematisch ist das Verständnis von körperlicher Krankheit, wie es im Pfingstlertum seit jeher vertreten war: Der Christ, der recht glaubt, braucht nicht krank zu sein, denn Christus habe ja auch unsere Krankheit getragen. Letzteres wird gewöhnlich mit Jes. 53,4 begründet: «Jedoch unsere Leiden – er hat sie getragen, und unsere Schmerzen – er hat sie auf sich geladen.» Ich werde wohl nie den Bruder vergessen, der mich in Österreich nach einem öffentlichen Vortrag ansprach. Er war Epileptiker und Glied einer Pfingstgemeinde. Man hatte ihm geraten, seine Tabletten wegzulassen und einfach zu glauben. Darauf bekam er wieder eine Serie von Anfällen. Dieser Bruder war ein gebrochener Mann, völlig verzweifelt, denn er gab nur sich selbst die Schuld. Er hielt sich für einen totalen Versager.

Wer die Schrift kennt, der wird die Möglichkeit einer übernatürlichen Heilung auf Gebet hin nicht ausschließen. Auch der Weg im Sinne von Jakobus 5 ist heute noch offen, wenngleich hier auch nicht unbedingt Heilung geschehen wird. Wir dürfen um körperliche Gesundung bitten, können sie aber nicht von Gott einfordern oder erzwingen. Sicher hat der größere Gnade empfangen, der seine körperliche Krankheit mit Gottes Hilfe tragen kann und auch darin dankbar ist, als der, der eine Heilung erfahren hat. Diese biblische Einschätzung wird teils auch von gemäßigten Charismatikern vertreten. Ähnliches habe ich in einem De'IGNIS-Magazin gelesen, einer Publikation von De'IGNIS. Anderseits aber wird die extreme Praxis etwa eines *John Wimber* in Sachen «Krankenheilung» nicht in Frage gestellt. Vielmehr wurde mir bei IGNIS *Wimber* als Vorbild nüchterner und biblischer Haltung empfohlen. Wer den Dienst von *John Wimber* mit kritischer Distanz beobachtet hat (er lebt ja nicht mehr), dem wird nicht entgangen sein, dass er ein Wolf war, der Kreide gefressen hatte, um die Evangelikalen für die charismatische Sache zu gewinnen. In der Praxis war *Wimber* alles andere als moderat oder gar biblisch.

Zusammenfassung

Zusammenfassend möchte ich noch einmal darauf verweisen, dass der Dienst von IGNIS in Bezug auf Seelsorge mit großem Engagement und Einsatz geschieht. In ihren Veröffentlichungen finden sich zum Teil interessante Anregungen. Sicher wird auch manchen Menschen durch diesen Dienst geholfen. Der Anspruch, eine christliche Psychologie zu schaffen, wird allerdings nicht einmal annähernd eingelöst. Zudem bin ich der Meinung, dass es eine christliche Psychologie nicht gibt und nicht geben kann, jedenfalls so lange nicht, wie sich Psychologie als empirische Wissenschaft versteht. IGNIS bekennt sich zur Charismatik und vertritt im Prinzip dieselben unbiblischen Lehren und Praktiken, wie sie im Raum der GGE (Geistliche Gemeinde-Erneuerung) und der charismatischen Bewegung auch sonst zu finden sind, auch wenn sie in ihren Publikationen nicht besonders betont werden. In der Ausbildungs- und Seelsorgepraxis kommen sie jedenfalls ins Spiel. Bei Methoden wie dem sog. «Befreiungsdienst», der «Inneren Heilung», dem «Ruhen im Geist» und der Leitung durch «innere Bilder» handelt es sich nicht um harmlose, bestenfalls unwirksame Praktiken. Vielmehr sind diese Methoden geeignet, Menschen in Gemeinschaft mit Dämonen zu bringen. 1. Kor. 10,20–21 sagt Paulus aber: «Ich will aber nicht, dass ihr Gemeinschaft habt mit den Dämonen. Ihr könnt nicht des Herrn Kelch trinken und der Dämonen Kelch; ihr könnt nicht am Tisch des Herrn teilnehmen und am Tisch der Dämonen.» So kommen wir leider zu dem Fazit, dass der Seelsorgeansatz von IGNIS trotz mancher guter und biblisch unbedenklicher Konzepte nicht zu empfehlen ist.

Kapitel 6

Der große Fehlschluss

Für jedes therapeutische Handeln bedarf es einer Indikation, d. h. es muss vorher klar sein, dass der jeweilige Eingriff geeignet ist, das erwünschte Ziel der Gesundung des Organismus zu erreichen. Wenn die gewählte Heilmaßnahme nicht angezeigt (indiziert) ist, sollte sie unterbleiben. Sie wäre unwirksam und damit unökonomisch. Nun gibt es auch die Möglichkeit der Kontraindikation, dass nämlich die Heilmaßnahme der Heilung sogar entgegenwirkt. In diesem Fall muss vor der Anwendung der Maßnahme deutlich gewarnt werden, wie dies in der Gebrauchsinformation eines jeden Arzneimittels auch geschieht.

Nun sind wir der Überzeugung, dass jedes psychotherapeutische Handeln an einem Christen kontraindiziert ist. Anders gesagt: Psychotherapie bringt den Christen dem eigentlichen Ziel der Seelsorge nicht etwa näher, sondern führt ihn noch weiter davon weg! Diese Behauptung gilt es nun zu begründen.

Machen wir uns noch einmal die Zielsetzung der Seelsorge bewusst: Es geht nicht vordergründig um psychische Gesundheit (was immer das sein soll), sondern es geht um Heilung, also um die Ausformung der Wesensmerkmale Christi im Leben des Gläubigen. Dass dieses Ziel auch eine heile Psyche miteinschließt, bedarf wohl keiner Erläuterung. Es geht also letztlich um die Frage: Kann Psychotherapie etwas zu unserer Heilung beitragen?

Das Zentrum der Persönlichkeit, der Ort, an dem unser Handeln und Tun seinen Ausgang nimmt, wo Entscheidungen reifen und Pläne geschmiedet werden, ist nach der Bibel das «Herz». Somit muss jeder Versuch, bei einem Menschen Verhaltensänderung zu bewirken, zum «Herzen» vordringen. Das gilt für Psychotherapie und Seelsorge gleichermaßen. Wo aber vom Menschen her – durch psychologische Intervention oder gesetzliche Seelsorge Veränderungsimpulse gesetzt werden, handelt es sich bei diesem geänderten «guten» Verhalten letztlich um nichts anderes als um «tote Werke» (Hebr. 6,1+9,14).

Gute Werke im Sinne der Schrift sind nur solche Werke, die ihren Impuls bzw. Anstoß in Gott selbst haben, vermittelt durch das Wort Gottes (2. Tim. 3,16–17). Nur Werke, die der Hl. Geist in uns und durch uns wirkt, finden in Gottes Augen Anerkennung und tragen etwas zu unserer Heiligung bei: «Denn wir sind sein Werk, geschaffen in Christus Jesus zu guten Werken, *welche Gott zuvor bereitet hat, dass wir darin wandeln sollen*» (Eph. 2,10). Werke dagegen, die ihren Ursprung in uns selbst oder in andern Menschen haben, gelten vor Gott nichts. Sie machen uns nur stolz und wirken unserer Heiligung eher entgegen.

Nehmen wir an, ein Christ leidet unter starker Prüfungsangst. Mit Hilfe von Autogenem Training oder Systematischer Desensibilisierung gelingt es, diese Angst zu reduzieren, so dass er es schließlich schafft, relativ gelassen in die Prüfung zu gehen. Gewiss kommt er jetzt der landläufigen Vorstellung von einem guten Christen näher, aber ist er auch seinem Herrn näher gekommen? Im Gegenteil: Er ist unabhängiger geworden, denn jetzt hat er ja eine Technik zur Hand, wie er sich in bedrängenden und angsteinflößenden Situationen selbst helfen kann. Sein autonomes Ichleben ist gestärkt (was ja auch das erklärte Ziel jeder Psychotherapie ist) und baut sich zunehmend zu einem Bollwerk gegen geistliche Impulse auf.

Solche Selbstheilung ist aber nicht nur vergeblich, sondern auch noch direkt schädlich, weil sie den Christen gegen das Wirken des Geistes immunisiert. *Horst W. Beck* weist auf diese Tatsache im Blick auf die Auswirkung von Gruppendynamik hin:

«In jedem Fall kommt es zur Blendung, Immunisierung und Verschließung gegen den echten Trost des Evangeliums wie für die wahre Gemeinschaft der Kinder Gottes. Es kommt dazu oft nur in ganz allmählichen Prozessen.»[142]

Die Wirkung der Seelsorge dagegen sollte von innen nach außen gehen. In unserem vorliegenden Fall würde man zwar auch zunächst damit beginnen, die der Prüfungsangst zugrunde liegende Fehlhaltung zu erkennen, sei es ein Gefühl der Unzulänglichkeit, eine erlernte Misserfolgserwartung, ein übersteigerter Geltungsdrang oder auch eine perfektionistische Anspruchshaltung. Es kann – muss aber nicht – auf der Grundlage der Anamnese der lebensgeschichtliche Hintergrund dieser Fehlhaltung eruiert und dem Ratsuchenden erläutert werden. Alles weitere aber ist vor allem eine auf die individuelle Situation des Gegenübers bezogene Verkündigung des Wortes Gottes.

Durch das geistgeleitete Hineinsagen des lebendigen Wortes in das Leben des andern wird dessen Geist erreicht. Wenn nun sein Herz sich diesem lebenschaffenden Impuls stellt, wenn der Ratsuchende also *geistlich* reagiert, wird die Folge ein Stück Wachstum in der Heiligung sein. Wird dieser Impuls verworfen, reagiert der Ratsuchende also *fleischlich*, so wird das Problem zunächst ungelöst bleiben. Geistliche Frucht ist immer Gnadengeschenk, das angenommen werden muss, und kann nicht erzwungen werden.

Aber gehen wir einmal davon aus, dass es tatsächlich möglich wäre, therapeutische Techniken von ihrem ideologischen Hintergrund (Menschenbild etc.) getrennt zu sehen. Gehen wir auch davon aus, dass wir sie so modifizieren könnten, dass durch ihre Handhabung keine christlich-ethischen Postulate verletzt würden. Wären sie nicht dann und in dieser Form für den Christen auch in der Seelsorge anwendbar?

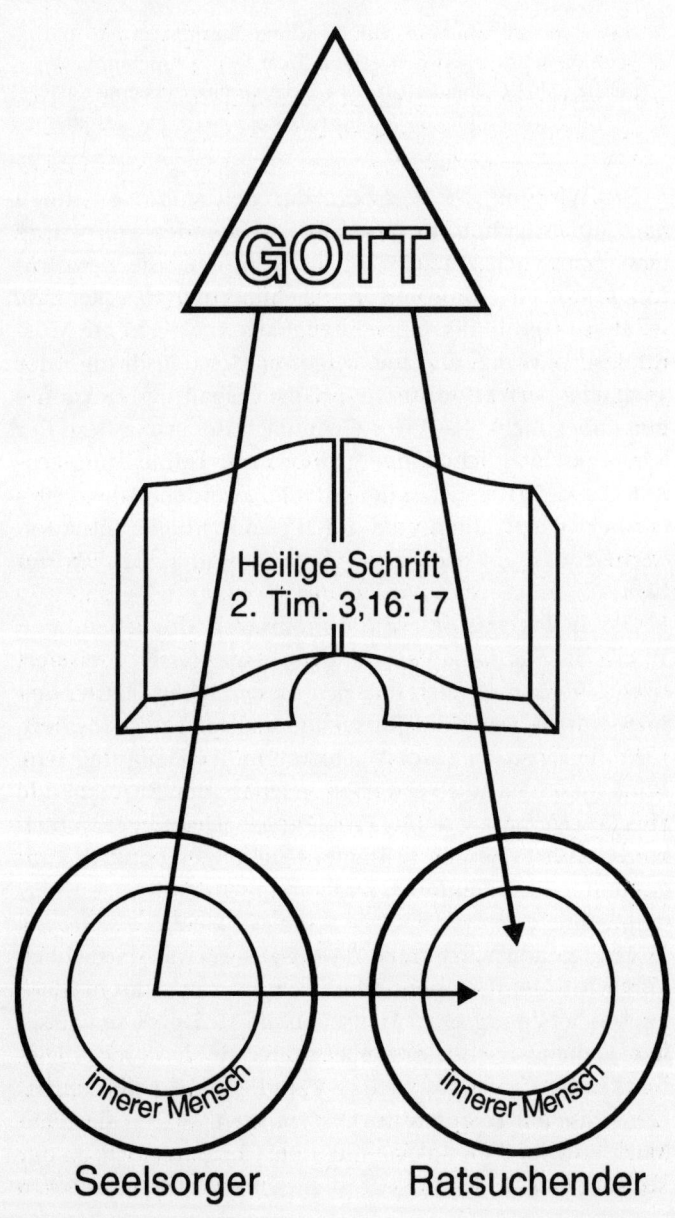

Nein, sie wären auch dann noch abzulehnen. Der entscheidende Punkt ist damit noch gar nicht berührt. Christen, die so argumentieren, gehen am Wesentlichen vorbei – sie erliegen einem gravierenden Fehlschluss!

Worin liegt dieser Fehlschluss? *Man beachtet nicht, dass eine Methode ihren Sinn und ihre Zweckmäßigkeit nur von daher hat, dass sie geeignet ist, damit vorgegebene Ziele zu erreichen.* Das Ziel aller Seelsorge ist Wachstum in der Heiligung. Das Verschwinden störender psychischer Symptome und Fehlhaltungen ist eine natürliche Folge der Heiligung. Jeder andere Weg, um davon loszukommen, erschwert Heiligung und wirkt damit Gottes Absicht und Willen entgegen.

Die Frage stellt sich dann: Wie kann Heiligung geschehen? Es ist offensichtlich, dass der Vorstellung, Heiligung könne mit psychotherapeutischen Methoden gefördert werden, eine unklare Heiligungslehre zugrunde liegt. Wir können deshalb auf eine theologische Klärung des Begriffes «Heiligung» an dieser Stelle nicht verzichten.

Was ist «Heiligung?» Zunächst einmal Gottes primärer und absoluter Wille für unser Leben: «Denn das ist der Wille Gottes, eure Heiligung» (1. Thess. 4,3). Auf das Individuum bezogen ist Heiligung die *Verwirklichung des Christus in uns* (nicht: Selbstverwirklichung). Als Christen sind wir Bürger zweier Welten: Wir haben eine *irdische Existenz* wie andere Menschen auch, darüber hinaus haben wir aber auch eine *himmlische Existenz* (Eph. 2,6).

«In Christus» gehören wir der unsichtbaren, ewigen Welt Gottes an, sind wir vollkommen und gerecht, Kinder Gottes und Miterben Christi, mit dem Leben und damit auch dem Wesen unseres *Herrn* ausgestattet (Eph. 1). Wir leben aber noch in dem vom Sündenfall gezeichneten Leib, in dieser vergänglichen, materiellen Welt und haben hier nicht mit «Fleisch und Blut zu kämpfen, sondern mit Mächtigen und Gewaltigen, nämlich mit den Herren der Welt, die in dieser Finsternis herrschen, mit den bösen

Geistern unter dem Himmel» (Eph. 6,12). Aber auch unser von der Sünde geprägtes und der Sünde zugängliches fleischliches Wesen haftet uns noch an und macht es uns schwer, so zu leben, wie wir als Heilige leben sollten.

So besteht immer eine mehr oder weniger große Diskrepanz zwischen dem, was wir in Christus *sind* (unserer himmlischen Existenz) und dem, was wir auf Erden *darstellen* (unserer irdischen Existenz). Bei Neurotikern ist diese Diskrepanz nur stärker manifest geworden als beim Durchschnittschristen. Heilung ist nun nichts anderes als die *wachstümliche Angleichung der irdischen an die himmlische Existenz.* Paulus drückt das so aus: «Wenn wir im Geist leben (und das tun wir als wiedergeborene Christen, weil das unsere himmlische Existenz anspricht), so lasset uns auch im Geist wandeln» (Gal. 5,25).

Die Frage ist nun: Wie geschieht das? Wie kommen wir zu solch einem geistlichen Wandel? Nur wenn wir uns darüber klar sind, dann wissen wir auch, wie wir andere zu diesem Wandel hinführen, wie wir Seelsorge ausüben können.

Zunächst einmal ist darauf hinzuweisen, dass es vor allem zwei Irrwege zu diesem Ziel gibt, Irrwege, die auch in der Seelsorge beschritten werden:

1. Der Weg der Gesetzlichkeit und Selbstheiligung

Hierher gehören alle Versuche, einem Christen durch Psychotherapie helfen zu wollen, aber auch jede gesetzliche und ausschließlich auf den Verhaltensaspekt konzentrierte Seelsorge (biblisch untermauerte Verhaltensappelle). *Jay Adams,* der viel Gutes zum Thema «Seelsorge» geschrieben hat, ist aber aufgrund seiner einseitigen Verhaltensorientierung und Hervorhebung des Aspekts der «Ermahnung» (nouthesia) diesem Irrweg gefährlich nahe.

Der Weg der Gesetzlichkeit und Selbstheiligung ist ein anstrengender und auch frustrierender Weg. Die Frustration kommt aus der Erfahrung, die Paulus in Röm. 7,25b beschreibt: «So diene *ich* nun mit dem Gemüte dem Gesetz Gottes, aber mit dem Fleische dem Gesetz der Sünde.» Dieses «ich», im Griechischen «autòs egó», heißt so viel wie «ich, aus mir selbst heraus». Der gesetzliche Weg ist immer zum Scheitern verurteilt. Dass er trotzdem so beliebt ist, liegt sicher auch daran, dass er dem «Ego» schmeichelt, weil man auf die eigene Leistung stolz sein kann. Daher kommt es bei psychotherapeutischer Hilfe immer zu einer Stärkung des autonomen Ichlebens, das sich Gottes Willen nicht unterordnen möchte.

2. Der Weg der Schwärmerei und des frommen Selbstbetrugs

Menschen, die in Gefahr stehen, diesem Irrweg zu verfallen, haben gewöhnlich ein starkes Anliegen für Heiligung. Allerdings möchten sie den Weg dahin verkürzen, damit sie nicht langsam dahinkommen durch Selbstverleugnung und Kreuzeserfahrung, sondern unmittelbar und ohne das stolze Ich beugen zu müssen. Irgendein Bruder, der angeblich die Fülle des Geistes hat, legt einem die Hände auf, und schon habe ich diese «Fülle» auch. So einfach meinen viele Christen, zu Kraft und Vollmacht zu kommen. Und so einfach meinen ebenso viele Christen, Seelsorge ausüben zu können. Welch ein Trugschluss! Dieser Weg nährt nur den geistlichen Stolz, schlimmstenfalls gerät man in Abhängigkeit von finsteren Mächten.

Hierher gehört auch die immer populärer werdende Seelsorge, in der man hinter allem und jedem dämonische Belastung oder gar Besessenheit vermutet, die dann nach einem vorgegebenen Schema (Binden – Lossagen – Lossprechen) behandelt wird. Sünde und fleischlicher Wandel, aber auch Buße und Neuorientierung kommen bei der extremen Form dieser Seelsorge überhaupt nicht mehr ins Blickfeld.[143]

Natürlich ist Seelsorge auch ein Kampf, der sich im Unsichtbaren abspielt, und wir kommen als Seelsorger nicht umhin, die Frage des Umgangs mit dämonischen Mächten biblisch zu klären. Doch hüten wir uns vor einer unnüchternen Dämonologie, die Satan mehr Ehre gibt als Jesus Christus. Hüten wir uns auch vor einer mystisch-animistischen Sicht der Geisterwelt und vor einer fast sakramentalen Ausübung bestimmter Seelsorgepraktiken.

Wer Erfahrung mit dieser Art der Seelsorge hat, müsste wissen, dass es dabei gewöhnlich zu einer starken Bindung des Ratsuchenden an den Seelsorger kommt. An ihn, der ja gewissermaßen als «Heiler» auftritt, wird sämtliche Verantwortung für die Heilung abgetreten. Auf ihn konzentriert sich die ganze Hoffnung des Hilfesuchenden. Bei solch «gläubiger» Hinwendung werden gewisse suggestive Wirkungen nicht ausbleiben, die jedoch – wie jedes Placebo – keine echten und bleibenden Veränderungen darstellen.

3. Der Weg des Kreuzes

Der *dritte Weg*, der Weg, den die Bibel uns zeigt, ist viel weniger populär. Es ist der Weg des Kreuzes. Nicht indem wir unsere irdische Existenz verbessern, können wir uns an die himmlische Existenz annähern, aber auch nicht durch einen wundersamen Sprung aus den Niederungen irdischer Realitäten in die Sphäre himmlischer Segnungen. Es ist nur möglich, wenn wir vor uns selbst und vor Gott endlich zugeben, dass unser Ich mit seinen Möglichkeiten längst bankrott ist; wenn wir also aufhören, Heilung selbst erwirken zu wollen, wenn wir abdanken und Christus den Thron unseres Lebens überlassen.

Zur Veranschaulichung ein Beispiel: Wenn sich jemand einer Hüftgelenks-Operation unterziehen muss, dann wird er dazu angehalten, in den ersten Wochen nach der Operation das operierte Gelenk noch zu schonen und das Gewicht auf das gesunde Bein zu verlagern; denn nur so kann das noch zu schwache Gelenk ausheilen.

Das kranke Bein (unsere irdische Existenz) kann nur ausheilen (geheiligt werden), wenn wir das Gewicht auf das gesunde Bein (unsere himmlische Existenz) verlagern. «Heiligung ist kein Mühen zum Ziel hin, sondern ein Handeln vom Ziel her» (de Boor). Anleitung zur Heiligung besteht deshalb in erster Linie darin, dem andern durch das Wort klar zu machen, was und wer er in Christus ist und den Weg zu zeigen, wie er aus dieser Realität heraus leben kann.

Ein neuer Wandel soll nicht eigene Leistung, sondern Geistesfrucht sein. Unsere irdische Existenz wird durch Christus in dem Maße verändert, wie wir bereit sind, ihn durch uns leben zu lassen. Dazu werden wir aber erst wirklich bereit, wenn wir uns im Sinne von Römer 6 als mit Christus gekreuzigt verstehen, ja mit Paulus von Herzen sagen können: «Denn ich bin durchs Gesetz dem Gesetz gestorben, damit ich Gott lebe; ich bin mit Christus gekreuzigt. Ich lebe; doch nun nicht ich, sondern Christus lebt in mir. Denn was ich jetzt lebe im Fleisch, das lebe ich im Glauben an den Sohn Gottes, der mich geliebt hat und sich selbst für mich dargegeben» (Gal. 2,19.20).

Das gläubige Annehmen der geistlichen Tatsache, dass wir der Sünde gestorben und nun Träger des vollkommenen Christuslebens sind, macht uns frei von dem krankmachenden Streben nach Anerkennung und Wertschätzung. In Römer 6,11 sagt Paulus: «Haltet euch dafür, dass ihr der Sünde gestorben seid, und lebet Gott in Christo Jesu, unserem Herrn.» Wenn wir unsere Identität und Bedeutung in Christus gefunden haben, werden wir aufhören, sie irgendwo anders zu suchen. Dann können wir auch auf unsere neurotischen und psychosomatischen Symptome verzichten.

Für die Seelsorge heißt das: den andern zum Kreuz zu führen.[144] Dort am Kreuz ist wahre Heilung für die Seele zu finden, Heilung, die die tiefsten Schichten unseres Seins durchdringt. Wenn jemand zu diesem Weg noch nicht bereit oder reif ist, dann gilt es zu akzeptieren, dass er diese letzte Heilung eben vorerst nicht finden wird.

Auch seelisches Leiden kann ein von Gott verordnetes Leiden sein, das uns willig machen soll, unser Ichleben in den Tod zu geben. Hier wäre es ein grober Fehler des Seelsorgers, solches Leiden durch fleischliche Methoden verkürzen zu wollen.

Jede Psychotherapie, aber auch jede fleischliche bzw. gesetzliche Form der Seelsorge, kann dagegen dem Ratsuchenden nur Krücken verschaffen, um mit seinem unerlösten Wesen besser durchs Leben zu kommen. Mag er einige bedrängende Symptome los sein, mag er an Selbstsicherheit gewonnen haben, in seinem sozialen Umfeld besser zurechtkommen, das alles sollte uns nicht den Blick dafür trüben, was wirklich geschehen ist: Sein altes fleischliches Wesen bekam neue, schönere Kleider übergezogen, es wurde herausgeputzt. Neuer Wein wurde in alte Schläuche gefüllt, ein altes Kleid mit einem neuen Flicken versehen! Veränderungen, die durch psychologische Techniken erzeugt werden, sind von *grundsätzlich anderer Qualität* als solche, die der Geist Gottes schafft.

Lassen wir uns nicht täuschen. Ohne die lebenschaffende Kraft des Geistes Gottes ist nichts zu machen, jedenfalls nichts, was geistlich gesehen Bedeutung hätte. Nur Jesus kann Wasser in Wein verwandeln. Wir können bestenfalls die Wasserflaschen mit Weinetiketten versehen. Das nennt man aber Etikettenschwindel. Heilung mit fleischlichen Mitteln ist nichts anderes als Etikettenschwindel! Ein psychisch reformierter Christ ist noch kein geistlicher Christ. Er ähnelt viel eher einer schön etikettierten Flasche mit falschem Inhalt.

Selbstverwirklichung kann daher niemals die Lösung unserer Probleme sein. Das Selbst ist ja von der Sünde durchdrungen. Wenn aber die Wurzel faul ist, wie sollen dann die Früchte gut sein? (Matth. 12,33) Die Bibel sagt uns, wir sollen das alte Wesen ablegen samt seinen Werken – auch den «guten» Werken. Gott möchte unser Ichleben zerbrechen, damit das Christusleben Raum gewinnt.

Seine Waffe ist das Wort Gottes, von dem er sagt: «Ist mein Wort nicht wie ein Feuer, spricht der Herr, und wie ein Hammer, der Felsen zerschmeißt?» (Jer. 23,29). Nur dieses Wort vermag unter der Leitung des Hl. Geistes die harte Schale unseres Ichs zu zertrümmern. Nicht Selbstverwirklichung, sondern Selbstverleugnung steht auf dem Programm Gottes (Luk. 9,23–25). In dem Maße aber, wie wir dazu bereit sind, können Heilungskräfte frei werden, die uns nicht nur von psychischen und psychosomatischen Symptomen gesunden lassen, sondern ein Fortschreiten in der Heilung ermöglichen, «bis wir alle hinankommen zur Einheit des Glaubens und der Erkenntnis des Sohnes Gottes, zur Reife des Mannesalters, zum vollen Maß der Fülle Christi» (Eph. 4,13).

Wir sollten daher als Seelsorger bewusst auf jede Zuhilfenahme weltlicher Methoden verzichten und uns von Gottes unfehlbarem Wort zeigen lassen, nach welchen Prinzipien Seelsorge getan werden soll und kann. Hören wir auf, «fleischlicherweise» zu streiten, sondern ergreifen wir vielmehr die Waffen, die «mächtig sind im Dienste Gottes, zu zerstören Befestigungen» (2. Kor. 10,4).

Anmerkungen

1 Ähnlich argumentiert *Erwin Scharrer* in seinem Buch «Heilung des Unbewussten», wenn er sagt: «Es geht darum auch um den Widerstand des Einzelnen in der Seelsorge, um *Seelsorge-Widerstände gegen die Psychotherapie,* um den Glauben, der sich verfestigt hat, erstarrt ist und als dogmatischer Glaube in seiner Verfestigung weitere Reifungsprozesse erschwert, in der Regel sogar unmöglich macht» (Marburg an der Lahn 1982, S. 12).
Gewiss mag es bei manchen Christen Widerstände gegen Psychotherapie geben, die ihren Ursprung in tief sitzenden Ängsten haben, auch in der Angst vor Veränderung oder dem Verlust des Glaubens. *Scharrer* macht es sich allerdings zu leicht, wenn er die Ablehnung der Psychotherapie unter Christen auf diesen einfachen Nenner bringt. Es wäre naheliegend, den Ball zurückzuspielen und zu behaupten, der psychotherapeutisch arbeitende Christ greife aus Angst vor der Infragestellung seiner Existenzgrundlage (therapeutische Tätigkeit) zu dem Abwehrmechanismus der Rationalisierung. Doch das wäre ebenso pauschal argumentiert, auch wenn es im Einzelfall stimmen mag.

2 An dieser Stelle wollen wir auf das Buch «Vergewaltigung der Seele» von *Klaus Berger* (Schwengeler-Verlag, Berneck 1984) hinweisen, in dem zu Theorie und Praxis der Psychoanalyse Freuds eine klare biblische Stellung bezogen wird. Auch in den Büchern von Jay E. Adams wird jede Vermischung mit psychoanalytischem Gedankengut entschieden abgelehnt.

3 *Becker, Wilhard, Gudjons, Herbert und Koller Dieter:* Christen nehmen Stellung – «Gruppendynamik». Kassel 1974, S. 13.

4 ebd., S. 18.

5 *Findeisen, Sven:* Gruppendynamik in der Krise der Kirche. In: *Reller, H. und A. Sperl* (Hrsg.): Seelsorge im Spannungsfeld. Hamburg 1979, S. 109–110.

6 Vgl. *Freud, Sigmund:* Jenseits des Lustprinzips (1920). Gesammelte Werke, Frankfurt am Main, Band XIII, S. 65.

7 *Freud, Sigmund:* Zur Psychopathologie des Alltagslebens. Frankfurt am Main 1954, S. 213. *Freud* diskutiert hier die Tatsache, dass sich «viele Personen auf ein besonderes *Überzeugungsgefühl für die Existenz eines freien Willens»* berufen, meint aber, dass wir uns der Determiniertheit eines Teils unserer Entscheidungen lediglich nicht bewusst seien. In seiner Anmerkung verweist er darauf, dass seine Anschauungen über eine strenge Determinierung anscheinend willkürlicher psychischer Aktionen bereits reiche Früchte für Psychologie und Rechtspflege gebracht hätten.

8 *Bally, Gustav:* Einführung in die Psychoanalyse Sigmund Freuds. Reinbek bei Hamburg 1971, S. 10.

9 *Holzkamp, Klaus:* Kritische Psychologie. Frankfurt am Main 1972, S. 57

10 *Bühler, Charlotte und Melanie Allen:* Einführung in die humanistische Psychologie. Stuttgart 1973, S. 6.

11 *Graumann, Carl F:* Psychologie – humanistisch oder human? In: *Völker, Ulrich* (Hrgs.): Humanistische Psychologie. Weinheim und Basel 1980, S. 48.

12 *Bühler, Charlotte und Melanie Allen,* a.a.O., S. 9.

13 Vgl. *Adams, Jay E.:* Grundlage biblischer Lebensberatung. Gießen 1983. Auf den Seiten 116 bis 181 bringt Adams eine sehr umfassende Auseinandersetzung mit dem biblischen Menschenbild.
14 Eine interessante Darlegung der alten Streitfrage «Dichotomie-Trichotomie» findet sich in dem Artikel von *Jürgen Neidhart:* «Leib, Seele und Geist – Dichotomie oder Trichotomie?» «Bibel und Gemeinde», 3, 1985, 281–299.
15 Wir dürfen uns den Geist des Menschen nicht als ein unpersönliches Fluidum vorstellen. Dem biblischen Zeugnis können wir vielmehr entnehmen, dass ihm (ebenso wie Gott, der ja auch «Geist» ist) Fähigkeiten wie Denken, Fühlen und Wollen gegeben sind. In dem Gleichnis vom reichen Mann und armen Lazarus sehen wir, dass der Reiche im Totenreich über Verstand, Gefühle und einen Willen verfügte (Luk. 16,19–31). Ganz offensichtlich war auch sein Gedächtnis hinsichtlich seines irdischen Lebens nicht gelöscht (seelische Repräsentation). Von daher kann die Schrift die Begriffe «pneuma» (Geist) und «psyche» (Seele) oft austauschbar verwenden. Zum Beispiel sagt Jesus in Joh. 12,27, dass seine *Seele* betrübt sei und in Joh. 13,21 heißt es, dass er im Geist betrübt war.
16 Vgl. *Neidhart,* J. a.a.O., S. 293.
17 *Brengelmann, J. C.:* Aktuelle Problematik der Psychoanalyse. Zeitschrift für Neurologie und Psychiatrie, 5, 1979, 494–496, S. 495.
18 *Eysenck, Hans Jürgen und S. Rachman:* Neurosen – Ursachen und Heilmethoden. Berlin 1973, S. 20.
19 *Stampfl, Thomas G.:* Implosionstherapie: Wie man den Teufel durch den Beelzebub austreibt. Psychologie heute, 11, 1975,67–72 S. 70.
20 ebd., S. 72.
21 Man kann diese Tatsache sehr gut anhand von Therapieprotokollen studieren, wie sie in dem Lehrbuch des führenden deutschen Vertreters dieser Therapie wiedergegeben sind. Siehe hierzu: *Tausch, Reinard:* Gesprächspsychotherapie. Göttingen 1973, besonders S. 123–124.
22 Die Marathon-Gruppe ist eine Form der Selbsterfahrungsgruppe, bei der die Teilnehmer 10 bis 70 Stunden ohne Unterbrechung zusammenbleiben. Die dabei auftretende physische Ermüdung soll mit dazu beitragen, Barrieren und Widerstände zu durchbrechen. Sehr bekannt geworden sind die Marathons von *George Bach,* bei denen es vorwiegend darum ging, Aggressionen auszuleben und – meist an Ersatzobjekten – abzureagieren. Noch populärer waren zeitweise die Nackt-Marathons, deren Erfinder *Paul Bindrim* der Meinung war, zusammen mit den Kleidern könne man sich auch emotionalen Barrieren entledigen. Heute ist es um diese Encounter-Gruppen etwas stiller geworden.
23 Die Darstellung einer biblischen Seelsorge ist in diesem Rahmen nur sehr oberflächlich und unbefriedigend möglich. Es soll hier auch nur darum gehen, seelsorgerliches Handeln der bereits beschriebenen psychotherapeutischen Methodik gegenüberzustellen.
24 Das Element des Ermahnens wird in der Schrift vor allem durch das griechische Wort «nutheteo», aber auch «parakaleo» repräsentiert. Verschiedene wichtige Aspekte des Ermahnens kommen zudem in folgenden Begriffen zum Ausdruck: «elengcho» (überführen) «epanorthosis» (Zurechtweisung) und «epitimao» (verwarnen, im Blick auf eine zukünftige Tat).
25 Dieses Aufrichten kann – je nach Notwendigkeit – verschiedene Schwerpunkte haben, die in folgenden griechischen Begriffen angesprochen sind: «parakaleo»

(zusprechen, ermahnen), «paramutheomai» (trösten) und «antechomai» (einstehen für jemanden).

26 Wir finden im Neuen Testament dafür Begriffe wie, «sumbouleuo» (raten, beraten) oder «sophronizo» (zur gesunden Vernunft anleiten).

27 Es kommt ja nicht von ungefähr, dass die für das «Ablegen» im Neuen Testament verwendeten Begriffe alle irgendwie mit Sterben und Selbstverleugnung zu tun haben: «apotithêmi» (ablegen, beiseite tun), «aphistêmi» (abstehen von etwas), «nekroo» (ertöten, absterben), «apekduomai» (abstreifen) und «katargeo» (unwirksam machen).

28 Die Anwendung von didaktischen Hilfsmitteln wie z. B. Diagrammen zur Erläuterung biblischer Wahrheiten hat gewiss Berechtigung und kann in der Seelsorge hilfreich sein. Es liegt darin allerdings die Gefahr, dass man sich zu sehr auf sein Erklärungsschema verlässt. Geistliche Erkenntnis kann man auch durch eine noch so gute Didaktik nicht «machen».

29 Diese Fallstudien wurden bereits in folgendem Artikel veröffentlicht: *Antholzer, R.* und *Dieterich*, M.: Pro & Contra. Darf Seelsorge Methoden der Psychotherapie anwenden? Neues Leben, Nr. 7/8, Juli/August 1996, S. 32–33.

30 Nach DSM-IV (Diagnostisches und Statistisches Manual Psychischer Störungen), Göttingen 1996, würde es sich hier um eine Major Depression (Code 296.32) handeln.

31 *Ullrich, Rüdiger und Rita Ullrich de Muynck:* Selbstsicherheit kann man lernen. Psychologie heute, 10,1975, 33–40, S. 37.

32 *Reiter, Ludwig und Egbert Steiner:* Werte und Ziele in der Psychotherapie. Psychologie heute, 11, 1978, 65–70, S. 66.

33 *Biehl, E. et al.* (Hrsg.): Neue Konzepte der Klinischen Psychologie und Psychotherapie. München 1982. Zit. nach *Zirkelbach, Doris:* Psychotherapie – Wissenschaft oder Ideologie? Unveröffentlichtes Manuskript, Universität Bamberg 1984, S. 23.

34 Vgl. *Zirkelbach, Doris*, a.a.O., S. 23.

35 *Bastine, Reiner:* Einführung in die Klienten-zentrierte Gesprächspsychotherapie. Unveröffentlichtes Manuskript, Universität Hamburg, o.J., S. 2.

36 Vgl. *Rogers, Carl R.:* Encounter-Gruppen. München 1974, S. 139ff.

37 *Jourard, S.:* A way to encounter. Unveröffentlichter Aufsatz, University of Florida 1970, S. 89.

38 *Reiter, Ludwig und Egbert Steiner*, a.a.O., S. 67.

39 Siehe dazu: *Keupp, H.* (Hrsg.): Der Krankheitsmythos in der Psychopathologie – Darstellung einer Kontroverse. München-Berlin-Wien 1972. In diesem ausgezeichneten Sammelband wird der medizinische Krankheitsbegriff in der Psychopathologie von verschiedenen Autoren sehr kritisch und engagiert diskutiert.

40 *Halder-Sinn, Petra:* Effektivität psychotherapeutischer Intervention. In: *Wittling, Werner* (Hrsg.): Handbuch der klinischen Psychologie. Bd. 6, 92-115, S. 108.

41 ebd., S. 108.

42 *Crabb, Lawrence J.:* Die Last des andern. Basel und Gießen 1984, S. 15f.

43 ebd., S. 16.

44 *Koch, Sigmund:* Psychologie – als Wissenschaft ein Flop. Psychologie heute, 8, 1977, 48–52, S. 50.

45 *Schmidbauer, Werner:* Die hilflosen Helfer. Reinbek bei Hamburg 1977.

46 *Mandel, Karl Herbert:* Von der Ohnmacht psychotherapeutischen Handelns. Partnerberatung 1978, 201ff., S. 202.
47 ebd., S. 202.
48 ebd., S. 204f. (Hervorhebung durch den Autor).
49 Die bildliche Darstellung dieser Karikatur fanden wir in «Psychologie heute», 5, 1979, wo sie im positiven Sinne gemeint war und das Prinzip der «Hilfe zur Selbsthilfe» in der Psychotherapie darstellen sollte.
50 *Bühler, Charlotte und Melanie Allen,* a.a.O., S. 18.
51 ebd., S. 18 (Hervorhebung durch die Autorin).
52 Vgl. *Freud, Sigmund:* Totem und Tabu. Frankfurt am Main 1971, S. 170ff.
53 Vgl. *Freud, Sigmund:* Die Zukunft einer Illusion (1927). Gesammelte Werke, Frankfurt am Main, Band XIV, S. 323ff.
54 *Moreno, Jacob L.:* Die Grundlagen der Soziometrie. Köln und Opladen 1954, S. 5.
55 *Moreno, Jacob L.:* Gruppenpsychotherapie und Psychodrama. Stuttgart 1964.
56 *Brandl, Corinna und Dorit Lang-Jerausky:* Der Kongress tanzt. Psychologie heute, 2, 1978, 53–54, S. 54. Es handelt sich hier um einen Bericht vom 15. Jahreskongress der «Association for Humanistic Psychology» (AHP) in Berkeley, Kalifornien, im Jahre 1977. Leider war uns kein neuerer zugänglich. Es ist aber anzunehmen, dass die Durchsicht heutiger Themenkataloge noch wesentlich «ergiebiger» wäre.
57 *Moreno, Jacob L.:* Psychodrama. New York 1946, S. 6. Moreno zitiert sich hier selbst: «I teach the people how to play God.»
58 Vgl. *Hunt, Dave:* Götter, Gurus und geheimnisvolle Kräfte. Basel und Gießen 1984.
59 *Crabb, Lawrence J.,* a.a.O., S. 25ff.
60 Die Seelsorgebewegung nahm ihren Anfang mit der Einrichtung einer klinischen Seelsorgeausbildung für angehende Pfarrer, der sog. «Clinical Pastoral Education»), in den USA in den 20er-Jahren. Sie ist längst eine weltweite Bewegung geworden und hat sich in den Ausbildungsgängen der deutschen Theologie besonders stark etabliert. Nur auf dem Hintergrund der Tatsache, dass sich die Kirchen seit langem in einer tief greifenden Krise befinden und von einer liberalen, auf das Diesseitige bezogenen Theologie beherrscht sind, wird es verstehbar, dass sich eine Bewegung bilden konnte, die sich voll und ganz der säkularen Psychotherapie verschrieben hat.
Wer sich über die Seelsorgebewegung näher informieren möchte, dem sei die Lektüre eines Artikels von *Dietrich Stollberg* empfohlen, der einer der Hauptexponenten dieser Richtung ist. *Stollberg, Dietrich:* Seelsorge in der Offensive – Theologische Anmerkungen zu fünfzig Jahren Seelsorgebewegung. In: Wege zum Menschen, 7, 1975, 268–296.
61 Im Herbst 2000 musste die DGBTS wegen erheblicher Verschuldung Insolvenz beantragen und hat sich in ihrer bisherigen Form aufgelöst. Die unmittelbare Nachfolgeorganisation der BTS nennt sich «Deutsche Fachgesellschaft für Christen in Beratung, Therapie und Seelsorge» und wird von Dr. Hartmut Christian Lüling geleitet. Außerdem hat sich ein «Initiativkreis für therapeutische Seelsorge» gebildet, der sich aus früher leitenden Mitarbeitern der BTS zusammensetzt und das Ziel verfolgt, eine eigenständige Organisation zu bilden (Stand: Oktober 2000). Beide Gruppierungen haben eines gemeinsam: Sie halten an der bisherigen inhaltlichen Orientierung fest und wollen sie im We-

sentlichen unverändert weiterverfolgen. Hier liegt m. E. die größere Tragik als in dem Zusammenbruch der BTS. Wäre dieses Geschehen nicht eine Chance zur Neubesinnung gewesen? Hätte man nicht spätestens jetzt fragen müssen, was Gott damit sagen wollte?

62 Zur Beurteilung des Ansatzes von Reinhold Ruthe lesen Sie bitte den Abschnitt von Klaus Giebel in Kapitel 5: «Reinhold Ruthes Seelsorgepraxis».

63 Mittlerweile ist beim Magnus-Felsenstein-Institut eine sehr problematische Entwicklung eingetreten. Dazu ein Zitat aus dem Materialdienst der Evangelischen Zentralstelle für Weltanschauungsfragen (EZW), 8/2000: «1986 gründete der evangelische Psychotherapeut und Buchautor Reinhold Ruthe zusammen mit seiner Tochter Lydia das «Magnus-Felsenstein-Institut für beratende und therapeutische Seelsorge» (ITS) in Velbert. ... 1996 heiratete seine Tochter Lydia den Kaufmann Frank Münzberger. Gemeinsam übernahmen sie die Leitung des Instituts. Seitdem wurden offensichtlich zunehmend magische Techniken vermittelt und manipulative Gruppenführung praktiziert. 1998 stellte Reinhold Ruthe seine Mitarbeit bei dem Institut ein. Neben Altersgründen könne er die geistliche Ausrichtung nicht mehr mittragen.

64 Die Deutsche Gesellschaft für biblisch-therapeutische Seelsorge (DGBTS) wurde 1987 von dem Universitätsprofessor Dr. Michael Dieterich gegründet.

65 *Ulrich Thomas* in: Brennpunkt Seelsorge. Beiträge zur biblischen Lebensberatung, Heft 2, 1988, S. 45.

66 *Minirth & Meier:* Counseling and the Nature of Man. Aus: *Hunt, D.:* Rückkehr zum biblischen Christentum. S. 151.

67 *Dieterich, Michael:* Psychotherapie – Seelsorge – Biblisch-therapeutische Seelsorge. Neuhausen-Stuttgart 1987, S. 51.

68 ebd., S. 52.

69 Zur Veranschaulichung meine persönliche Erfahrung bei der Ausbildung zum Gesprächspsychotherapeuten: Außer dem Besuch von mehreren Seminaren über den Zeitraum von zwei Jahren an der Universität Tübingen mußte ich 200 Therapiestunden auf Tonband protokollieren und mit meiner Supervisorin durchsprechen. Eher noch umfassender dürfte die Ausbildung zum Psychoanalytiker sein. Dort wird zusätzlich zur Ausbildung eine umfassende Eigenanalyse gefordert. Eine abgeschlossene akademische Ausbildung in einem einschlägigen Fachgebiet (Medizin, Psychologie oder Sozialpädagogik) ist in jedem Fall Voraussetzung.

70 Das ist besonders offensichtlich in dem Ansatz der «Biblisch-therapeutischen Seelsorge» (BTS), aber auch bei dem des «Instituts für therapeutische Seelsorge» (ITS) von Reinhold Ruthe.

71 Die Themen der beiden theologischen Kurse lassen leicht erkennen, dass es hier weniger um eine gründliche biblische Dogmatik geht, als um eine (weitgehend psychologische) Betrachtung der Glaubenspraxis des einzelnen Christen (Aufbaukurs) bzw. praktischer Aspekte der sog. «klassischen Seelsorgeformen» (Vertiefungskurs). Daneben sind allerdings auch Themen genannt, die von der Formulierung her eine theologische Reflexion erwarten lassen (z. B. die Themen «Verhältnis von Zuspruch und Ermahnung bei Paulus»; «Auslegung von Gleichnissen Jesu»; «Neutestamentliche Zukunftserwartungen»; «Seelsorgerliche Hinweise aus dem Hebräerbrief»).

72 Schlatter, Wilhelm: Biblische Menschenkunde. Die biblische Lehre von Geist, Seele und Leib. Bielefeld 1979, S. 30.
73 M.E.G.a.Phon. Informationsblatt,/Newsletter der Milton Erickson Gesellschaft für Klinische Hypnose e.V., Nr. 19, 1994, S. 8–9.
74 Jede Therapieform, die irgendwelche Anklänge an christliche Glaubensinhalte hat, wird begierig aufgegriffen. Ob es die nondirektive Gesprächspsychotherapie nach *Rogers* ist, die Existenzanalyse nach *Frankl*, die Komplexe Psychologie nach *Jung*, die Individualpsychologie nach *Adler* oder eben die Rational-Emotive Therapie nach *Ellis*. Gewiss findet man in allen diesen Systemen Inhalte und Aussagen, die man auch aus biblischer Sicht bestätigen kann. Warum aber werden diese Teilwahrheiten als wertvoller eingestuft als dieselben Wahrheiten, die schon seit Jahrtausenden in der Bibel stehen? Warum beruft man sich bezüglich der gar nicht neuen Erkenntnis, dass man in der Seelsorge Einfühlung zeigen, sein Gegenüber annehmen und dabei echt und wahrhaftig sein sollte, lieber auf *Rogers* anstatt auf die Bibel? Warum gibt man lieber diesem Gottesfeind und Spiritisten die Ehre anstatt dem lebendigen Gott? Auf diese Fragen habe ich, sooft ich sie gestellt habe, noch keine schlüssige Antwort erhalten.
75 *Grawe, K.* et al.: Psychotherapie im Wandel, Göttingen 1994.
76 *Veeser, Wilfried:* Kann Psychotherapie «biblisch» sein? Zum «B» der BTS, in: BTS aktuell, Nr. 15, 1992, S. 12. (Hervorhebung durch den Autor.)
77 *Dieterich, Michael:* Pro & Contra. Darf Seelsorge Methoden der Psychotherapie anwenden? Neues Leben, Nr. 6, 1996, S. 47.
78 *Dieterich, Michael:* Psychotherapie – Seelsorge – Biblisch-therapeutische Seelsorge. Neuhausen-Stuttgart 1987, S. 46.
79 *Dieterich, Michael:* Psychotherapie contra Seelsorge. Neuhausen-Stuttgart 1984, S. 160.
80 *Douglas Bookman* geht in einem hochinteressanten Artikel mit dem Thema «The Scriptures and Biblical Counseling» sehr intensiv auf diese Vorstellung einer natürlichen Offenbarung (The Two Book Approach of Revelation) ein.
81 «Wherever truth is disclosed it is always Gods truth.» Siehe Zitat von Ellens, «Biblical Themes». In: *Douglas Bookman:* «The Scriptures and Biblical Counseling», S. 71.
82 *Grawe K.* et al.: Psychotherapie im Wandel, Göttingen 1994. Es handelt sich hier um ein von der Bundesregierung in Auftrag gegebenes Gutachten über die Wirksamkeit der Psychotherapien.
83 *Dieterich, Michael:* Psychotherapie contra Seelsorge. Neuhausen-Stuttgart 1984, S. 160. (Hervorhebung durch den Autor.)
84 *Dieterich, Michael:* Psychotherapie – Seelsorge – Biblisch-therapeutische Seelsorge. Neuhausen-Stuttgart 1987, S. 49. (Hervorhebung durch den Autor.)
85 idea magazin (Schweiz), Nr. 10/89 vom 5. Juni 1989, S. 4.
86 Philosophisches Wörterbuch. Bd. 1, VEB Verlag Enzyklopädie, Leipzig 1971, S. 170 bzw. Bd. 2, S. 1098.
87 *Rogers, Carl R.:* Eine Theorie der Psychotherapie, der Persönlichkeit und der zwischenmenschlichen Beziehungen. Entwickelt im Rahmen des klientenzentrierten Ansatzes. Verlag GwG, Köln 1987, S. 13.
88 *Scharrer, Erwin,* a.a.O., S. 20.
89 In einem Informationsbrief der «*Rufer*» (Seelsorge durch die Gruppe) ist zu lesen: «Diese vertikale Seelsorge, die wir alle kennen, reicht aber in vielen Fällen

nicht aus, um unsere zwischenmenschlichen Beziehungen zu klären. Nach wie vor ist trotz intensiver Einzelseelsorge das Beziehungsfeld unserer Gemeinschaft nicht befreit genug. Zu viel Kräfte werden in ungeklärten Verhältnissen verbraucht, zu viel Unlust beherrscht unser Gemeinschaftsleben ... Für diese Dimension der horizontalen Beziehung ist 'Seelsorge durch die Gruppe' eine Hilfe. Hier werden falsche Einstellungen und Verhalten aufgedeckt, neue gute Verhaltensmuster vorgeschlagen und eingeübt.»

Auch hier wird durch die künstliche Trennung von horizontaler und vertikaler Ebene zu rechtfertigen versucht, dass man sich in der Seelsorge auf den «brüchigen Stab Ägyptens» (hier Gruppendynamik) stützt.

90 Auch die *«Rufer»* sprechen von «unausgesprochenen Blockierungen», deren sie sich mit Hilfe ihrer gruppendynamischen Methoden annehmen. In einem Rundbrief vom Oktober 1976 benennen sie diese Blockierungen als «vielleicht uns nicht klar bewusste Einstellungen zu uns selbst und zu anderen Menschen, manchmal Vorurteile oder Ablehnung, (auch Desinteresse und Gleichgültigkeit gegenüber einem Mitarbeiter können Formen der Ablehnung sein!), oft auch mangelndes Vertrauen untereinander».

Die Bibel aber kennt nur eines, was den Hl. Geist blockieren könnte, in unserem Leben zu wirken: Sünde! Und tatsächlich zeigt auch die Aufzählung der *«Rufer»*, dass es um Sünde geht. Soll also durch Psychotherapie Sünde beseitigt werden, oder anders gesagt, hat sie die Rolle eines Steigbügelhalters für den Hl. Geist? Uns scheint, dass hier die Möglichkeiten psychotechnischer Methoden doch weit überschätzt werden.

91 *Affemann, Rudolf:* Möglichkeiten und Grenzen der Psychotherapie. In: *Gutsche, Friedhardt* (Hrsg.): Mut zur Seelsorge. Wuppertal 1974, S. 13 (Hervorhebung durch den Autor).

92 *Scharrer, Erwin,* a.a. O., S. 12 (Hervorhebung durch den Autor).

93 ebd., S. 20.

94 *Affemann, Rudolf:* Der kranke Mensch und die Wirklichkeit Gottes. In: porta studien, 1, 1973, S. 13.

95 Die erste charismatische Welle war die Pfingstbewegung zu Anfang unseres Jahrhunderts, die zweite war die mehr ökumenisch orientierte charismatische Bewegung in den 60er Jahren. Die dritte Welle kam dann Anfang der 80er Jahre und wird speziell mit Namen wie John Wimber und C. Peter Wagner in Verbindung gebracht. Der seit 1994 sich ausbreitende «Toronto-Segen» kann mit Fug und Recht als vierte Welle bezeichnet werden und weitere Wellen sind absehbar. Die Abkehr vom biblischen und Hinkehr zum psychologischen Denken hat m. E. die starke Ausbreitung der charismatischen Bewegung zumindest gefördert, wenn nicht gar erst möglich gemacht.

96 *McQuilkin, J. Robertson:* The Behavioral Sciences under the Authority of Scripture. Journal of the Evangelical Theological Society 20, Nr. 1, März 1977, S. 37. Zitiert nach: *Douglas Bookman,* «The Scriptures and Biblical Counseling», S. 96. (Übersetzung durch den Autor.)

97 Ausführlich eingegangen wird auf dieses Thema in *Hunt, Dave* und *T.A. McMahon:* Die Verführung der Christenheit, Bielefeld 1987 und in *Hunt, Dave:* Rückkehr zum biblischen Christentum, Bielefeld 1988. Weiter zu empfehlen ist: *Adams, J.:* Ich liebe mich. Selbstverwirklichung aus biblischer Sicht. Asslar 1987; *Brownback, P.:* Selbstliebe, Asslar 1988; *Bühne, Wolfgang:* Sich selbst lieben?, Bie-

lefeld; *Nannen, Els:* Selbstliebe und Selbstannahme, Sonderdruck aus Bibel und Gemeinde, 1985/4.
98 *Schuller, Robert H.:* Self-Love, The Dynamic Force of Sucess, Hawthorne 1969, S. 32. Zitiert nach: *Hunt, Dave:* «Rückkehr zum biblischen Christentum», Bielefeld 1988, S. 163.
99 Eine sehr ausführliche Auseinandersetzung mit diesem Thema findet sich in dem Buch von *Jim Owen,* Christian Psychology's War on God's Word. The Victimization of the Believer. East Gate Publishers Santa Barbara, CA 93110, 1993.
100 Diese Behauptung wird immer wieder neu aufgetischt, so auch in *Michael Dieterich* und *Jörg Dieterich* (Hrsg.): «Wörterbuch Psychologie & Seelsorge», Wuppertal 1989, S. 324f.
101 *Plock, Wilfried:* Der Psycho-Klerus. Gemeindegründung. KFG-Heft Nr. 48, 4/96, S. 42.
102 Das Kapitel geht auf Vorträge zurück, die im Februar 2000 anlässlich des ersten Seelsorgekongresses der Bekenntnisbewegung «Kein anderes Evangelium» in Gießen gehalten wurden. Der erste (stark überarbeitete) Teil über *Reinhold Ruthe* stammt von Dipl.-Theol. Klaus Giebel, der zweite Teil über IGNIS von Dipl.-Psych. Roland Antholzer.
103 *Ruthe, Reinhold:* Die Seelsorge-Praxis, Brendow Verlag, Moers 1998, S. 8.
104 ebd., S.8.
105 *Ruthe, Reinhold:* Partnertherapie. In: Schmidt, Rainer: Die Individualpsychologie Alfred Adlers – ein Lehrbuch, Fischer Tb, Frankfurt a. M. 1989, S. 259.
106 *Adler, Alfred:* Menschenkenntnis, Fischer Tb, Frankfurt 1966, S. 41.
107 *Dreikurs, Rudolf:* Selbstbewusst, dtv, München 1999³, S. 82.
108 *Ruthe, Reinhold:* Therapeutische Partnerschafts- und Eheberatung. In: Pfeifer, Samuel (Hrsg.): Seelsorge und Psychotherapie – Chancen und Grenzen der Integration, Brendow Verlag, Moers 1991, S. 106.
109 *Mackenthun:* Individualpsychologie als angewandte Ethik. Aufsatz auf privater Homepage veröffentlicht:
http://home.t-online.de/home/Mackenthun /Ethik.htm.
110 ebd.
111 *Hellgard, Hermann:* Philosophische Grundlagen. In: Schmidt, Rainer: Die Individualpsychologie Alfred Adlers - ein Lehrbuch, Fischer Tb, Frankfurt a. M. 1989, S. 48.
112 *Bruder-Bezzel, Almuth:* Geschichte der Individualpsychologie, Vandenhoek&Ruprecht, Göttingen 1992, S. 79.
113 Der wohl bekannteste und populärste Begriff der Individualpsychologie.
114 *Ruthe, Reinhold:* Wenn die Seele schreit – Macht der Glaube krank?, Brendow Verlag, Moers 1991, S. 26.
115 *A. Ellis* ist der Hauptvertreter der sog. «Rational-Emotiven Therapie (RET)». Im Mittelpunkt dieser Therapie steht die Idee, dass pathogene, irrationale Gedanken und Vorstellungen des Klienten bekämpft werden müssen, um emotionale Störungen zu heilen.
116 *Ruthe, Reinhold:* Seelsorge – wie macht man das? Brunnen-Verlag, Gießen 1998³, S. 26.
117 *Ruthe, Reinhold:* Wenn die Seele schreit – Macht der Glaube krank?, Moers 1991, S. 67.
118 ebd.,. S. 51.

119 *Ruthe, Reinhold:* Seelsorge – wie macht man das? Gießen 1998³, S. 27.
120 ebd., S. 73.
121 *Ruthe, Reinhold:* Partnertherapie. In: Schmidt, Rainer (Hrsg.): Die Individualpsychologie Alfred Adlers – ein Lehrbuch. Frankfurt 1989, S. 259.
122 *Ruthe, Reinhold:* Seelsorge – wie macht man das? Gießen 1998³, S. 28.
123 *Ruthe, Reinhold:* Partnertherapie. In: Schmidt, Rainer (Hrsg.): Die Individualpsychologie Alfred Adlers – ein Lehrbuch, Frankfurt 1989, S. 263.
124 *Ruthe, Reinhold:* Seelsorge – wie macht man das? Gießen 1998, S. 27.
125 *Hübner, Peter:* Ignis-Forum Nr. 1, Prolegomena zu einer christlichen Psychologie. Würzburg 1989.
126 Christliche Therapie (CT) – Basispapier zur wissenschaftlichen Positionierung Christlicher Therapie. Kitzingen, 1996.
127 *Tapscott, Betty:* Der Dienst der inneren Heilung. Perspektiven für die Praxis. Mainz-Kastel 1991.
128 *Sanford, Agnes:* Heilendes Licht.
129 *MacNutt, Francis:* Healing. Ave Maria Press, 1974, S. 183.
130 *Westmeier, Arline:* Die verletzte Seele heilen. Wuppertal 1988, S. 61–66.
131 *Antholzer, Roland:* Mächte der Bosheit – Okkultbedrohung und Seelsorge. Schwengeler Verlag Berneck, 1998.
132 *Margies* schreibt: «In dem Maße, wie ich biblische Methoden und Anschauungsbeispiele zur Norm meiner seelsorgerlichen Praxis machte, wurde mir die Umfänglichkeit und Mannigfaltigkeit dämonischer Manifestationen zunehmend deutlich. Zu den ersten Entdeckungen gehörte die Einsicht, dass viele scheinbar unauffällige Krankheiten eine sehr spezifische Wurzel haben, die eindeutig in der Okkultspähre liegt. Die Glaubensheilung dieser Krankheiten kommt daher mehr einem Gebieten den dahinterstehenden Krankheitsmächten gleich.»
Margies, Wolfhard: Heilung durch sein Wort – Der Verzicht auf Psychotherapie, Teil 2. STIWA Druck und Verlag, Urbach 1978, S. 123.
133 IGNIS-Journal 1/90, S. 50–53.
134 *MacNutt, Francis:* Beauftragt zu heilen. Köln, Steyr 1979, S. 126.
135 IGNIS-Journal 1/90, S. 53.
136 IGNIS-Akademie (Hrsg.): Das Seelsorge-Gespräch: Sieben Phasen, die Gott Raum geben. Kitzingen, 1998.
137 IGNIS-Akademie (Hrsg.), a.a.O., S. 86.
138 Siehe S. 178–183.
139 Diese Vorstellung geht einig mit der röm.-kath. Morallehre, wonach es im Menschen einen vom Sündenfall nicht betroffenen Urgrund gibt.
140 *Wimber, John:* Evangelisation in der Kraft des Heiligen Geistes, II Power Healing, Lehrmaterial zum Kongress 1988 in Frankfurt, PJ Hochheim, S. 33–35. Zitiert nach: IGNIS-Journal 1/90, S. 53.
141 IGNIS-Akademie (Hrsg.): Das Seelsorgegespräch: Sieben Phasen, die Gott Raum geben. Kitzingen, 1998, S. 136.
142 *Beck, Horst W.:* Gruppen-Psychotechnik. Wuppertal 1978, S. 17.
143 Wir meinen, wenn das wirklich die zentrale, ja einzige seelsorgerliche Vorgehensweise sein soll, dann hätte uns die Bibel mehr darüber zu sagen. Tatsächlich ist diese Art Seelsorge biblisch äußerst dürftig belegt. Zur Begründung werden gewöhnlich folgende drei Bibelstellen angeführt:
1. Matth. 18,18: Es ist unschwer festzustellen, dass diese Aussage vom Binden und

Lösen im Zusammenhang mit Gemeindezucht steht. Von Seelsorge an okkult Belasteten ist überhaupt nicht die Rede. Es geht darum, einem bußfertigen Gemeindeglied die Vergebung zuzusprechen, ihn von dem Bann der Gemeinde zu *lösen.* Anderseits soll derjenige, der zur Buße nicht bereit ist, *gebunden* werden, d. h. man schließt ihn aus der Gemeinde aus (und übergibt ihn «dem Satan zum Verderben des Fleisches», 1. Kor. 5,5).

2. Matth. 12,29: Aus dieser Stelle lässt sich nicht entnehmen, dass wir beauftragt und bevollmächtigt sind, «den Starken» zu binden. Die Austreibung böser Geister bei Ungläubigen ist überhaupt nur deshalb möglich, weil ein Stärkerer, nämlich Jesus, den Teufel besiegt und damit in seiner Macht eingeschränkt (gebunden) hat. Ein tatsächliches Binden Satans wird nach Offb. 20,2 durch den wiedergekommenen Christus zu Beginn des Milleniums stattfinden. Es ist somit eine Anmaßung unsererseits, wenn wir meinen, Satan binden zu können.

3. Joh. 11,44: Eine bildhafte Auslegung der Auferweckung des Lazarus («Löset die Binden und lasset ihn gehen!») ist zwar zur Veranschaulichung dessen, was in der Seelsorge grundsätzlich geschieht, durchaus erlaubt – eine seelsorgerliche Lehre und Praxis lässt sich aber daraus nicht ableiten.

Wir wollen damit nun nicht behaupten, dass Seelsorge mit Menschen, die durch Okkultsünde belastet sind, sich in nichts zu unterscheiden habe von Seelsorge bei Problemen anderen Ursprungs. Eine klare Abkehr von dem, worin man sich versündigt hat, wird immer hilfreich sein. Bei solcher Abkehr handelt es sich ja letztlich um nichts anderes als um Buße! Eine bewusste Trennung von gewissen Dingen (Zauberbücher, okkulte Gegenstände etc.) wird eine folgerichtige Konsequenz echter Buße sein (Apg. 19,18–20). Übrigens kennt die ganze Heilige Schrift das Austreiben von Dämonen ausschließlich bei Nicht-Wiedergeborenen!

144 *Charles R. Solomon,* der Begründer des internationalen Seelsorgewerkes «Grace Fellowship International» (GFI) mit Hauptsitz in Denver (USA), hat eine Seelsorge-Methode entwickelt, die er «Spirituotherapie» nennt und deren zentraler Ansatz darin liegt, dem Ratsuchenden die Botschaft vom Mitgekreuzigt- und Mitauferstandensein mit Christus nahe zu bringen. Dies geschieht vorwiegend anhand von Lehrdiagrammen (Kreis- und Liniendiagramm).

Kritisch wäre zur Spirituotherapie allerdings folgendes anzumerken:

1. Die diagnostische Phase besteht ausschließlich in der sog. «Rejection-Analyse». Die Hauptursache aller Störungen wird nämlich in der objektiv erfahrenen und subjektiv empfundenen *Ablehnung* gesehen. Die Reduktion aller psychischen Probleme auf den Faktor «Ablehnung» kommt zwar dem amerikanischen Pragmatismus entgegen, ist aber nach unserem Ermessen eine zu grobe Vereinfachung. Zudem fördert sie die Opfermentalität des Ratsuchenden.

2. Die stark schematisierte Vorgehensweise (Erläutern der Diagramme) ist zur relativ festgefügten *Methode* geworden und birgt die Gefahr, dass man das seelsorgerliche Vorgehen zu sehr selbst in den Griff nimmt, wobei die Abhängigkeit des Seelsorgers von Gott zwangsläufig zurücktritt. Es wird allerdings betont, dass nur der diesen Dienst wirksam tun kann, dem die Botschaft vom Kreuz zur geistlichen Erkenntnis und Erfahrung geworden ist.

3. Das *trichotome Menschenbild Solomons,* in dem der menschliche Geist von der Seele streng separiert wird, hat im Zeugnis der Schrift keine Grundlage. Die von Solomon vertretene biblische Botschaft ist allerdings unseres Erachtens

nicht von diesem Menschenbild abhängig und kann auch bei einer dichotomen Sichtweise beibehalten werden.

4. Die starke Systematisierung der Botschaft kann leicht den Eindruck erwecken, als gehe es bei der sogenannten «Identifikation» um eine Art *Zweite Erfahrung*. Wer allerdings Solomons Bücher gelesen hat, der weiß, dass er das Wachstümliche der Heiligung betont. Es wäre aber wichtig, diesen Aspekt noch deutlicher hervorzuheben. Auch sollte klarer aufgezeigt werden, wie ein Wandel im Geist nach erfolgter Identifikation *praktisch* aussieht. Vor allem der nachfolgende Glaubenskampf mit täglicher Selbstverleugnung («am Kreuz bleiben») wird zu wenig berücksichtigt.

Trotz dieser Kritikpunkte wird man *Solomons* Bücher mit Gewinn lesen, weil sie eine Botschaft in den Mittelpunkt stellen, die in der Schrift einen breiten Platz einnimmt, aber heute in der Verkündigung eher vernachlässigt wird.

Worterklärungen

Hier sollen nur diejenigen Fremdwörter und Fachbegriffe kurz erklärt werden, die nicht schon im Textzusammenhang erläutert wurden.

Anthropologie, Lehre vom Menschen aus philosophischer, naturwissenschaftlicher, psychologischer oder theologischer Sicht. Hier geht es speziell um die biblische Lehre vom Menschen, seiner Herkunft als Geschöpf Gottes, seiner Beschaffenheit, Wesensart und seiner Bestimmung aus Gottes Sicht.

Anthropozentrisch, den Menschen in den Mittelpunkt stellend.

Behaviorismus, eine einflussreiche amerikanische Schule der Psychologie, die sich bewusst auf das beobachtbare und messbare Verhalten beschränkt. Die meisten Ergebnisse der behavioristischen Forschung wurden im Tierexperiment gewonnen und auf den Menschen übertragen (evolutionistisches Menschenbild). Das Verhalten des Menschen wird grundsätzlich als erlernt angesehen und anhand eines Reiz-Reaktions-Schemas beschrieben (→ Determinismus).

Humanistische Psychologie, eine in den 60er Jahren von Abraham Maslow gegründete Schule der Psychologie, die sich neben → Psychoanalyse und → Behaviorismus als dritte Kraft verstand. Ihr Menschenbild ist humanistisch und somit sehr optimistisch. Es geht davon aus, dass der Mensch im Tiefsten seines Wesens gut ist und das Böse auf ungünstige Umweltbedingungen zurückgeführt werden kann. Ihre Ziele sind vornehmlich Selbstverwirklichung, Selbstaktualisierung und Autonomie.

Determinismus, die Lehre von der Vorherbestimmung alles Geschehens. Alles hat eine Ursache, nichts ist zufällig. Determinismus in der Psychologie leugnet den freien Willen des Menschen, indem behauptet wird, dass auch der Willensakt inneren oder äußeren Ursachen unterworfen sei.

eklektisch, von griech. «auswählend, auslesend». Es wird weder ein eigenes philosophisches System aufgestellt noch ein anderes übernommen, sondern aus verschiedenen Systemen wird das jeweils Passende ausgewählt. In der → Psychotherapie bedient man sich bei eklektischem Vorgehen all derjenigen Elemente unterschiedlicher psychotherapeutischer Methoden, die einem brauchbar erscheinen.

empirisch, erfahrungswissenschaftlich. Die empirische Forschung sucht Zusammenhänge durch Experiment und Beobachtung herauszufinden.

libidinös, die → Libido betreffend.

Libido, von lat. «Verlangen, Liebe». Der Begriff bezeichnet insbesondere auch den Geschlechtstrieb, anderseits aber auch die allen psychischen Äußerungen zugrundeliegende psychische Energie.

hedonistisch, auf das ausgerichtet sein, was Spaß macht. Ziele werden nicht um ihrer selbst willen angestrebt, sondern weil sie Angenehmes mit sich bringen.

Hedonismus, in der Antike begründete philosophische Lehre, nach welcher das höchste ethische Prinzip das Streben nach Sinnenlust und Genuss ist.

hermeneutisch, eine Art der Erkenntnisgewinnung, die der der Naturwissenschaften gegenübersteht. Während letztere die Dinge kausal zu «erklären» versuchen, ist der hermeneutische Zugang auf das «Verstehen» ausgerichtet. Er versucht das menschliche Dasein auf → metaphysische Weise zu erfassen.

implizit, inbegriffen, eingeschlossen, mitgemeint, unausgesprochen mitenthalten. Gegensatz: explizit.

inhärent, etwas anhaftend, ihm innewohnend. Wenn etwas einer Sache inhärent ist, dann gehört es zutiefst zu dieser Sache, ist ihr gewissermaßen beigegeben.

Klassische Konditionierung, das Ausbilden bedingter Reaktionen bei Mensch oder Tier, wobei eine Reaktion auch dann eintritt, wenn an Stelle des ursprünglichen Auslösereizes ein zunächst neutraler Reiz tritt. Klassisches Beispiel: Normalerweise löst der Reiz «Fressen» bei einem Hund einen Speichelfluss aus. Wenn nun jedes Mal, wenn der Hund mit diesem Reiz konfrontiert wird gleichzeitig ein Klingelsignal ertönt, wird nach einiger Zeit auch das Klingelsignal allein Speichelfluss auslösen. Die Reaktion «Speichelfluss» wurde somit an den Reiz «Klingelsignal» geknüpft bzw. konditioniert.

Metaphysik, Lehre von den letzten, nicht erfahr- u. erkennbaren Gründen und Zusammenhängen des Seins. Die M. ist eine zentrale Disziplin der Philosophie und wird unterteilt in die Lehre vom Seienden (Ontologie), vom Wesen und der Ordnung der Welt (Kosmologie) sowie in die Lehre von der Existenz und dem Wesen Gottes (Theologie).

Operante Konditionierung, Lernen aufgrund der Konsequenzen, z. B. Erfolg oder Misserfolg. Eine Verhaltensweise, die eine Belohnung im allgemeinen Sinn erfährt, wird danach häufiger auftreten (Verstärkung). So kann das Lernen erwünschter Verhaltensweisen durch Belohnung gefördert (verstärkt) und das unerwünschter Verhaltensweisen durch Bestrafung reduziert (gelöscht) werden.

Phobie, eine abnorme Furcht vor Objekten, Menschen, Tieren oder Situationen. Es kann sich um Objekte und Situationen handeln, die normalerweise nicht angstauslösend wirken (z. B. Fahrstühle, weite Plätze, Haustiere usw.) oder auch um solche, die zwar auch normal eine gewisse Furcht auslösen, aber bei der Phobie abnorm intensiv angstbesetzt sind (Zahnarzt, Operationen usw.). Am bekanntesten sind die Agoraphobie (die Angst, offene Plätze zu überqueren), die Klaustrophobie (die Angst vor engen geschlossenen Plätzen) oder die Zoophobie (die Angst vor Tieren).

positivistisch, ein Ausdruck aus der Erkenntnistheorie, wonach nur Tatsachen anerkannt werden, wenn diese durch experimentelle Forschung gesichert worden sind. Im engeren Sinne wird mit dem Begriff «Positivismus» eine erkenntnistheoretische und methodologische Grundhaltung bezeichnet, die davon ausgeht, dass die Quelle aller Erkenntnis allein die durch Beobachtung gewonnenen (wahrnehmbaren) «positiven» Tatsachen sind. Dabei wird jede Möglichkeit einer → metaphysischen Erfassung der tieferen Natur der Dinge ausgeschlossen.

Psychiatrie, ein Fachgebiet der Medizin, das sich insbesondere mit Geistes- und Gemütskrankheiten befasst (schwere Depressionen, Psychosen, Schizophrenien, Zwangs- und Angstneurosen, Suchtkrankheiten, psychosomatische Störungen usw.). Sie geht diese Erkrankungen in erster Linie mit medizinischen Mitteln an, z. B. mit Medikamenten (Sedativa, Thymoleptika, Neuroleptika, etc.), Konvulsionstherapie (Elektrokrampftherapie), Schlafentzug, Ergotherapie, rehabilitative Maßnahmen und natürlich auch Psychotherapie. Ein Psychiater kann gleichzeitig Neurologe und Psychotherapeut sein. In den meisten Fällen sind psychotherapeutisch arbeitende Ärzte psychoanalytisch ausgerichtet. Bei aller Begrenztheit gerade dieser Disziplin können wir für so manche Fortschritte in der medikamentösen Behandlung von Depressionen und Geisteskrankheiten dankbar sein. Auch die Psychiatrie ist aus christlicher Sicht in manchen ihrer therapeutischen Ansätze kritisch zu beurteilen, kommt doch bei ihr das unbiblische Menschenbild weitaus stärker zum Tragen als bei den andern medizinischen Fachgebieten.

Psychoanalyse, eine spezifische Therapieform, die auf die Theorie der Tiefenpsychologie von *Sigmund Freud* zurückgeht. *Freud* gewann seine Überlegungen aus der Beobachtung und Behandlung von psychisch gestörten Menschen, überwiegend Neurotikern. Die Freud'sche Tiefenpsychologie stellt mehr ein Glaubenssystem dar als eine wissenschaftliche Theorie. Sie ist in ihrem Menschenbild biologistisch und in ihren wesentlichen Bestimmungsstücken (Ödipuslehre, Lehre vom psychischen Apparat und von der menschlichen Entwicklung, Traumatheorie) empirisch widerlegt worden. Entsprechend sollte man von der Psychoanalyse als Anwendung dieser fragwürdigen Theorie keine Wunder erwarten. Auch von weltlichen Kritikern wird die Psychoanalyse eher einer Heilslehre zugeordnet als einer wissenschaftlichen Methode. Das Gesagte gilt prinzipiell auch für die andern tiefenpsychologischen Schulrichtungen (Komplexe Psychologie von C.G. Jung, Individualpsychologie nach Alfred Adler, Neopsychoanalyse nach Schultz-Hencke).

Psychologie, Lehre (logos) von der Seele (psyche). Eine Psychologie als eigenständige Wissenschaft gibt es erst seit gut 120 Jahren. Zuvor war die Psychologie ein Teilgebiet der Philosophie, wo man mit → hermeneutischer Methodik zum Verständnis der menschlichen Seele gelangen wollte. Dies kommt heute noch darin zum Ausdruck, dass in den Universitäten die Psychologie der philosophischen Fakultät zugeordnet ist. Heute versteht sich die Psychologie als eine → empirische Disziplin. Als ihre Begründer werden die Physiologen Wilhelm Wundt und Adolf Fechner angesehen. Da man heute mit strengen naturwissenschaftlichen Forschungsmethoden arbeitet, hat man sich von der Seele als Forschungsgegenstand längst verabschiedet. Der Grund liegt darin, dass man Immaterielles nicht mit den Methoden der Erfahrungswissenschaft erfassen kann. Die Psychologen selbst definieren ihre Disziplin daher als «Wissenschaft vom Verhalten und Erleben des Menschen». Im Unterschied zur «Seele» sind das Verhalten und Erleben eines Menschen beobachtbar und messbar. Die Psychologie interessiert sich (im Unterschied zur Psychoanalyse) primär für den normal funktionierenden Menschen. Sie will wissen, wie der Mensch wahrnimmt, denkt, urteilt, Probleme löst, wie sich die kindliche Entwicklung vollzieht, wie man die Persönlichkeit des Menschen beschreiben kann, wie sich der Mensch im sozialen Kontext verhält usw. Die «Allgemeine Psychologie» will wissen, was alle Menschen gemeinsam haben, während sich die «Differentielle Psychologie» mit den Unterschieden zwischen Menschen befasst.

Die Problematik des empirischen Ansatzes liegt in der Sperrigkeit des Forschungsgegenstandes «Mensch». Mit dem Menschen kann man nicht beliebig experimentieren, im Unterschied etwa zu chemischen Stoffen. Man muss sich an ethisch-moralische Regeln halten. Auch sind Ergebnisse nicht so beliebig replizierbar wie in den «harten» Naturwissenschaften. Ergebnisse der empirischen Wissenschaft sind immer nur vorläufig gültig. Sie gelten als wahr, solange sie nicht widerlegt werden konnten. Sie sind – wenn der Forscher sich an die Regeln hält – weitgehend (aber nie absolut) objektiv und wertfrei. Eine kritische Distanz zu ihren Ergebnissen ist daher immer angebracht. Das ist aber für wissenschaftlich arbeitende und denkende Menschen selbstverständlich.

Psychologen sind tätig in Arbeitsämtern, beim TÜV, in der Wirtschaft, bei der Polizei, bei den Gerichten, beim Militär und natürlich im klinischen Bereich (Beratungsstellen, Kliniken, Fachkrankenhäuser, Kinderheime, in freier Praxis). Die Forschungsergebnisse der Psychologie kommen in vielen Lebensbereichen zur Anwendung. Ergebnisse über die Wahrnehmung sowie das Zusammenspiel von Wahrnehmung und Reaktion werden in der Verkehrssicherheit verwertet, solche über das Mensch-Maschine-System in der Gestaltung von Auto- oder Flugzeugcockpits. Im beruflichen Alltag profitieren wir aus psychologischen Erkenntnissen, indem unser Arbeitsplatz nach ergonomischen Gesichtspunkten aufgebaut ist. Das dient der Vermeidung von Berufskrankheiten oder -unfällen. In der Polizeipsychologie wendet man u. a. Einsichten über die menschliche Kommunikation an, um etwa Geiselnehmer zur Übergabe zu überreden.

Psychologische Kenntnisse können auch in der Seelsorge hilfreich sein. Wer um die psychologischen Auswirkungen schwerer Traumatisierung weiß, wird zwar in der Seelsorge anders vorgehen als der Psychologe, kann aber anderseits schwerwiegende Fehler vermeiden. Dasselbe gilt im Umgang mit schwer depressiven oder psychotischen Menschen. Das sind nur einige Schlaglichter, um die Bandbreite psychologischer Forschung und Anwendung aufzuzeigen. Natürlich können die Einsichten der Psychologie auch zum Nachteil der Menschen eingesetzt werden, etwa zu deren Manipulation, um sich z. B. wirtschaftliche oder politische Vorteile zu verschaffen. Gegen einen Missbrauch ihrer Ergebnisse ist allerdings keine wissenschaftliche Disziplin gefeit.

Als Christen sollten wir der Psychologie in kritischer Distanz gegenüberstehen. Das hat nichts mit Ignoranz zu tun, sondern mit Realismus. In der Forschung tätige Psychologen wissen um die Begrenztheit ihrer Disziplin und um die Fallstricke, in die sie mit ihrer Forschung geraten können. Es besteht also für uns nicht die geringste Veranlassung, die Psychologie unkritisch zu bejubeln. So weit sie sich an die Beschreibung von Phänomenen und Zusammenhängen hält und wissenschaftlich sauber arbeitet, vermag sie brauchbares Wissen über das Erleben und Verhalten des Menschen zu gewinnen. Wissen nämlich, das aus Experiment und Beobachtung stammt, steht interessanterweise kaum je im Gegensatz zu Aussagen der Bibel. Und

sollte es doch einmal vorkommen, so können wir geduldig warten, bis diese Hypothese irgendwann empirisch widerlegt wird. Falsche Vorannahmen wie etwa Evolutionismus, Materialismus, Determinismus, Humanismus etc. führen zu einem unbiblischen Menschenbild und machen sich vor allem dann bemerkbar, wenn es darum geht, empirisch gewonnene Ergebnisse zu deuten, also Theorien zu formulieren. Die Theorien in der Psychologie sind deshalb für Christen nahezu ausschließlich inakzeptabel. Das gilt im besonderen Maße für Persönlichkeitstheorien und damit auch für die Persönlichkeitsdiagnostik, die ja auf solchen Theorien aufbaut.
Solange sich Psychologie auf deskriptiver Ebene bewegt, sind ihre Aussagen dagegen weithin unproblematisch. Auf der Ebene der «Wenn-dann-Aussagen» gibt es eine Reihe psychologischer Erkenntnisse, die auch für die Seelsorge durchaus hilfreich sein können: Aussagen etwa über soziale Wahrnehmung, verbale und nonverbale Kommunikation, über das Lernen, über die kindliche Entwicklung usw. Voraussetzung ist allerdings, dass wir ein biblisches Grundmodell vom Menschen haben, in das wir dann die deskriptiven Ergebnisse (keine Theorien!) psychologischer Forschung einordnen können. Das heißt, die Theoriebildung muss auf biblische Grundkonzepte aufgebaut werden. Nur von einem solchen Fundament her lässt es sich entscheiden, ob eine psychologische Aussage akzeptabel ist oder nicht.
Wichtig dabei wäre es, dass wir eine biblisch begründete Anthropologie haben. Bestehende anthropologische Konzepte der Theologie sollten allerdings dringend um biblische Einsichten über das psychische Leben des Menschen ergänzt werden, damit die Anthropologie mehr praktische Relevanz für die Seelsorge gewinnt.

Psychotherapie, eine spezifische Anwendung psychologischer Erkenntnisse im klinischen Bereich. Nicht jedes Gespräch, das zu dem Zweck geführt wird, einem Menschen in seelischen Problemen zu helfen, kann man Psychotherapie nennen. Erst folgende drei Bestimmungsstücke machen nach *Bastine* eine Behandlung mittels Gespräch zu einer Psychotherapie: 1. Die Veränderungsmittel sind psychologischer Natur, d. h. sie müssen in einem Bezug stehen zum psychologischen Grundlagenwissen; 2. Der Einsatz der Mittel erfolgt durch wissenschaftlich ausgebildetes Personal, das seine Tätigkeit wissenschaftlich begründet; 3. Es werden psychisch beeinträchtigte Personen behandelt. Angestrebt werden in der Psychotherapie im Wesentlichen Autonomie und Ichstärke.
Tatsächlich trifft es nur auf wenige der auf dem Psychomarkt konkurrierenden Psychotherapien zu, dass sie sich auf empirisch-wissenschaftliche Erkenntnisse gründen. Sofern sie sich überhaupt schon wissenschaftlichen Erfolgskontrollen unterworfen haben (das trifft nur für etwa ein bis zwei Prozent aller Methoden zu), werden teils sowohl ihre unwissenschaftlichen Grundlagen als auch ihr fehlender bzw. schwacher Wirksamkeitsnachweis von weltlichen Forschern heftig kritisiert. Die meisten Therapien stellen eine Mischung aus Humanismus und Esoterik dar und haben ihrem Anspruch nach pseudoreligiösen Charakter.

soteriologisch, das Heil (griech. «soteria») betreffend.

theozentrisch, Gott in den Mittelpunkt stellend.

tranzendent, die Grenzen der Erfahrung und der sinnlich erkennbaren Welt überschreitend, übernatürlich, jenseitig.

Die Autoren

Dr. Dr. Thomas Schirrmacher promovierte in Kampen (Niederlande) in Theologie und nach einem Studium der Vergleichenden Religionswissenschaft, Völkerkunde und Volkskunde an der Universität Bonn in Kulturanthropologie in Los Angeles (USA) über Kulturtheorien im Nationalsozialismus. Er ist Dozent für Missions- und Religionswissenschaft und Leiter eines Theologischen Fernunterricht-Seminars.

Diplom-Psychologe **Roland Antholzer** studierte Psychologie und Soziologie an der Universität Tübingen. Längere Zeit arbeitete er therapeutisch mit verhaltensgestörten Kindern und Jugendlichen und in einer Fachklinik für Suchtkranke. Zur Zeit ist er in seelsorgerlicher Schulungs-, Vortrags- und Seminararbeit tätig.

ethos

**12 x jährlich
80 bunte Seiten**

für die Familie

**Lesen Sie die christliche
Monats-Zeitschrift**

ethos

farbig

aktuell

vielfältig

Auf 80 Seiten finden Sie
interessante Beiträge für
Erwachsene, Jugendliche und
Kinder – eine Zeitschrift eben
für die ganze Familie.

Das Themenspektrum ist breit:
Fragen rund um die Ehe und
Familie, Reportagen aus aller
Welt mit professionellen Bildern,
Aktualitäten, News, Nachrichten
aus Israel, Filmbesprechungen,
Interviews, Erzählungen und
Erfahrungsberichte.

Trends werden auf den Punkt
gebracht und anhand der Bibel
kommentiert, echte Werte
bewahrt.

Basteltipps, Kreuzworträtsel
und ein Poster runden die
Themenvielfalt ab.

Reportagen aus aller Welt
Aktualitäten und Tipps
Filmbesprechungen

Sichern Sie sich Ihr Gratisheft.

Oder abonnieren Sie gleich.

ethos
Abonnentendienst
Postfach, CH-9442 Berneck
Tel. (0041) (0) 71 722 43 58
Fax (0041) (0) 71 722 56 65
E-Mail: info@schwengeler.ch

Das Magazin zum Verständnis unserer Zeit

- **Neues aus Natur und Wissenschaft**
- **Trends in Politik, Gesellschaft, Umwelt**
- **Evolutionskritisch, pro Schöpfung**
- **Nachrichten, Kommentare, Interviews**

– für Leute, die Bescheid wissen wollen ...

Verlangen Sie ein kostenfreies Ansichtsexemplar.

Bitte fragen Sie in Ihrer Buchhandlung nach dieser Zeitschrift!
Oder schreiben Sie an:
factum, Hinterburgstrasse 8, CH-9442 Berneck
Telefon 0041/71 722 43 58, Fax 0041/71 722 56 65
E-mail: info@schwengeler.ch

Bruno Schwengeler
Wenn die Seele schmerzt ...

geb., 216 Seiten
CHF 16.80, DEM 19.80, ATS 147.–
Bestell-Nr. 174

Therapien bei seelischen Störungen gibt es mehr als genug. Trotzdem nehmen Depressionen, Angst und Beziehungsstörungen, Komplexe und Suchtabhängigkeiten immer mehr zu. Was ist der Grund dafür? Ziel dieses Buches ist es, die Hintergründe für falsche Denkmuster und Verhaltensweisen zu erhellen, und mit einer anhand der Bibel orientierten Seelsorge einen befreienden Weg aus psychischen Störungen aufzuzeigen.

Bruno Schwengeler / F. Pálhegyi
Gesundes Selbstbild
Was bin ich wert?

Tb, 112 Seiten
CHF 11.80, DEM 14.–, ATS 109.–
Bestell-Nr. 430

Tausende von Zeitgenossen leiden an Minderwertigkeitsgefühlen, innerer Unsicherheit oder fühlen sich wertlos. In diesem (evangelistischen und seelsorgerlichen) Buch wird der Leser auf einen Weg geführt, wie er ein biblisches Selbstbild aufbauen kann, das aus Gottes Sicht die praktische Antwort auf die Minderwertigkeitskomplexe darstellt.

**Bitte fragen Sie in Ihrer Buchhandlung nach diesem Buch!
Oder schreiben Sie an Schwengeler Verlag, Hinterburgstrasse 8,
CH-9442 Berneck, E-mail: info@schwengeler.ch**

Roland Antholzer
Mächte der Bosheit
Okkultbedrohung und Seelsorge

geb., 192 Seiten
CHF 19.80, DEM 24.80, ATS 175.–
Bestell-Nr. 382

In diesem Buch werden Themen behandelt wie: vielfältige Okkulteinflüsse, wie und warum kommt es zu dämonischen Belastungen, wie sieht biblische Seelsorge an dämonisch verstrickten Menschen aus, unbiblische Praktiken und falsche Lehren, usw. Es soll als Aufklärung und Hilfe dienen.

Kurt Blatter
Zwischen Wahn und Wirklichkeit
Macht Glaube krank?

geb., 296 Seiten
CHF 19.80, DEM 23.30, ATS 172.–
Bestell-Nr. 368

Die Seelsorge hat sich auf die «Couch» des Psychiaters verlagert. Es stellt sich die Frage: Macht Glaube krank? Warum sind so viele Christen in psychiatrischer Behandlung oder suchen Hilfe in Gesprächstherapien? Der Autor zeigt Ursachen seelisch-geistiger Erkrankungen auf, die sich zum Teil bis in schwere körperliche Symptome auswirken und auch sehr häufig Christen erfassen.

**Bitte fragen Sie in Ihrer Buchhandlung nach diesem Buch!
Oder schreiben Sie an Schwengeler Verlag, Hinterburgstrasse 8,
CH-9442 Berneck, E-mail: info@schwengeler.ch**